p

Learning

from Scratch ❹

밑바닥부터 시작하는 딥러닝 4

| 표지 설명 |

표지 그림은 흔히 가자미라고 부르는 유럽 가자미european plaice다. 가자미목 가자밋과에 속한다. 등은 짙은 녹색이나 짙은 갈색을 띄고 주황색 반점이 있으며, 배는 진줏빛 흰색을 띤다. 주변 환경과 동화되도록 몸의 색을 어느 정도 조절할 수 있지만 주황색 반점은 항상 눈에 띈다. 성체의 몸은 타원형이고 머리 크기는 전체 길이의 25% 미만 정도다. 입은 뾰족하고 상당히 작으며 두 눈이 몸의 오른쪽에 위치한 것 또한 특징이다. 유럽 대륙붕의 모래와 진흙 바닥에 주로 서식하고 보통 10~200m 수심에서 발견된다. 성체는 대개 깊은 바다에 서식하는 반면 어린 물고기는 하구나 모래 해안과 같은 얕은 바다에서 볼 수 있다. 낮에는 주로 퇴적물에 파묻혀 있고 밤에 활동하며 다모류, 갑각류, 이매패류를 잡아먹는다. 어린 가자미는 주로 새우를 섭취하는 경향이 있다. (출처: 위키백과)

밑바닥부터 시작하는 딥러닝 4

직접 구현하며 익히는 강화 학습 알고리즘

초판 1쇄 발행 2024년 1월 26일

지은이 사이토 고키 / **옮긴이** 개앞맵시(이복연) / **펴낸이** 전태호
펴낸곳 한빛미디어(주) / **주소** 서울시 서대문구 연희로2길 62 한빛미디어(주) IT출판2부
전화 02-325-5544 / **팩스** 02-336-7124
등록 1999년 6월 24일 제 25100-2017-000058호 / **ISBN** 979-11-6921-195-6 93000

총괄 송경석 / **책임편집** 홍성신 / **기획 · 편집** 이윤지
디자인 표지 박정우 내지 박정화 / **전산편집** 다인
영업 김형진, 장경환, 조유미 / **마케팅** 박상용, 한종진, 이행은, 김선아, 고광일, 성화정, 김한솔 / **제작** 박성우, 김정우

이 책에 대한 의견이나 오탈자 및 잘못된 내용에 대한 수정 정보는 한빛미디어(주)의 홈페이지나 아래 이메일로
알려주십시오. 잘못된 책은 구입하신 서점에서 교환해 드립니다. 책값은 뒤표지에 표시되어 있습니다.

한빛미디어 홈페이지 www.hanbit.co.kr / 이메일 ask@hanbit.co.kr

지금 하지 않으면 할 수 없는 일이 있습니다.
책으로 펴내고 싶은 아이디어나 원고를 메일(writer@hanbit.co.kr)로 보내주세요.
한빛미디어(주)는 여러분의 소중한 경험과 지식을 기다리고 있습니다.

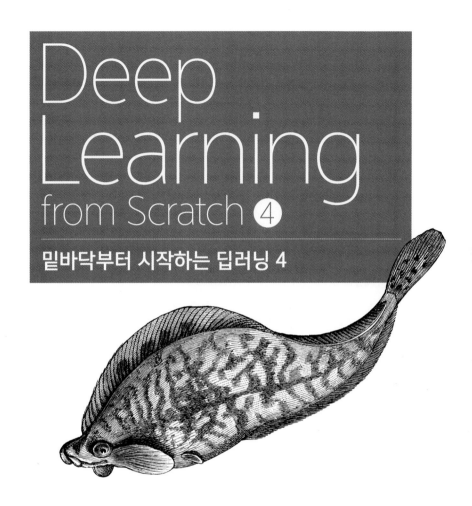

Deep Learning
from Scratch ④

밑바닥부터 시작하는 딥러닝 4

O'REILLY® 한빛미디어 Hanbit Media, Inc.

지은이 · 옮긴이 소개

지은이 사이토 고키(斎藤 康毅)

1984년 나가사키 현 쓰시마 출생. 도쿄공업대학 공학부를 졸업하고 도쿄대학대학원 학제정보학부 석사 과정을 수료했다. 현재는 기업에서 인공지능 관련 연구 · 개발에 매진하고 있다. 오라일리재팬에서 『밑바닥부터 시작하는 딥러닝』 시리즈를 집필했으며 『파이썬 인 프랙티스』, 『밑바닥부터 만드는 컴퓨팅 시스템』, 『Building Machine Learning Systems with Python』 등을 일본어로 옮겼다.

옮긴이 개앞맵시(이복연) wegra.lee@gmail.com

고려대학교 컴퓨터학과를 졸업하고 삼성전자에서 자바 가상 머신, 바다 플랫폼, 챗온 메신저 서비스 등을 개발했다. 주 업무 외에 분산 빌드, 지속적 통합, 수명주기 관리 도구, 애자일 도입 등 동료 개발자들에게 실질적인 도움을 주는 일에 적극적이었다. 그 후 창업 전선에 뛰어들어 좌충우돌하다가 개발자 커뮤니티에 기여하는 더 나은 방법을 찾아 출판 시장에 뛰어들었다.

『밑바닥부터 시작하는 딥러닝』 시리즈, 『구글 엔지니어는 이렇게 일한다』, 『리팩터링 2판』, 『이펙티브 자바 3판』 등을 번역했다.

개발자들과의 소통 창구로 소소하게 facebook.com/dev.loadmap 페이지를 운영 중이다.

강화 학습은 그 중요성에 비해 배울 기회가 많지 않았고 개념이 복잡해 주목을 덜 받았습니다. 그런데 드디어 강화 학습을 위한 교과서가 믿고 보는 『밑바닥부터 시작하는 딥러닝』 시리즈로 출간되었습니다. 기본 알고리즘부터 최신 알고리즘까지 체계적으로 설명하여 입문자도 강화 학습의 기본기를 탄탄하게 다질 수 있습니다. 단순한 프레임워크 사용법 소개를 넘어, 수식과 예시를 통해 원리부터 실제 적용 방법까지 학습할 수 있어 강화 학습을 제대로 배우고자 하는 분에게는 최고의 책이 될 것입니다.

강민재, 성균관대학교 전자전기공학부

실제 딥러닝 프레임워크를 만들어봤던 『밑바닥부터 시작하는 딥러닝 3』에 이어 4편에서는 강화 학습에 대한 내용을 다루고 있습니다. 강화 학습 특성상 방법론마다 수식을 증명하는 것이 다소 복잡할 수 있지만 이 책은 그림과 예시를 더해 이해하기 쉽습니다. 시리즈의 다른 책들처럼 초반에는 이론을 설명하고 이에 기반해 구현하도록 구성되어 있습니다. 직접 실습하면서 강화 학습 관련 지식을 배우고자 하는 독자에게 도움이 되리라 생각합니다.

강찬석, LG전자 소프트웨어 엔지니어

『밑바닥부터 시작하는 딥러닝』 시리즈 1~3편에서는 딥러닝 원리를 설명하고 코드로 구현했다면 4편에서는 강화 학습의 원리를 설명하고 코드로 구현하고 있습니다. 설명만으로는 이해하기 어려운 부분을 직접 구현해봄으로써 이해하기 쉽도록 도와줍니다. 어려운 수식에 대한 친절한 설명, 이해를 돕는 적절한 그림 그리고 깔끔하게 구현된 코드가 잘 조화된 도서라고 생각합니다. 강화 학습에 입문하는 분에게 추천합니다.

김동억, 백엔드 개발자

수학을 두려워하지 마세요. 이 책은 수학을 코드로 살펴볼 수 있는 책입니다. 저자는 쉽지 않은 수식을 개발자에게 어떻게 이해시켜야 하는지 명확히 알고 있습니다. 바로 코드입니다. 수식을 알려주고 그에 매핑되는 코드도 설명하기 때문에 머릿속에서 수식을 시뮬레이션해볼 수 있습니다. 실제 코드 수행 결과도 볼 수 있어서 더욱 학습하기 좋은 책입니다.

박선욱, 한국예탁결제원 전자등록서비스팀 팀장, 백엔드 개발자

쉬운 책은 아닙니다. '밑바닥부터 시작한다'는 것은 쉽다는 뜻이 아니라, 하나하나 꼼꼼하게 보겠다는 의미이기 때문입니다. 이번에는 강화 학습을 다루고 있어 수식도 많고 개념 자체가 어렵기도 하지만 그렇기에 이 책은 가치가 있습니다. 강화 학습을 다룬 책이 많지 않은 데다가, 수식과 그림을 통해 강화 학습을 배울 수 있고 직접 코드로 구현해볼 수 있기 때문입니다. 『밑바닥부터 시작하는 딥러닝』 시리즈를 좋아하는 분은 이 책도 좋아할 거라고 생각합니다.

송진영, 데이터 분석가

이 책은 저 같은 초보자도 강화 학습 알고리즘을 쉽게 익힐 수 있도록 안내하고 있습니다. 반복해 읽으면서 코드를 따라 해보기를 추천합니다. 저 역시 한 번 완독 후 또 읽으니 기존에 알던 내용은 되새김질하고 부족한 부분은 다시 알게 되었습니다.

신년기, 에이판다파트너스 상무, 『20년 차 신 부장의 채권투자/경제지표/금융지표 이야기』 저자

이 책은 인공지능 분야에서 주목받는 기술 중 하나인 강화 학습을 다룹니다. 딥러닝 기본 지식부터 강화 학습의 핵심 개념과 알고리즘을 체계적이고 알기 쉽게 설명합니다. 풍부한 그림과 예제가 이해하는 데 도움이 되고 실습 코드로 직접 구현해볼 수도 있습니다. 이 책은 강화 학습 기초 지식을 쌓고 싶거나, 실제 문제에 강화 학습을 적용하고 싶거나, 딥러닝을 깊게 이해하고 싶은 독자에게 추천합니다.

윤명식, 메가존클라우드 데이터 아키텍트

『밑바닥부터 시작하는 딥러닝』 시리즈는 편리하지만 추상화된 기존 프레임워크를 사용하지 않고 넘파이^{NumPy}로 설명하는 것으로 유명합니다. 4편도 마찬가지로 3편에서 넘파이로 만들었던 DeZero를 바탕으로 실습을 진행합니다. 강화 학습 특성상 바로 실습에 들어가기보다는 기본적인 개념을 먼저 알아가는 것이 중요한데, 이번 책은 강화 학습 기초 개념을 훌륭하게 잡고 있다고 생각합니다. 강화 학습을 처음 공부하는 분에게 추천합니다.

이영빈, 모두의연구소 AI교육

『밑바닥부터 시작하는 딥러닝 4』는 흥미로운 딥러닝의 세계로 여행을 떠나는 데 도움을 줄 가이드가 될 것입니다. 이전 시리즈들의 성공을 바탕으로 더 깊이 있는 내용과 실질적인 예제들로 독자의 학습 경험을 풍부하게 만들어주는 책입니다. 최신 기술과 알고리즘을 쉽고 명확하게 설명하면서 독자에게 실용적인 지식을 제공합니다. 이 책을 통해 딥러닝의 복잡한 개념들을 체계적으로 이해하고 문제 해결에 활용할 능력을 기를 수 있을 것입니다.

이종우, 데이터온 플랫폼개발1팀 팀장

『밑바닥부터 시작하는 딥러닝』 시리즈는 이 분야를 공부하는 사람이라면 필독서입니다. 이번 책은 LLM의 근간을 이루는 강화 학습에 대한 기초를 다루어 굉장히 시의적절하다고 생각합니다. 강화 학습은 수학 기초가 부족하다면 쉽게 따라가지 못하는 내용입니다. 이 책은 이러한 사람을 배려하여 수식을 이루는 기호 하나하나 자세하게 설명해줍니다. 수학을 잘 몰라도 읽는 데 큰 무리는 없습니다(다만, 강화 학습을 심층적으로 배우려면 수학 공부를 병행해야 가능할 것입니다). 강화 학습에 대한 기초 이론과 개념을 잡고자 한다면 이 책으로 시작하기를 강력히 권합니다. '밑바닥'이라고는 하지만 쉽지는 않습니다. 그러나 소화하기 위해 최선을 다한다면 어느새 성장한 자신을 만나게 될 것입니다.

장대혁, NLP 개발자

강화 학습은 다양한 분야에서 활용되는 매력적인 기술이지만 깊이 연구할수록 수학의 중요성이 부각됩니다. 또한 견고한 이론 기반이 필요합니다. 이 책은 『밑바닥부터 시작하는 딥러닝』 시리즈의 전작들처럼 점진적으로 강화 학습의 핵심 이론을 체계적으로 이해할 수 있도록 잘 구성되어 있습니다. 강화 학습에 첫발을 내딛는 초심자에게 이상적인 가이드입니다.

조원양, 스마트사운드 AI융합팀 팀상

2017년에 시작된 『밑바닥부터 시작하는 딥러닝』 시리즈가 어느덧 4편이 나왔습니다. 조만간 5편도 나온다고 하네요. 5편까지의 핵심 내용과 관계는 대략 다음 그림처럼 정리할 수 있습니다.

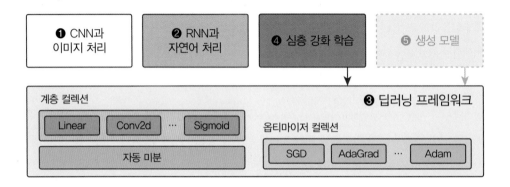

1편과 2편에서는 각각 합성곱 신경망(CNN)과 순환 신경망(RNN)을 아무런 프레임워크 없이 '밑바닥부터' 직접 구현합니다. 딥러닝에서 가장 기본적인 개념들을 확실하게 이해하기에 좋습니다.

3편에서는 파이토치와 유사한 딥러닝 프레임워크를 만들고, 그 위에서 CNN과 RNN 모델들이 동작함을 확인합니다. 이 과정에서 딥러닝의 원리를 또 다른 관점에서 들여다볼 수 있습니다.

이번 4편에서는 강화 학습에 딥러닝을 결합한 심층 강화 학습을 설명하며, 당연하게도 3편에서 제작한 프레임워크를 활용합니다.

5편에서는 요즘 가장 핫한 생성 모델을 다룰 계획입니다.

'시리즈'입니다만, 이전 편을 읽지 않아도 상관없도록 꾸려졌습니다. 예를 들어 3편에서 만드는 프레임워크는 작동 원리뿐 아니라 API 형태까지 파이토치와 거의 같습니다. 그래서 3편을 읽지 않았어도 4편을 읽는 데 전혀 무리가 없습니다. 실제로 4편의 예제 소스용 깃허브 저장소에서는 파이토치 버전 코드도 제공합니다.

이상의 간략한 시리즈 소개로 옮긴이의 말을 대신합니다. 딥러닝을 공부하는 모든 분을 응원합니다.

이복연, 개앞맵시

딥러닝이 세상에 나오고 제법 시간이 흘렀습니다. 이제 딥러닝은 다양한 분야에서 활용되며 엄청난 성과를 거두고 있습니다. 지금까지의 성공 사례는 셀 수 없이 많지만 그중에서도 심층 강화 학습 분야에서는 놀라운 진보가 여러 차례 이뤄졌습니다. 다음은 널리 알려진 대표적인 성과입니다.

- 비디오 게임에서 사람보다 높은 점수 획득
- 바둑 세계 챔피언에게 승리
- e-스포츠에서 세계 챔피언에게 승리

이러한 성공 사례는 강화 학습과 딥러닝이 결합하면서 처음으로 이루어졌습니다. 최근에는 게임과 같은 가상 세계가 아닌 현실 세계에서도 성공 사례를 찾아볼 수 있습니다. 대표적으로 로봇 조작이나 반도체 칩 설계 등의 산업계에서 큰 성과를 내고 있습니다.

또한 많은 연구자가 강화 학습이 '범용 인공지능(AGI)'을 실현할 수 있는 핵심 기술 혹은 적어도 이에 근접할 수 있는 기술로 보고 있습니다. 범용 인공지능은 우리 인간처럼 다양한 문제를 유연하게 처리할 수 있는 지능으로, 하나의 시스템에서 갖가지 문제를 해결하는 것이 목표입니다. 강화 학습과 딥러닝은 범용 인공지능 실현에 매우 중요한 기술이 될 것입니다.

이처럼 강화 학습과 딥러닝은 잠재력이 매우 큽니다. 이 책은 『밑바닥부터 시작하는 딥러닝』 시리즈의 네 번째 책입니다. 주제는 강화 학습입니다. 강화 학습의 기초부터 시작하여 딥러닝을 결합한 최첨단 기술까지 한 번에 배울 수 있습니다. 더구나 파이썬과 수학에 대한 기초만 있다면 시리즈의 전작들을 읽지 않았더라도 내용을 읽고 이해하는 데 무리가 없도록 꾸몄습니다.

이 책의 특징

강화 학습과 딥러닝이 결합된 분야를 '심층 강화 학습deep reinforcement learning'이라고 합니다. 딥러닝은 매우 핫한 분야입니다. 새로운 알고리즘과 응용 사례가 하루가 멀다 하고 발표되고 있죠. 심층 강화 학습 역시 빠르게 발전하고 있습니다. 하지만 강화 학습의 기초를 이루는 아이디어와 기술은 예나 지금이나 변함이 없습니다. 최첨단 알고리즘도 오래전부터 존재해온 아이디어를 토대로 합니다. 따라서 현재의 심층 강화 학습을 이해하려면 그동안 쌓아온 강화 학습의 기초부터 천천히 학습하는 것이 오히려 지름길이라고 할 수 있습니다.

예를 들어 DQN^{Deep Q-Network}이라는 유명한 심층 강화 학습 알고리즘이 있습니다(참고로 DQN은 '아타리 2600'이라는 비디오 게임을 매우 잘 플레이하여 유명해졌습니다). 이 DQN은 Q 러닝^{Q learning}이라는 오래된 강화 학습 이론을 토대로 합니다. Q 러닝의 이론은 수식 몇 줄로 요약할 수 있습니다. 하지만 그 수식을 외운다고 해서 강화 학습의 본질에 다가갔다고 할 수는 없습니다. 외우는 건 재미도 없고요. 이 책에서는 강화 학습의 기초부터 시작하여 중요한 아이디어와 기술을 '연결된 하나의 이야기'로 풀어드립니다. 이렇게 지식을 쌓고 유기적으로 연결하면서 강화 학습의 본질에 다가갈 수 있도록 꾸몄습니다. 그 과정에서 Q 러닝의 수식도 자연스럽게 이해할 수 있을 것입니다.

이 책의 특징은 제목에서 알 수 있듯이 '밑바닥부터 만들어가는 것'입니다. 속을 알 수 없는 외부 라이브러리에 의존하지 않고, 강화 학습 알고리즘을 처음부터 만들어봅니다. 코드는 최대한 간결하게 그리고 강화 학습에서 중요한 아이디어가 선명하게 드러나도록 짰습니다. 또한 단계적으로 수준을 높이면서 다양한 문제를 접할 수 있도록 구성하였으니 강화 학습의 어려움과 재미를 모두 느낄 수 있을 것입니다.

전체 흐름

이 책은 크게 두 부분으로 나뉩니다. 전반부(1장~6장)에서는 강화 학습의 기초를 배웁니다. 딥러닝은 아직 등장하지 않으며 강화 학습에서 발전해온 중요한 아이디어와 기술들을 하나씩 배웁니다. 후반부(7장~10장)에서는 딥러닝을 강화 학습 문제에 적용하는 방법을 배웁니다. 그리고 첨단 심층 강화 학습 알고리즘을 풀어봅니다.

딥러닝은 7장부터 등장하므로 첫 만남까지 어느 정도 시간이 걸립니다. 강화 학습의 기초를 이해해야 딥러닝이라는 도구를 적용하기 쉽기 때문입니다. 반대로 강화 학습의 기초를 건너뛰고 곧장 심층 강화 학습으로 넘어가면 피상적으로 이해하는 데 그치기 쉽습니다.

각 장의 흐름을 간략하게 설명하겠습니다.

1장에서는 '여러 후보 중에서 가장 좋은 것'을 순차적으로 찾는 문제인 밴디트 문제를 풀어봅니다. 밴디트 문제는 강화 학습에서 가장 단순화된 문제라서 입문용으로 적합합니다. 2장에서는 일반적인 강화 학습 문제를 '마르코프 결정 과정'이라는 메커니즘으로 정의하고, 3장에서는 마르코프 결정 과정에서 최적의 답을 찾는 데 핵심이 되는 '벨만 방정식'을 도출합니다. 이어서 벨만 방정식을 풀기 위한 방법들인 동적 프로그래밍(4장), 몬테카를로법(5장), TD법(6장)을 차례로 배웁니다. 이 정도면 강화 학습의 기초가 충분히 쌓여서 다음 단계로 넘어가기가 한결 수월해집니다.

7장에서는 딥러닝에 대해 알아보고 딥러닝을 강화 학습 알고리즘에 적용하는 방법을 배웁니다. 8장에서는 DQN을 구현하고 DQN을 확장한 방법들도 살펴봅니다. 9장에서는 DQN과는 다른 접근법인 '정책 경사법' 알고리즘을 살펴봅니다. 여기서 정책 경사법은 여러 알고리즘의 총칭이며, 실제로는 REINFORCE와 행위자-비평자$^{Actor-Critic}$ 알고리즘을 구현할 것입니다. 마지막 10장에서는 최신 딥러닝 알고리즘인 A3C, DDPG, TRPO, 레인보우^{Rainbow} 등을 살펴봅니다. 또한 심층 강화 학습의 활용 사례를 소개하고 가능성과 남은 숙제도 이야기합니다.

필수 소프트웨어

이 책에서 사용하는 파이썬 버전과 외부 라이브러리는 다음과 같습니다.

- 파이썬 3
- 넘파이^{NumPy}
- 맷플롯립^{Matplotlib}
- DeZero^{디제로}(또는 파이토치^{PyTorch})
- OpenAI Gym

이 책에서는 딥러닝 프레임워크로 DeZero를 사용합니다. DeZero는 『밑바닥부터 시작하는 딥러닝 3』에서 직접 구현한 프레임워크입니다. 매우 단순한 프레임워크이므로 사용법도 금방 이해할 수 있습니다. DeZero 사용법은 7장에서 설명합니다.

> NOTE_ 한편 DeZero의 기본 원리는 파이토치나 텐서플로^{Tensorflow}와 같기 때문에 다른 프레임워크를 가정하고 읽어도 무방합니다. 실제로 DeZero의 API는 파이토치와 거의 같아서 파이토치용 코드로 매우 쉽게 이식할 수 있습니다. 그래서 이 책의 깃허브 저장소에서는 파이토치 버전 코드도 함께 제공합니다.

OpenAI Gym은 강화 학습 시뮬레이터 환경입니다. 설치 방법과 사용법은 8장에서 설명합니다.

예제 파일 구성

이 책에서 사용하는 코드는 다음의 깃허브 저장소에서 얻을 수 있습니다.

https://github.com/WegraLee/deep-learning-from-scratch-4

이 저장소의 폴더는 [표 1]처럼 구성되어 있습니다.

표 1 예제 깃허브 저장소 폴더 구성

폴더 이름	설명
ch01	1장에서 사용하는 소스 코드
...	...
ch09	9장에서 사용하는 소스 코드
common	공통으로 사용하는 소스 코드
notebooks	주피터 노트북 파일
pytorch	파이토치로 포팅한 소스 코드

보다시피 ch01~ch09 폴더에 각 장에서 사용하는 파일들이 담겨 있습니다. 해당 파일을 실행하려면 파이썬 명령을 다음과 같이 실행합니다.

```
$ python ch01/avg.py
$ python ch08/dqn.py
```

혹은 다음처럼 각 디렉터리 안에서 실행할 수도 있습니다.

```
$ cd ch09
$ python actor_critic.py
```

변하는 것, 변하지 않는 것

현재 인공지능은 엄청난 기세로 발전하고 있습니다. 관련 기술과 서비스도 빠르게 진화하며 다양한 유행을 만들어내고 있습니다. 그런데 그 대부분은 사라질 운명입니다. 하지만 한편으로는 변하지 않는 것, 끊기지 않고 전해져 내려오는 것도 있습니다. 이 책에서 배우는 지식은 바로 이 '변하지 않는 것'입니다. 강화 학습의 기본 원리, 마르코프 결정 과정, 벨만 방정식, Q 러닝, 신경망 등과 같은 주제는 앞으로도 변함없이 중요하다고 저는 믿습니다. 이 책을 통해 강화 학습의 기초를 제대로 배우고 '변하지 않는 것'의 아름다움을 맛보기 바랍니다.

일러두기
- 본문에서 [1]과 같은 위첨자는 참고문헌 번호를 뜻합니다.

CONTENTS

CHAPTER 1 밴디트 문제

CONTENTS

CHAPTER 4 동적 프로그래밍

CHAPTER 5 몬테카를로법

CONTENTS

CHAPTER **6 TD법**

CONTENTS

CHAPTER **9 정책 경사법**

CHAPTER **10** 한 걸음 더

CONTENTS

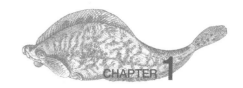

밴디트 문제

사람은 선생님이나 코치 없이도 무언가를 배울 수 있습니다. 예를 들어 어린아이는 물건을 쥐고, 걷고, 뛰는 등의 행동을 시행착오를 거치면서 자연스럽게 습득합니다(물론 부모가 어느 정도 도움을 주긴 합니다). 이처럼 가르치는 사람의 도움 없이도 환경과 상호작용하며 더 나은 해결책을 스스로 학습하는 것을 **강화 학습**이라 합니다. 강화 학습은 인간을 비롯한 생명체가 지니고 있는 중요한 능력입니다. 그래서 강화 학습이라는 주제를 배운다는 것은 더욱 다재다능한 지능에 대해 배우는 일이기도 합니다.

이제부터 강화 학습이 무엇인지 자세히 알아보겠습니다. 이번 장에서는 먼저 머신러닝에서 강화 학습이 차지하는 위치를 살펴봅니다. 그런 다음 강화 학습의 특징을 간략하게 설명한 후 곧바로 구체적인 문제를 다룹니다. 이번 장에서 다룰 문제는 강화 학습에서 가장 기본이 되는 '밴디트 문제'입니다. 밴디트 문제를 풀다 보면 강화 학습의 어려움과 재미를 동시에 느낄 수 있을 것입니다.

1.1 머신러닝 분류와 강화 학습

머신러닝은 이름 그대로 데이터를 활용하여 기계^{machine}를 학습^{learning}시키는 기법입니다. 기계, 즉 컴퓨터에 데이터를 주고 컴퓨터 스스로가 어떤 규칙이나 패턴을 찾아내도록 하는 것이죠. '규칙'을 사람이 프로그래밍하여 알려주는 게 아니라, 컴퓨터가 데이터를 기초로 스스로 찾아 학습하는 것입니다.

머신러닝 기법들은 다루는 문제의 성격을 기준으로 구분할 수 있습니다. 대표적인 구분법에 따른 분류는 '지도 학습', '비지도 학습', '강화 학습'입니다. 이번 절에서는 이 세 가지를 간략하게 설명하겠습니다. '지도 학습'부터 시작하죠.

1.1.1 지도 학습

지도 학습supervised learning은 머신러닝에서 가장 전통적인 기법입니다. 지도 학습에서는 입력(문제)과 출력(정답)을 쌍으로 묶은 데이터가 주어집니다. 예를 들어 손글씨 숫자 인식 문제라면 '손글씨 숫자 이미지'와 '정답 레이블'이 하나의 데이터로 주어집니다. 컴퓨터는 이러한 데이터를 이용해 입력(이미지)을 출력(숫자)으로 변환하는 방법을 학습합니다. [그림 1-1]은 손글씨 숫자 '8' 이미지를 입력받아, 그 이미지가 숫자 '8'이라고 판단할 확률을 높이도록 학습하는 예입니다.

그림 1-1 지도 학습의 예(손글씨 숫자 '8' 학습)

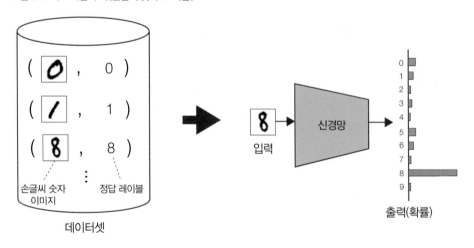

이처럼 '정답 레이블'이 존재한다는 점이 지도 학습의 가장 큰 특징입니다. 입력 데이터에 해당하는 정답을 선생님이 미리 알려주는 것이죠. 이때 선생님은 대부분 우리 인간입니다. [그림 1-1]의 예에서도 사람이 이미지 각각에 정답 레이블을 부여했습니다.

1.1.2 비지도 학습

비지도 학습unsupervised learning에서는 정답을 알려주는 '선생님'이 따로 없습니다. 그래서 선생님이 작성해둔 '정답 레이블' 없이 오직 데이터만 존재합니다. 비지도 학습은 데이터에 숨어 있는 구조나 패턴을 찾는 용도로 주로 쓰이며 군집화(클러스터링), 특성 추출, 차원 축소 등을 예로 들 수 있습니다. [그림 1-2]는 t-SNE[1] 알고리즘을 이용하여 데이터에서 얻은 특성을 2차원으로 축소하는 예입니다.

그림 1-2 비지도 학습의 예(t-SNE를 이용한 차원 축소)

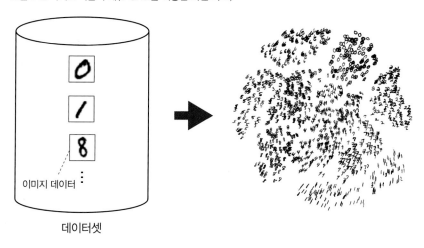

비지도 학습에서는 정답 레이블이 필요하지 않습니다. 그래서 빅데이터라 할지라도 준비하기가 비교적 쉽습니다. 반면, 지도 학습에서는 정답 레이블을 사람이 일일이 붙여야 하는 경우가 많습니다. 사람의 손으로 정답 레이블을 붙이는 일을 '레이블링' 또는 '애너테이션annotation'이라고 합니다.

> NOTE_ 레이블링에는 시간이 많이 소요됩니다. 예를 들어 1400만 장이 넘는 이미지를 제공하는 이미지넷ImageNet 데이터셋을 혼자서 레이블링한다면 약 20년이 걸린다는 계산이 나옵니다.

1.1.3 강화 학습

다음으로 이 책의 주제인 **강화 학습**reinforcement learning은 무엇인지 간략히 알아봅시다. 강화 학습은 지도 학습이나 비지도 학습과는 다른 유형의 문제를 다룹니다. 강화 학습에서는 [그림 1-3]과 같이 에이전트와 환경이 서로 상호작용합니다.

그림 1-3 강화 학습의 메커니즘

에이전트agent는 행동 주체를 말합니다. 로봇을 상상하면 이해하기 쉬울 것입니다. 에이전트는 어떤 **환경**environment에 놓여져, 환경의 **상태**state를 관찰하고, 상태에 적합한 **행동**action을 취합니다. 행동을 취한 결과로 환경의 상태가 변화합니다. 그리고 에이전트는 환경으로부터 **보상**reward을 받음과 동시에 변화된 '새로운 상태'를 관찰합니다. **강화 학습의 목표**는 에이전트가 얻는 보상의 총합을 극대화하는 행동 패턴을 익히는 것입니다.

강화 학습의 예로 로봇이 걷는 문제를 생각해보죠. 이 로봇은 현실 공간(또는 시뮬레이터)에 배치되어 그 안에서 걷는 방법을 학습합니다. 로봇의 목표는 효율적으로 앞으로 나아가는 방법을 익히는 것입니다. 이 문제에서 로봇은 팔다리를 움직이는 행동을 취합니다. 그리고 취한 행동에 따라 주변 환경(상태)이 변화합니다. 보상은 앞으로 나아간 거리라고 가정합시다.

그림 1-4 로봇 보행 문제에서의 상호작용

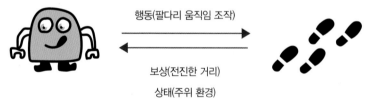

로봇 보행 문제에서 로봇은 제대로 걷는 방법(예: 팔을 어느 각도까지 얼마나 빠르게 흔들면 걷기 쉬운가)을 누구에게도 배울 수 없습니다. 팔다리를 올바르게 쓰는 법을 가르쳐줄 '선생님'을 준비하기란 매우 어렵습니다. 로봇이 할 수 있는 일은 일단 어떻게든 움직여보고, 피드백(보상)을 받아 경험을 쌓고, 경험을 통해 배우는 것입니다. 팔을 어떤 각도로 흔들면 균형이 무너지지 않는지와 같은 경험을 쌓아 더 나은 동작을 학습합니다. 즉, 스스로 시행착오를 겪으며 데이터를 수집하고 수집된 데이터를 바탕으로 더 나은 행동의 패턴을 익혀나갑니다.

> NOTE_ 강화 학습에서는 환경의 피드백으로 '보상'을 받습니다. 보상은 지도 학습에서 말하는 정답 레이블과는 성격이 다릅니다. 보상은 행동에 대한 피드백일 뿐, 그 보상으로부터 지금까지 취한 행동이 최적인지 여부는 판단할 수 없습니다. 반면, 지도 학습에서는 '정답'이 제공됩니다. 지도 학습을 강화 학습 맥락에서 생각해보면 어떤 행동을 취했을 때 '최적의 행동은 이것이다'라고 알려주는 선생님이 있다는 뜻이죠.

이상으로 머신러닝 분야의 대표적인 구분법을 소개했습니다. 사용하는 데이터를 기준으로 각 분야의 특징을 다음과 같이 정리할 수 있습니다.

- **지도 학습**: 입력과 출력(정답 레이블)이 쌍^{pair}으로 존재하는 데이터를 이용하여 입력을 적합한 출력으로 변환하는 방법 학습
- **비지도 학습**: 정답 레이블이 없는 데이터를 이용하여 데이터에 숨어 있는 구조 학습
- **강화 학습**: 에이전트가 환경과 상호작용하면서 수집한 데이터를 바탕으로 더 많은 보상을 얻는 방법 학습

이처럼 강화 학습은 다른 두 분류와는 성격이 다릅니다. 환경과의 상호작용 속에서 배우는 것, 시행착오를 통해 배우는 것, 이것이 바로 강화 학습입니다.

1.2 밴디트 문제

이제부터는 강화 학습에서 다루는 구체적인 문제를 살펴보겠습니다. 처음이니 가장 간단한 문제에 속하는 **밴디트 문제**$^{bandit\ problem}$부터 만나보죠. 밴디트 문제는 단순하면서도 강화 학습이 다루는 문제의 본질적인 특징이 잘 녹아 있습니다. 이 문제를 풀어보면 강화 학습의 특징이 더욱 명확하게 이해될 것입니다.

1.2.1 밴디트 문제란?

밴디트^{bandit}는 '슬롯머신'의 또 다른 이름입니다. 알다시피 슬롯머신에는 손잡이가 있고 손잡이를 당기면 그림들이 한꺼번에 바뀝니다. 그리고 바뀐 그림들의 조합이 무엇이냐에 따라 얻는 코인의 액수가 정해집니다.

밴디트 문제를 정확하게는 **멀티-암드 밴디트 문제**multi-armed bandit problem라고 합니다. 팔이 많은 도적이라는 뜻이죠. 팔이 많다는 설정은 [그림 1-5]처럼 손잡이 하나짜리 슬롯머신이 여러 대인 문제라고 볼 수 있습니다. 그래서 이 책에서도 손잡이 하나짜리 슬롯머신이 여러 대인 상황을 상상하며 이야기를 진행하겠습니다.

그림 1-5 멀티-암드 밴디트는 슬롯머신이 여러 대인 문제와 같다.

밴디트 문제에서는 슬롯머신 각각의 특성이 서로 다릅니다. 좋은 그림 조합이 나올 확률이 제 각각이라는 뜻입니다. 이런 상황에서 플레이어는 정해진 횟수(예: 1000회)를 플레이합니다. 처음에 플레이어는 슬롯머신에 대한 정보, 즉 어떤 기계가 승률이 좋은지 등의 정보를 전혀 알지 못합니다. 실제로 플레이를 해보고 결과를 확인하면서 좋은 머신을 찾아내야 합니다. 그리고 정해진 횟수 안에 코인을 최대한 많이 얻는 것이 목표입니다.

이상의 밴디트 문제를 강화 학습의 용어로 설명해보겠습니다. 먼저 밴디트 문제에 등장하는 슬롯머신은 강화 학습에서 **환경**에 해당하며 플레이어는 **에이전트**입니다. 이 두 개념, 즉 환경과 에이전트가 '상호작용'하는 것이 강화 학습의 기본 틀입니다.

그렇다면 환경과 에이전트 사이에는 어떤 '상호작용'이 일어날까요? 밴디트 문제에서는 플레이어가 여러 슬롯머신 중 한 대를 선택해 플레이합니다. 이것이 에이전트가 하는 **행동**입니다. 그리고 행동의 결과로 플레이어는 슬롯머신에서 코인을 얻습니다. 이 코인이 바로 **보상**이죠. 이상의 관계를 [그림 1-6]처럼 표현할 수 있습니다.

그림 1-6 밴디트 문제의 메커니즘

[그림 1-6]과 같이 에이전트는 주어진 환경에서 어떤 행동을 취하고 그 결과로 보상을 얻습니다. 이처럼 에이전트와 환경이 상호작용하는 것이 강화 학습의 기본 메커니즘이며 밴디트 문제도 여기에 속합니다.

> **NOTE_** 일반적인 강화 학습 문제에서 환경에는 **상태** 정보가 있습니다. 에이전트가 어떤 행동을 하면 환경의 상태가 바뀌고, 에이전트는 새로운 상태를 관찰하여 적절한 행동을 취합니다. 다만 밴디트 문제에서는 플레이어가 이용하는 슬롯머신들의 확률 설정에 변화가 없습니다. 즉, 환경의 상태가 변하지 않으므로 따로 고려할 필요가 없습니다. 상태가 변하는 문제는 '2장 마르코프 결정 과정'에서 다룹니다.

이어서 밴디트 문제를 푸는 알고리즘을 생각해봅시다. 목표는 코인을 최대한 많이 얻는 것입니다. 그러려면 당연히 승률이 '좋은 슬롯머신'을 선택해야 합니다. 그렇다면 좋은 슬롯머신이란 무엇일까요?

1.2.2 좋은 슬롯머신이란?

슬롯머신에서 가장 중요한 특성은 무작위성입니다. 얻을 수 있는 코인 개수(보상)가 플레이할 때마다 달라집니다. 우리는 이 무작위성에 맞서기 위해 '확률'을 활용합니다. 무작위한 정도를 확률을 이용해 정량적으로 설명하는 것이죠.

구체적인 예를 들어 설명하겠습니다. 슬롯머신이 두 대 있고, 보상과 확률이 [그림 1-7]처럼 설정되어 있다고 합시다.

그림 1-7 슬롯머신 확률분포표

슬롯머신 a

얻을 수 있는 동전 개수	0	1	5	10
확률	0.70	0.15	0.12	0.03

슬롯머신 b

얻을 수 있는 동전 개수	0	1	5	10
확률	0.50	0.40	0.09	0.01

이러한 표를 **확률분포표**probability distribution table라고 합니다. 보통은 이런 확률분포표를 플레이어가 알 수 없지만 여기서는 [그림 1-7]과 같은 확률분포표를 알고 있다고 가정해봅시다. 지금 조건이라면 플레이어는 어떤 슬롯머신을 선택하는 게 좋을까요?

> **NOTE_** [그림 1-7]의 표는 이산확률분포표입니다. 이산discrete이란 확률 변수random variable의 값이 0, 1, 5, 10처럼 '딱딱' 떨어지는 걸 말합니다. 반면, 확률 변수의 값이 실수처럼 연속적이라면 **연속 확률 변수**continuous random variable라고 합니다.

슬롯머신의 우열은 무엇을 기준으로 판단해야 할까요? 앞서 말했듯이 슬롯머신을 플레이한 결과는 무작위하게 변합니다. 하지만 수없이 많이 플레이하면 평균적으로 얻게 되는 코인 개수는 '하나의 값'으로 수렴합니다. 이 값이 바로 **기댓값**expectation value입니다. 이 값을 기준으로 더 큰 쪽이 더 좋은 슬롯머신이라고 판단합니다.

이산확률분포표가 주어지면 각각의 '값(코인 개수)'과 해당 '확률'을 곱하여 모두 더해 기댓값을 구할 수 있습니다. [그림 1-7]의 확률분포표로 두 슬롯머신의 기댓값을 구해보죠.

- **슬롯머신 a**: $(0 \times 0.70) + (1 \times 0.15) + (5 \times 0.12) + (10 \times 0.03) = $ **1.05**
- **슬롯머신 b**: $(0 \times 0.50) + (1 \times 0.40) + (5 \times 0.09) + (10 \times 0.01) = $ **0.95**

이 기댓값은 두 슬롯머신을 플레이했을 때 얻을 수 있는 코인 개수의 평균이며 슬롯머신 a의 값이 더 큽니다. 기댓값을 지표로 삼는다면 슬롯머신 a가 더 좋다는 뜻이죠. 따라서 만약 슬롯머신이 a와 b 딱 두 대만 있고 총 1000번의 플레이 기회가 주어진다면, 매번 a를 선택하는 쪽이 좋은 전략일 것입니다.

여기서 기억할 것은 슬롯머신 플레이 같은 확률적 사건은 '기댓값'으로 평가할 수 있다는 사실입니다. 다르게 말하면 무작위성에 현혹되지 않기 위해 '기댓값'을 기준으로 삼아야 합니다.

> **NOTE_** 밴디트 문제에서는 보상의 기댓값을 **가치**value라는 특별한 이름으로 부르곤 합니다. 특히 '행동의 결과로 얻는 보상의 기댓값'을 **행동 가치**action value라고 합니다. 그래서 슬롯머신 a를 플레이하여 얻는 코인 개수의 기댓값은 '슬롯머신 a의 가치' 또는 'a의 행동 가치'라고 할 수 있습니다.

1.2.3 수식으로 표현하기

이번 절에서는 수학적 표현(기호)에 익숙해지기 위해 지금까지 설명한 내용을 수식으로 되짚어보겠습니다. 먼저 보상은 'Reward'의 머리글자를 따서 R로 표기합니다. 밴디트 문제에서는 슬롯머신이 돌려주는 코인 개수가 R에 해당하죠. 앞의 예에서 R은 {0, 1, 5, 10} 중 하나가 되며 각 값을 '얻을 가능성'이 확률로 정해져 있습니다. 이처럼 얻는 값이 확률적으로 결정되는 변수를 **확률 변수**^{random variable}라고 합니다.

> **NOTE_** 밴디트 문제를 비롯한 강화 학습 문제에서는 에이전트가 첫 번째, 두 번째… 식으로 행동을 연속해서 취합니다. 따라서 t번째에 얻는 보상임을 명시할 때는 R_t라고 씁니다.

이어서 에이전트가 수행하는 행동은 'Action'의 머리글자를 따서 A로 표기합니다. 슬롯머신 a와 b를 선택하는 행동을 각각 a와 b라고 한다면 변수 A는 {a, b} 중 하나의 값을 취하게 됩니다.

다음은 확률 변수로 정의되는 '기댓값' 차례입니다. 기댓값은 'Expectation'의 머리글자를 따서 기호로는 $\mathbb{E}$를 씁니다. 예를 들어 보상 R의 기댓값은 $\mathbb{E}[R]$로, 행동 A를 선택했을 때의 보상 기댓값은 $\mathbb{E}[R \mid A]$로 표기합니다. 여기서 $\mid$는 '조건부 확률(조건부 기댓값)'을 뜻합니다. 조건은 $\mid$의 오른쪽에 적습니다. 예를 들어 a 행동을 선택했을 때의 보상 기댓값은 $\mathbb{E}[R \mid A = a]$, 혹은 간략히 $\mathbb{E}[R \mid a]$라고 적습니다.

보상에 대한 기댓값을 행동 가치라고 합니다. 강화 학습에서는 관례적으로 행동 가치를 Q 또는 q로 표기합니다(Q는 'Quality'의 머리글자입니다). 그래서 행동 A의 행동 가치 q(A)는 다음처럼 표기할 수 있습니다.

$$q(A) = \mathbb{E}[R \mid A]$$

> **NOTE_** 행동 가치를 대문자를 사용하여 Q(A)로 표기하는 경우가 있습니다. 소문자일 때는 '실제 행동 가치'를 뜻하며 대문자일 때는 '추정치'를 뜻합니다. 자세한 내용은 뒤에서 설명하겠지만 에이전트는 실제 행동 가치 q(A)를 알 수 없기 때문에 그 값을 '추정'해야 합니다. 이런 경우의 행동 가치를 추정치라는 뜻에서 Q(A)로 표기합니다.

이상으로 수식에 쓰이는 기호들을 확인했습니다. 이제부터는 밴디트 문제를 푸는 알고리즘을 알아보겠습니다.

1.3 밴디트 알고리즘

밴디트 문제에서 플레이어는 슬롯머신의 '가치(보상 기댓값)'를 알 수 없습니다. 이 상황에서 가치가 가장 큰 슬롯머신을 선택해야 하죠. 따라서 플레이어는 실제로 슬롯머신을 플레이하고 그 결과를 토대로 자신의 선택이 얼마나 훌륭했는지 혹은 나빴는지를 추정해야 합니다. 지금까지의 내용을 정리하면 다음과 같습니다.

- 만약 각 슬롯머신의 가치(보상 기댓값)를 알면 플레이어는 가장 좋은 슬롯머신을 고를 수 있다.
- 그러나 플레이어는 각 슬롯머신의 가치를 알 수 없다.
- 따라서 플레이어는 각 슬롯머신의 가치를 (가능한 한 정확하게) 추정해야 한다.

이러한 조건에서 코인을 가장 많이 얻을 수 있는 전략이 필요합니다. 그럼 지금부터 슬롯머신의 가치를 추정하는 방법을 구체적인 예를 들어 알아보겠습니다.

> **NOTE_** 지도 학습에서는 문제의 정답이 준비되어 있습니다. 따라서 학습 중인 모델의 예측이 어긋나더라도 정답은 알 수 있습니다. 강화 학습 관점에서 풀어보면 잘못된 행동을 하더라도 '올바른 행동은 이것이었다'라는 정답을 얻을 수 있다는 뜻입니다. 하지만 실제 강화 학습에서의 플레이어는 행동에 대한 결과(보상)만을 얻습니다. 예를 들어 어떤 슬롯머신을 플레이한 후 코인 1개를 얻었다고 해보죠. 이때 코인 1개라는 값은 하나의 단서일 뿐입니다. 정답이 무엇인지, 최선의 행동이 무엇인지는 이 보상을 단서로 삼아 플레이어 스스로 추론하고 판단해야 합니다.

1.3.1 가치 추정 방법

슬롯머신 a와 b를 각 1회씩 플레이하여 [그림 1-8]의 결과가 나왔다고 가정하겠습니다.

그림 1-8 두 대의 슬롯머신을 한 번씩 플레이하여 얻은 결과

슬롯머신	결과
	첫 번째
a	0
b	1

슬롯머신 a에서는 코인 0개를 얻고 b에서는 1개를 얻습니다. 지금의 예에서 '실제 획득한 보상의 평균'을 슬롯머신의 가치 추정치로 생각해봅시다. 아직은 한 번만 플레이했기 때문에 슬롯머신 a의 가치는 0으로, b의 가치는 1로 추정할 수밖에 없습니다.

물론 겨우 한 번만 플레이한 후의 추정은 그다지 신뢰할 수 없습니다. 하지만 플레이 횟수가 늘어날수록 추정치가 조금씩 정확해집니다. 두 번 더 플레이하여 [그림 1-9]와 같은 결과를 얻었다고 해봅시다.

그림 1-9 총 세 번 플레이한 결과

슬롯머신	결과		
	첫 번째	두 번째	세 번째
a	0	1	5
b	1	0	0

플레이어는 슬롯머신 a와 b를 각각 세 번씩 플레이했습니다. 슬롯머신 a에서는 각각 0, 1, 5개의 코인을 얻었습니다. 이 결과로부터 a의 가치 추정치 $Q(a)$를 다음처럼 계산할 수 있습니다.

$$Q(a) = \frac{0+1+5}{3} = 2$$

회당 평균 2개의 코인을 얻은 셈입니다. 이 평균이 슬롯머신 a의 가치 추정치입니다.

한편 슬롯머신 b는 세 번 플레이하여 1, 0, 0개의 코인을 얻었으므로 가치 추정치 $Q(b)$는 $0.33\cdots$입니다.

$$Q(b) = \frac{1+0+0}{3} = 0.33\cdots$$

이상의 결과에서 슬롯머신 a가 더 좋을 것이라고 추정할 수 있습니다. 물론 이 시점의 추정치도 슬롯머신의 '실제 가치'와 똑같지는 않지만 한 번씩만 플레이했을 때보다는 신뢰할 수 있습니다.

> NOTE_ 슬롯머신을 실제로 플레이하여 얻은 보상은 어떤 확률 분포에서 생성된 '샘플(표본)'입니다. 따라서 실제 획득한 보상의 평균을 **표본 평균**$^{sample\ mean}$이라고 할 수 있습니다. 표본 평균은 샘플링 횟수가 늘어날수록 실젯값(보상의 기댓값)에 가까워집니다. 큰 수의 법칙$^{law\ of\ large\ numbers}$에 따라 샘플 수를 무한대로 늘리면 표본 평균은 실젯값과 같아집니다.

이어서 슬롯머신의 가치를 추정하는 코드를 작성해보겠습니다.

1.3.2 평균을 구하는 코드

이번에는 슬롯머신 한 대에만 집중하여 총 n번 플레이하는 경우를 생각해봅시다. 다르게 표현하면 어떤 하나의 행동만을 n번 수행할 때의 행동 가치를 추정하는 것입니다. 이때 실제로 얻은 보상을 R_1, R_2, $\cdots$, R_n이라 하면 n번 행동했을 때의 행동 가치 추정치 Q_n은 다음 수식으로 표현할 수 있습니다.

$$Q_n = \frac{R_1 + R_2 + \cdots + R_n}{n} \qquad \text{[식 1.1]}$$

이처럼 n번째 행동 가치 추정치 Q_n은 n개의 보상에 대한 표본 평균으로 구할 수 있습니다.

표본 평균을 구하는 [식 1.1]을 파이썬 코드로 구현해보죠. 보상을 10번 연속으로 얻는 경우를 가정하고 보상을 얻을 때마다 추정치를 구하기로 합시다.

ch01/avg.py

```python
import numpy as np

np.random.seed(0)  # 시드 고정
rewards = []

for n in range(1, 11):  # 10번 플레이
    reward = np.random.rand()  # 보상(무작위 수로 시뮬레이션)
```

```
rewards.append(reward)
Q = sum(rewards) / n
print(Q)
```

출력 결과

```
0.5488135039273248
0.6320014351498722
...
0.6157662833145425
```

0.0 이상 1.0 미만의 무작위 수를 만들어 보상으로 활용했습니다. 그리고 얻은 보상을 리스트인 rewards에 추가합니다. 그러면 [식 1.1]의 계산을 그대로 구현할 수 있습니다. 물론 이 코드로도 표본 평균을 제대로 구할 수 있지만 아직 개선할 부분이 있습니다.

플레이 횟수(n)가 늘어날수록 rewards의 원소 수도 늘어나며, 이어서 n개의 합을 구하는 sum(rewards) 코드의 실행 비용도 함께 증가합니다. 즉, 플레이 횟수가 늘어날수록 메모리와 계산량이 모두 크게 증가합니다.

표본 평균 계산을 더 효율적으로 구현하려면 어떻게 해야 할까요? 사전 준비로 $n-1$번째 시점의 행동 가치 추정치인 Q_{n-1}에 주목해보죠. Q_{n-1}의 수식은 다음과 같습니다.

$$Q_{n-1} = \frac{R_1 + R_2 + \cdots + R_{n-1}}{n-1}$$

이 식의 양변에 $n-1$을 곱하고 좌우 변을 바꾸면 다음 식이 얻어집니다.

$$R_1 + R_2 + \cdots + R_{n-1} = (n-1)Q_{n-1} \tag{식 1.2}$$

그리고 Q_n은 다음처럼 표현할 수 있습니다.

$$Q_n = \frac{R_1 + R_2 + \cdots + R_n}{n}$$

$$= \frac{1}{n}\underbrace{(R_1 + \cdots + R_{n-1}}_{(n-1)Q_{n-1}} + R_n) \qquad \text{[식 1.3]}$$

[식 1.2]를 대입

$$= \frac{1}{n}\{(n-1)Q_{n-1} + R_n\}$$

$$= \left(1 - \frac{1}{n}\right)Q_{n-1} + \frac{1}{n}R_n \qquad \text{[식 1.4]}$$

여기서 핵심은 [식 1.3]에서 [식 1.2]를 대입하는 부분입니다. 그러면 [식 1.4]와 같이 Q_n과 Q_{n-1}의 관계가 도출됩니다. 최종적으로 [식 1.4]를 보면 Q_{n-1}, R_n, n의 값만 알면 Q_n을 구할 수 있습니다. 즉, 지금까지 얻은 모든 보상(R_1, R_2, $\cdots$, R_{n-1})을 매번 사용하지 않고도 계산할 수 있습니다!

이어서 [식 1.4]를 조금 더 변형해봅시다.

$$Q_n = \left(1 - \frac{1}{n}\right)Q_{n-1} + \frac{1}{n}R_n \qquad \text{[식 1.4]}$$

$$= Q_{n-1} + \frac{1}{n}(R_n - Q_{n-1}) \qquad \text{[식 1.5]}$$

[식 1.5]에서 주목할 점은 형태가 $Q_n = Q_{n-1} + \cdots$ 라는 것입니다. 다시 말해 Q_n은 Q_{n-1}에 어떤 값을 더해 구할 수 있습니다. Q_{n-1}을 기준으로 우변의 두 번째 항인 $\frac{1}{n}(R_n - Q_{n-1})$만큼 갱신되죠. 여기서 Q_{n-1}, Q_n, R_n의 위치 관계는 [그림 1-10]과 같습니다.

그림 1-10 Q_{n-1}, Q_n, R_n의 위치 관계

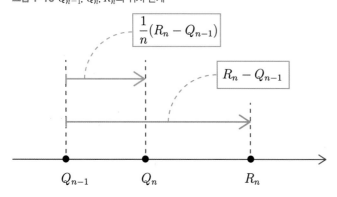

그림에서 보듯 Q_{n-1}이 Q_n으로 갱신될 때 $R_n - Q_{n-1}$의 길이에 $\frac{1}{n}$을 곱한 값만큼 이동합니다. 이때 R_n 방향으로 얼마나 진행되느냐는 $\frac{1}{n}$ 값이 결정하죠. 이처럼 $\frac{1}{n}$은 갱신되는 양을 조정하기 때문에 **학습률**^{learning rate} 역할을 합니다.

> NOTE_ 시도 횟수 n이 커질수록 $\frac{1}{n}$은 작아집니다. 시도 횟수가 늘어날수록 Q_n이 갱신되는 양이 작아진다는 뜻이죠. 예를 들어 $n = 1$이면 $\frac{1}{n} = 1$이므로 $Q_n = R_n$이 되어 Q_n의 값은 단번에 R_n으로 갱신됩니다. 또 다른 극단적인 예로 $n = \infty$이면 $\frac{1}{n} = 0$이므로 $Q_n = Q_{n-1}$이 됩니다. 즉, Q_n은 전혀 갱신되지 않습니다.

이상의 내용을 바탕으로 표본 평균을 구하는 코드를 수정해봅시다.

```
                                                              ch01/avg.py
Q = 0

for n in range(1, 11):
    reward = np.random.rand()
    Q = Q + (reward - Q) / n   # [식 1.5]
    print(Q)
```

[식 1.5]를 구현한 부분이 Q = Q + (reward − Q) / n 코드입니다. 여기서 주의할 점은 [식 1.5]의 Q_n과 Q_{n-1}에 해당하는 변수를 모두 Q 하나로 처리한 부분입니다. 변수를 하나만 써도 되는 이유는 [그림 1–11]을 보면 알 수 있습니다.

그림 1-11 대입 연산자(=)의 오른쪽과 왼쪽에 있는 Q의 실체

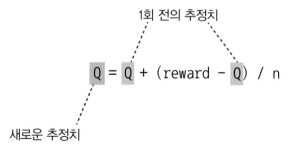

그림과 같이 대입 연산자(=) 오른쪽의 Q는 1회 이전의 추정치를 나타냅니다. 그리고 오른쪽에서 계산된 결과가 왼쪽의 Q에 새롭게 대입되는 것이죠. 따라서 변수를 하나만 사용하여 이

전 추정치를 새로운 추정치로 갱신할 수 있습니다. 같은 계산을 다음과 같이 += 연산자로도 작성할 수 있습니다.

```
# Q = Q + (reward - Q) / n
Q += (reward - Q) / n
```

$Q = Q + \cdots$처럼 변수의 값을 덮어쓰는 코드는 이와 같이 $Q \mathrel{+}= \cdots$ 형태로 표현할 수 있습니다.

이상이 표본 평균을 효율적으로 구하는 방법입니다. Q_1, Q_2, $Q_3 \cdots$ 식으로 하나씩 순차적으로 증가시키며 구할 수 있다는 뜻에서 이런 구현 방식을 **증분 구현**incremental implementation이라고도 합니다.

1.3.3 플레이어의 정책

이제 플레이어(에이전트)가 어떤 전략을 취해야 하는지에 대해 생각해보겠습니다. 다시 말해 가치가 가장 큰 슬롯머신을 찾는 방법을 고민해보려 합니다. 가장 직관적인 정책은 실제로 플레이하고 결과가 가장 좋은 슬롯머신을 선택하는 것입니다. 각각을 플레이해보고 가치 추정치(실제 획득한 보상의 평균)가 가장 큰 슬롯머신을 선택하는 정책이죠. 이러한 정책을 **탐욕 정책**greedy policy이라고 합니다.

> NOTE_ greedy는 '탐욕스럽다'라는 뜻입니다. '미래는 생각하지 않고 눈앞의 정보만으로 가장 좋아 보이는 수를 선택한다'라고 해석할 수 있습니다. 밴디트 문제에서 탐욕 정책이란 지금까지 플레이한 경험만으로, 즉 슬롯머신의 가치 추정치만으로 최선의 머신을 선택하는 것을 말합니다.

탐욕 정책은 좋아 보이지만 문제도 있습니다. 예를 들어 33쪽의 [그림 1-8]과 같이 슬롯머신 a와 b를 각각 한 번씩만 플레이하는 경우를 생각해보죠. 이때 슬롯머신 a와 b의 가치 추정치는 각각 0과 1입니다. 이 상태에서 탐욕 정책에 따라 행동하면 이후로는 계속 b만 선택할 것입니다. 하지만 실제로는 a가 더 좋은 슬롯머신일 수도 있습니다.

슬롯머신의 가치 추정치에 '불확실성'이 스며 있기 때문에 생기는 문제입니다. 확실하지 않은 추정치를 전적으로 신뢰하면 최선의 행동을 놓칠 수 있죠. 그래서 플레이어는 불확실성을 줄여 추정치의 신뢰도를 높여야 합니다. 여기까지 생각이 닿으면 플레이어에게 다음의 두 가지 행동을 요구하게 됩니다.

- **활용**exploitation : 지금까지 실제로 플레이한 결과를 바탕으로 가장 좋다고 생각되는 슬롯머신을 플레이(탐욕 정책)
- **탐색**exploration : 슬롯머신의 가치를 정확하게 추정하기 위해 다양한 슬롯머신을 시도

앞서 설명했듯이 탐욕스럽게만 행동하면 더 나은 선택을 놓칠 가능성이 있습니다. 그래서 탐욕스럽지 않은 두 번째 행동, 즉 탐색을 시도해볼 필요가 생깁니다. 탐색은 각 슬롯머신의 가치를 더욱 정확하게 추정하도록 해줍니다.

> **NOTE_** 활용과 탐색은 상충관계입니다. 한 번에 둘 중 하나만 선택할 수 있으므로 다른 하나를 희생해야 합니다.

밴디트 문제에서 다음 한 번의 시도만으로 좋은 결과를 얻고 싶다면 '활용'을 택해야 할 것입니다. 하지만 장기적인 관점에서 더 나은 결과를 얻고 싶다면 '탐색'이 필요합니다. 탐색을 하면 더 좋은 슬롯머신을 찾을 가능성이 높아지기 때문입니다. 더 좋은 머신을 찾는 데 성공한다면 이후로는 새로 찾은 머신을 선택하여 장기적으로 더 나은 결과를 얻을 수 있습니다.

강화 학습 알고리즘은 결국 '활용과 탐색의 균형'을 어떻게 잡느냐의 문제로 귀결됩니다. 이 균형을 맞추는 방법으로 지금까지 다양한 알고리즘이 제안되었습니다. 간단한 것부터 복잡한 것까지 정말 많지만 그중에서도 가장 기본적이고 응용하기 좋은 알고리즘은 ε-**탐욕 정책**엡실론-탐욕 정책; 엡실론-그리디 정책입니다.

ε-탐욕 정책은 간단한 알고리즘입니다. ε의 확률, 예컨대 $\varepsilon = 0.1$의 확률(10%)로 '탐색'을 하고 나머지는 '활용'을 하는 방식입니다. 탐색할 차례에서는 다음 행동을 무작위로 선택하여 다양한 경험을 쌓습니다. 이렇게 함으로써 가능한 모든 행동 각각의 가치 추정치의 신뢰도가 조금씩 높아집니다. 그리고 나머지 $1 - \varepsilon$의 확률로는 탐욕 행동, 즉 활용을 수행합니다.

NOTE_ ε-탐욕 정책은 현재까지 얻은 경험을 '활용'할 수 있습니다. 그러면서도 (가끔씩) 탐욕스럽지 않은 행동을 시도해봄으로써 더 나은 행동이 있는지 '탐색'합니다. 밴디트 문제에도 ε-탐욕 정책을 적용하면 효율적으로 해결할 수 있을 것입니다.

이상으로 밴디트 문제 자체와 밴디트 문제의 대표적인 해결법인 ε-탐욕 알고리즘을 설명했습니다. 다음 절에서는 지금까지 설명한 내용을 파이썬으로 구현해보겠습니다.

1.4 밴디트 알고리즘 구현

밴디트 문제를 푸는 알고리즘을 코드로 구현할 차례입니다. 여기서는 조건을 단순화하여 슬롯머신이 반환하는 코인을 최대 1개로 제한하겠습니다. 즉, 슬롯머신을 플레이하면 승리(1)와 패배(0) 중 하나를 보상으로 얻습니다. 그리고 슬롯머신에는 승리 확률(코인 1개를 내어줄 확률)이 설정되어 있다고 가정합니다. 예를 들어 승률이 0.6으로 설정되어 있다면, 60%의 확률로 코인 1개를 주고 40%의 확률로 0개를 줍니다. 그러면 슬롯머신의 가치(슬롯머신이 돌려주는 코인의 기댓값)는 0.6입니다. 승률이 그대로 슬롯머신의 가치가 되는 것이죠.

슬롯머신은 총 10대이고, 플레이어는 각각의 승률이 어떻게 설정되어 있는지 알 수 없습니다. 따라서 실제 플레이한 경험을 토대로 승률이 높은 슬롯머신을 찾아야 합니다.

1.4.1 슬롯머신 구현

슬롯머신부터 구현해보죠. 승률은 무작위로 설정하겠습니다. 저는 다음과 같이 Bandit 클래스 하나에 슬롯머신 10대가 존재하도록 구현했습니다.

ch01/bandit.py

```
import numpy as np

class Bandit:
    def __init__(self, arms=10):  # arms = 슬롯머신 대수
        self.rates = np.random.rand(arms)  # 슬롯머신 각각의 승률 설정(무작위)
```

```
def play(self, arm):
    rate = self.rates[arm]
    if rate > np.random.rand():
        return 1
    else:
        return 0
```

__init__() 메서드에서 초기화 매개변수로 arms를 받아 설정합니다. arms는 '팔의 개수'를 의미하며 이 문제에서는 '슬롯머신의 대수'에 해당합니다. 기본값은 10대로 설정했습니다. 그런 다음 각 머신의 승률을 무작위로 설정합니다.

> NOTE_ np.random.rand()는 0.0 이상 1.0 미만의 무작위 수를 생성합니다. 이때 무작위 수는 균등하게 분포되도록 만들어집니다. 0.0 이상 1.0 미만 범위에서 무작위 수가 치우침 없이 골고루 생성된다는 뜻입니다. 또한 np.random.rand(10)처럼 인수로 10을 넘기면 0.0 이상 1.0 미만의 무작위 수를 10개 생성합니다. 이렇게 하면 슬롯머신 10대의 승률이 각각 0에서 1 사이로 무작위로 설정됩니다.

다음으로 play(self, arm) 메서드를 봅시다. 매개변수 arm은 몇 번째 팔(슬롯머신)을 플레이할지를 지정합니다. 본문 코드를 보면 arm번째 머신의 승률을 가져온 후 np.random. rand()로 0.0~1.0 미만의 무작위 수를 하나 생성합니다. 이 무작위 수와 arm번째 슬롯머신의 승률을 비교하여, 승률이 무작위 수보다 크면 보상으로 1을 반환하고 그렇지 않으면 0을 반환합니다.

이제 Bandit 클래스를 이용하여 슬롯머신을 가지고 놀아봅시다.

```
bandit = Bandit()

for i in range(3):
    print(bandit.play(0))
```

출력 결과

```
1
0
0
```

0번째 슬롯머신을 3회 연속으로 플레이하여 얻은 코인 개수를 출력했습니다(출력 결과는 실행할 때마다 달라집니다).

이상으로 슬롯머신 구현이 끝났습니다. 다음은 에이전트(플레이어) 차례입니다.

1.4.2 에이전트 구현

1.3.2절에서 표본 평균을 구하는 효율적인 구현 방법, 즉 증분 구현을 배웠습니다. 이번 절에서는 복습도 할 겸 0번째 슬롯머신에만 집중하여 해당 슬롯머신의 가치를 추정해보겠습니다. 코드는 다음과 같습니다.

```python
bandit = Bandit()
Q = 0

for n in range(1, 11):  # 10번 반복
    reward = bandit.play(0)   # 0번째 슬롯머신 플레이
    Q += (reward - Q) / n     # 가치 추정치 갱신
    print(Q)
```

이 코드는 0번째 슬롯머신을 10번 연속으로 플레이하고 보상을 받을 때마다 슬롯머신의 가치 추정치를 갱신합니다. 여기까지가 지난 절의 복습입니다. 이제 10대의 슬롯머신 각각의 가치 추정치를 구해보겠습니다.

```python
bandit = Bandit()
Qs = np.zeros(10)  # 각 슬롯머신의 가치 추정치
ns = np.zeros(10)  # 각 슬롯머신의 플레이 횟수

for n in range(10):
    action = np.random.randint(0, 10)  # 무작위 행동(임의의 슬롯머신 선택)
    reward = bandit.play(action)

    ns[action] += 1  # action번째 슬롯머신을 플레이한 횟수 증가
    Qs[action] += (reward - Qs[action]) / ns[action]
    print(Qs)
```

이번에는 원소 10개짜리 1차원 배열인 Qs와 ns 변수를 새롭게 준비했습니다(np.zeros() 함수로 원소를 모두 0으로 초기화). 그리고 ns의 각 원소에는 해당 슬롯머신을 플레이한 횟수를 저장합니다. 이렇게 하여 슬롯머신 각각의 가치를 추정할 수 있습니다.

지금까지 익힌 지식을 활용하여 Agent 클래스를 구현하겠습니다. Agent 클래스는 ε-탐욕 정책을 따라 행동을 선택하도록 할 것입니다.

ch01/bandit.py

```python
class Agent:
    def __init__(self, epsilon, action_size=10):
        self.epsilon = epsilon  # 무작위로 행동할 확률(탐색 확률)
        self.Qs = np.zeros(action_size)
        self.ns = np.zeros(action_size)

    def update(self, action, reward):  # 슬롯머신의 가치 추정
        self.ns[action] += 1
        self.Qs[action] += (reward - self.Qs[action]) / self.ns[action]

    def get_action(self):  # 행동 선택(ε-탐욕 정책)
        if np.random.rand() < self.epsilon:
            return np.random.randint(0, len(self.Qs))  # 무작위 행동 선택
        return np.argmax(self.Qs)  # 탐욕 행동 선택
```

초기화 매개변수 epsilon은 ε-탐욕 정책에 따라 무작위로 행동할 확률입니다. 예를 들어 epsilon=0.1이면 10%의 확률로 무작위하게 행동합니다. action_size는 에이전트가 선택할 수 있는 행동의 가지 수입니다. 지금 문제에서는 슬롯머신의 대수를 뜻합니다.

슬롯머신의 가치 추정은 update() 메서드가 담당합니다. 이 메서드의 코드는 앞서 설명한 코드와 거의 같습니다.

마지막으로 get_action()은 ε-탐욕 정책으로 행동을 선택하는 메서드입니다. self.epsilon의 확률로 무작위 행동을 선택하고, 그 외에는 가치 추정치가 가장 큰 행동을 선택합니다. 참고로 np.argmax(self.Qs)는 배열 self.Qs에서 값이 가장 큰 원소의 인덱스를 가져옵니다.

여기까지가 Agent 클래스를 구현하는 방법입니다.

1.4.3 실행해보기

이제 Bandit 클래스와 Agent 클래스를 이용하여 행동을 취해봅시다. 행동을 1000번 수행하여 보상을 얼마나 얻는지 보겠습니다.

```python
import matplotlib.pyplot as plt  # matplotlib 임포트

steps = 1000
epsilon = 0.1

bandit = Bandit()
agent = Agent(epsilon)
total_reward = 0
total_rewards = []  # 보상 합
rates = []          # 승률

for step in range(steps):
    action = agent.get_action()    # ❶ 행동 선택
    reward = bandit.play(action)   # ❷ 실제로 플레이하고 보상을 받음
    agent.update(action, reward)   # ❸ 행동과 보상을 통해 학습
    total_reward += reward

    total_rewards.append(total_reward)      # 현재까지의 보상 합 저장
    rates.append(total_reward / (step + 1)) # 현재까지의 승률 저장

print(total_reward)

# 그래프 그리기: 단계별 보상 총합(그림 1-12)
plt.ylabel('Total reward')
plt.xlabel('Steps')
plt.plot(total_rewards)
plt.show()

# 그래프 그리기: 단계별 승률(그림 1-13)
plt.ylabel('Rates')
plt.xlabel('Steps')
plt.plot(rates)
plt.show()
```

ch01/bandit.py

출력 결과

```
859
```

먼저 for문에 주목해보죠. 이 안에서 에이전트와 환경이 '상호작용'합니다. 먼저 ❶에서 에이전트가 행동을 선택합니다. 그리고 ❷에서는 '❶에서 선택한 행동'을 실제로 수행하여 보상을 얻습니다. 마지막으로 ❸에서 에이전트가 행동과 보상의 관계를 학습합니다. 이 과정을 1000번 수행하면서 각 단계까지 얻은 보상의 합을 total_rewards 리스트에 추가하고 그동안의 승률은 rates 리스트에 추가합니다.

이 코드를 실행하니 최종적으로 얻은 보상의 총합은 859가 되었습니다(결과는 실행할 때마다 달라집니다). 1000번의 플레이 중 859번 '승리'했다는 뜻입니다. 참고로 이때 total_rewards의 추이를 그려보니 [그림 1-12]와 같은 결과가 나왔습니다.

그림 **1-12** 단계에 따른 보상 총합

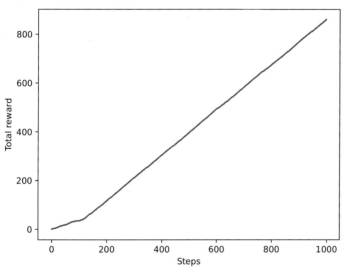

그래프에서 볼 수 있듯이 단계가 늘어날 때마다 보상의 총합이 꾸준히 증가합니다. 다만 증가 방식의 특징, 예컨대 단계 증가와 보상 증가의 정밀한 관계 같은 정보는 이 그래프만으로는 알아내기 어렵습니다.

앞의 코드가 생성한 두 번째 그래프인 [그림 1-13]을 살펴보죠. 세로축은 승률입니다.

그림 1-13 단계별 승률

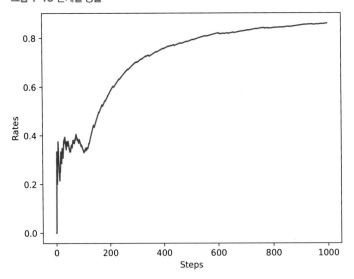

이 그래프를 보면 100단계에서의 승률은 약 0.4입니다. 이를 기준으로 단계를 거듭할수록 승률이 높아지고 있습니다. 초반에 승률이 빠르게 상승하고 500단계를 넘어선 이후에도 완만하게 상승 추세를 이어가고 있습니다. 최종 승률은 0.8이 넘었습니다. 우리가 구현한 ε-탐욕 정책의 학습이 제대로 이루어지고 있는 것으로 보입니다.

1.4.4 알고리즘의 평균적인 특성

방금 구현한 코드는 실행할 때마다 결과가 달라집니다. 예를 들어 [그림 1-13]의 그래프는 실행할 때마다 모양이 크게 달라집니다. 시험 삼아 같은 코드를 10번 실행하고 그 결과를 하나의 그래프로 그려보니 [그림 1-14]와 같았습니다.

그림 1-14 10번의 결과를 한꺼번에 그려보기

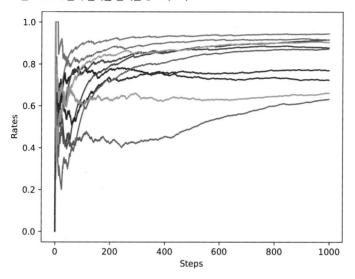

이처럼 실험 때마다 결과가 다른 이유는 코드에 무작위성이 포함되어 있기 때문입니다. 먼저 슬롯머신 10대 각각의 승률을 무작위로 설정했습니다. 그리고 에이전트가 활용한 ε-탐욕 정책에서도 행동을 무작위로 선택했죠. 이러한 무작위성 때문에 매번 결과가 달라질 수 있습니다.

> **NOTE_** 지금의 무작위성은 코드에서 '시드^{seed}'가 바뀌기 때문에 생겨납니다. np.random.seed(0) 식으로 시드를 고정하면 항상 똑같은 결과를 얻을 수 있습니다.

강화 학습 알고리즘을 비교할 때 (대부분의 경우) 무작위성 때문에 한 번의 실험만으로 판단하는 건 큰 의미가 없습니다. 그보다는 알고리즘의 '평균적인 우수성'을 평가해야 합니다. 같은 실험을 여러 번 반복하여 결과를 평균하는 식으로 알고리즘의 평균적인 우수성을 알 수 있습니다.

그래서 슬롯머신을 1000번 플레이하는 실험을 총 200번 반복하여 평균을 내보겠습니다.

```python
runs = 200
steps = 1000
epsilon = 0.1
all_rates = np.zeros((runs, steps))  # (200, 1000) 형상 배열

for run in range(runs):  # 200번 실험
    bandit = Bandit()
    agent = Agent(epsilon)
    total_reward = 0
    rates = []

    for step in range(steps):
        action = agent.get_action()
        reward = bandit.play(action)
        agent.update(action, reward)
        total_reward += reward
        rates.append(total_reward / (step + 1))

    all_rates[run] = rates  # ❶ 보상 결과 기록

avg_rates = np.average(all_rates, axis=0)  # ❷ 각 단계의 평균 저장

# 그래프 그리기: 단계별 승률(200번 실험 후 평균)
plt.ylabel('Rates')
plt.xlabel('Steps')
plt.plot(avg_rates)
plt.show()
```

똑같은 실험을 200번 수행하고 all_rates에 각 실험의 결과를 저장했습니다. 구체적으로 ❶에서 원소 1000개짜리 배열인 rates를 all_rates의 해당 위치에 저장합니다. 그런 다음 ❷에서 axis=0으로 지정하면 단계별 평균을 계산합니다. [그림 1-15]를 보면 계산 과정이 더 명확하게 이해될 것입니다.

그림 1-15 단계별 평균 구하기

	1	2	3	...	1000
1번째 실험	1.0	0.5	0.333	...	0.913
2번째 실험	0.0	0.0	0.0	...	0.821
...	...	...	...	...	...
200번째 실험	1.0	1.0	1.0	...	0.615
평균	0.493	0.497	0.504	...	0.838

앞의 코드를 실행하면 다음 그래프를 얻을 수 있습니다.

그림 1-16 단계별 승률(200번 실험 후 평균)

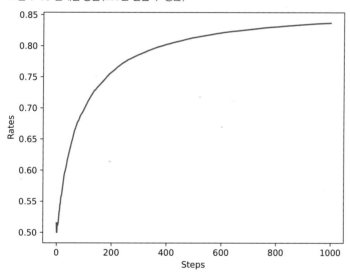

알고리즘을 평가할 때는 이처럼 평균을 이용해야 합니다. [그림 1-16]의 그래프를 보면 이번 알고리즘(ε-탐욕 정책)의 특징이 더 잘 드러납니다. 승률이 처음에는 0.5 정도로 시작해서 단계를 거듭할수록 빠르게 높아지고 600단계 정도에 이르러 거의 최대를 찍습니다. 최종적으로 약 0.83을 기록했습니다.

참고로 이 결과는 ε-탐욕 정책에서 $\varepsilon = 0.1$로 설정한 결과입니다. ε값을 변경하면 결과도 달라집니다. 실제로 값을 바꿔보죠. ε을 각각 0.01, 0.1, 0.3으로 설정해 실험해보니 결과가 다음과 같았습니다.

그림 1-17 ε-탐욕 정책의 ε값을 바꾼 결과

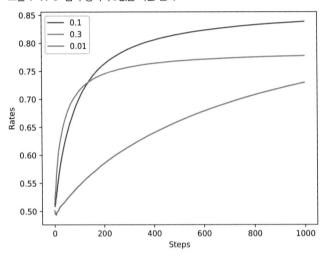

그림과 같이 ε의 값에 따라 승률이 달라집니다. 결과를 보면 $\varepsilon = 0.3$이면 승률은 빠르게 상승하지만 400단계를 넘어가면서 상승세가 급격히 꺾입니다. 30%라는 높은 확률로 탐색을 시도하기 때문에 최적의 머신을 선택하는 '활용의 비율이 너무 낮기 때문'으로 짐작됩니다. 즉, 탐색을 너무 많이 했다고 볼 수 있습니다.

다음은 $\varepsilon = 0.01$인 경우를 보죠(1% 확률로 탐색). 보상은 꾸준히 상승하지만 상승 속도는 세 가지 중 가장 느립니다. 탐색 비율이 너무 작아서 최적의 머신을 찾을 확률이 낮았기 때문으로 보입니다.

마지막으로 $\varepsilon = 0.1$입니다. 보다시피 결과가 가장 좋습니다. 즉, 탐색 비율을 10%로 할 때의 '활용과 탐색의 균형'이 세 가지 중 가장 좋았다고 할 수 있습니다.

이처럼 ε의 값으로 '활용과 탐색의 균형'을 조절할 수 있습니다. 물론 최적의 ε값은 문제에 따라 달라집니다. 예를 들어 단계 수가 100일 때는 시도한 세 가지 ε 중 $\varepsilon = 0.3$일 때의 결과가 가장 좋았습니다. 이번처럼 ε의 값을 다양하게 시도해보면 최적의 ε값을 찾을 수 있을 것입니다. 지금까지 ε-탐욕 정책을 구현해보았습니다.

1.5 비정상 문제

지금까지 다룬 밴디트 문제는 분류상 **정상 문제**^{stationary problem}에 속합니다.* 정상 문제란 보상의
확률 분포가 변하지 않는 문제입니다. 밴디트 문제 맥락에서 말해보면 슬롯머신에 설정된 승률
(슬롯머신의 가치)은 줄곧 고정된 채였습니다. 즉, 슬롯머신의 속성은 한번 설정되면 에이전
트가 플레이하는 동안 절대 변하지 않습니다. 앞 절까지 설명한 밴디트 문제가 정상 문제라는
사실은 Bandit 클래스의 다음 코드를 보면 알 수 있습니다.

```python
class Bandit:
    def __init__(self, arms=10):
        self.rates = np.random.rand(arms)  # 한번 설정하면 변하지 않음

    def play(self, arm):
        rate = self.rates[arm]
        if rate > np.random.rand():
            return 1
        else:
            return 0
```

이와 같이 self.rates는 초기화 후 변경되지 않습니다. 이 설정으로 Bandit 클래스를 정상 문
제로 만들었습니다.

그렇다면 self.rates가 플레이할 때마다 달라지면 어떻게 될까요? 다음 코드를 살펴봅시다.

```python
                                                    # ch01/non_stationary.py
class NonStatBandit:
    def __init__(self, arms=10):
        self.arms = arms
        self.rates = np.random.rand(arms)

    def play(self, arm):
        rate = self.rates[arm]
        self.rates += 0.1 * np.random.randn(self.arms)  # 노이즈 추가
        if rate > np.random.rand():
            return 1
        else:
            return 0
```

----

* 옮긴이_ 정상(stationary; 定常)은 '일정하여 늘 한결같다'라는 뜻입니다.

NonStatBandit 클래스는 Bandit 클래스에 코드를 한 줄 추가하여 플레이할 때마다 self. rates에 작은 노이즈를 추가하도록 했습니다. 참고로 np.random.randn()은 평균 0, 표준편차 1의 정규분포에서 무작위 수를 생성합니다. 이 코드의 효과로 플레이할 때마다 슬롯머신의 가치(승률)가 달라집니다. 이처럼 보상의 확률 분포가 변하도록 설정된 문제를 **비정상 문제**[non-stationary problem]라고 합니다. 이와 같은 비정상 문제는 어떻게 풀어야 하는지 이제부터 알아보겠습니다.

1.5.1 비정상 문제를 풀기 위해서

먼저 복습부터 하겠습니다. 앞 절에서는 슬롯머신의 가치를 추정하기 위해 표본 평균을 계산했습니다. 실제 얻은 보상을 R_1, R_2, $\cdots$, R_n이라 하면 표본 평균은 다음 식으로 표현됩니다.

$$Q_n = \frac{R_1 + R_2 + \cdots + R_n}{n}$$
$$= \frac{1}{n}R_1 + \frac{1}{n}R_2 + \cdots + \frac{1}{n}R_n$$

이 식에서처럼 표본 평균은 획득한 보상의 평균으로 구할 수 있습니다. 여기서 주목할 점은 모든 보상 앞에 $\frac{1}{n}$이 붙어 있다는 것입니다. 이 $\frac{1}{n}$을 각 보상에 대한 '가중치'로 볼 수 있습니다. 그림으로는 [그림 1-18]처럼 나타낼 수 있습니다.

그림 1-18 각 보상에 대한 가중치(표본 평균의 경우)

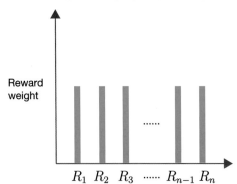

그림과 같이 모든 보상에 똑같은 가중치가 부여됩니다. 새로 얻은 보상이든 오래전에 얻은 보상이든 모두 동등하게 취급한다는 뜻입니다.

그런데 이 가중치는 비정상 문제에는 적합하지 않습니다. 비정상 문제에서는 시간이 흐르면 환경(슬롯머신)이 변하기 때문에 과거 데이터(보상)의 중요도는 점점 낮아져야 합니다. 반대로 새로 얻은 보상의 가중치는 점점 커져야 하겠죠.

표본 평균을 효율적으로 구해야 하는 이유는 앞에서 설명했습니다. 다음의 갱신식을 활용하면 표본 평균을 효율적으로 구할 수 있습니다.

$$Q_n = Q_{n-1} + \frac{1}{n}(R_n - Q_{n-1})$$

[식 1.5]

[식 1.5]와 같이 행동 가치 추정치 Q_n을 증분 방식(순차적)으로 갱신할 수 있습니다.

이제부터 본론입니다. [식 1.5]에서 가중치인 $\frac{1}{n}$을 α라는 고정값으로 바꿉니다($0 < \alpha < 1$). 수식으로는 다음과 같습니다.

$$Q_n = Q_{n-1} + \alpha(R_n - Q_{n-1})$$

[식 1.6]

[식 1.6]을 적용해 행동 가치 추정치를 갱신하면 각 보상의 가중치는 어떻게 될까요? 답부터 보여드리면 [그림 1-19]처럼 됩니다.

그림 1-19 각 보상에 대한 가중치(고정값 α로 갱신한 경우)

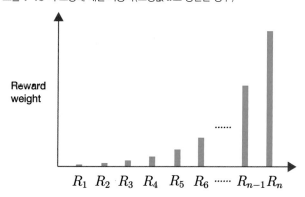

고정값 α로 갱신하면 [그림 1-19]와 같이 오래전에 받은 보상일수록 가중치가 작아집니다. 심지어 기하급수적으로 작아지죠. 기하급수적이라 하면 예컨대 R_n의 가중치에 0.9를 곱하면 R_{n-1}의 가중치가 되고, R_{n-1}의 가중치에 다시 0.9를 곱하면 R_{n-2}의 가중치가 되는 식입니다. 이 그림과 같은 가중치라면 비정상 문제에도 대응할 수 있습니다. 새로 얻은 보상일수록 더 큰 가중치를 부여하기 때문입니다.

그런데 [식 1.6]처럼 고정된 값 α로 갱신하면 [그림 1-19]와 같은 기하급수적인 가중치가 만들어지는 이유는 무엇일까요? 수식으로 이유를 설명해보겠습니다. 먼저 식을 다음과 같이 전개합니다.

$$Q_n = Q_{n-1} + \alpha(R_n - Q_{n-1})$$
$$= \alpha R_n + Q_{n-1} - \alpha Q_{n-1}$$
$$= \alpha R_n + (1-\alpha)Q_{n-1} \qquad \text{[식 1.7]}$$

Q_n과 Q_{n-1}의 관계가 명확해지도록 식을 변형했습니다. 이어서 [식 1.7]의 n을 하나 뒤로 미루면, 즉 n에 $n - 1$을 대입하면 다음 식을 얻을 수 있습니다.

$$Q_{n-1} = \alpha R_{n-1} + (1-\alpha)Q_{n-2} \qquad \text{[식 1.8]}$$

[식 1.8]은 Q_{n-1}과 Q_{n-2}의 관계를 보여줍니다. 이제 [식 1.8]의 Q_{n-1}을 [식 1.7]에 대입해보죠.

$$Q_n = \alpha R_n + (1-\alpha)Q_{n-1} \quad \overset{\text{[식 1.7]}}{\longleftarrow}$$
$$\overset{\text{[식 1.8]을 대입}}{= \alpha R_n + (1-\alpha)\{\alpha R_{n-1} + (1-\alpha)Q_{n-2}\}}$$
$$= \alpha R_n + \alpha(1-\alpha)R_{n-1} + (1-\alpha)^2 Q_{n-2} \qquad \text{[식 1.9]}$$

[식 1.9]를 보면 R_n의 가중치는 α이고, R_{n-1}의 가중치는 $\alpha(1-\alpha)$가 됩니다. 이어서 지금까지의 과정을 [식 1.9]의 Q_{n-2}에 적용해보겠습니다.

$$Q_n = \alpha R_n + \alpha(1-\alpha)R_{n-1} + \alpha(1-\alpha)^2 R_{n-2} + (1-\alpha)^3 Q_{n-3}$$

이상의 전개를 n번 반복하면 다음 식이 만들어집니다.

$$Q_n = \alpha R_n + \alpha(1-\alpha)R_{n-1} + \cdots + \alpha(1-\alpha)^{n-1}R_1 + (1-\alpha)^n Q_0 \qquad \text{[식 1.10]}$$

[식 1.10]을 살펴보면 가중치가 다음과 같이 기하급수적으로 감소함을 알 수 있습니다.

- R_n의 가중치 $= \alpha$
- R_{n-1}의 가중치 $= \alpha(1-\alpha)$
- R_{n-2}의 가중치 $= \alpha(1-\alpha)^2$
- R_{n-3}의 가중치 $= \alpha(1-\alpha)^3$
- ......

이처럼 지수적으로 감소하기 때문에 [식 1.10]의 계산을 **지수 이동 평균**exponential moving average 또는 **지수 가중 이동 평균**exponential weighted moving average이라고 합니다.

> **NOTE_** [식 1.10]에서 주의할 점은 Q_n을 구하는 데 Q_0의 값이 사용되었다는 것입니다. Q_0은 행동 가치의 초깃값으로, 우리가 설정하는 값입니다. 따라서 Q_n의 값은 우리가 설정한 초깃값에 영향을 받습니다. 다시 말해 우리가 설정한 값에 따라 학습 결과에 편향bias이 생깁니다. 반면 표본 평균의 경우 이러한 편향이 생기지 않습니다. 표본 평균은 첫 번째 보상을 받으면 사용자가 부여한 초깃값은 '사라진다'고 할 수 있습니다.

1.5.2 비정상 문제 풀기

비정상인 밴디트 문제를 실제로 풀어보죠. 이를 위해 해야 할 일은 추정치를 고정값 α로 갱신하는 것뿐입니다. 값이 고정된 변수 alpha로 추정치를 갱신하는 에이전트를 AlphaAgent 클래스로 다음과 같이 구현합니다.

ch01/non_stationary.py

```python
class AlphaAgent:
    def __init__(self, epsilon, alpha, actions=10):
        self.epsilon = epsilon
        self.Qs = np.zeros(actions)
        self.alpha = alpha  # 고정값 α

    def update(self, action, reward):
```

```
      # α로 갱신
      self.Qs[action] += (reward - self.Qs[action]) * self.alpha

  def get_action(self):
      if np.random.rand() < self.epsilon:
          return np.random.randint(0, len(self.Qs))
      return np.argmax(self.Qs)
```

코드는 매우 간단합니다. 추정치를 계산할 때 ($\frac{1}{n}$ 로 나누는 대신) self.alpha를 곱하면 됩니다. 1.4.2절의 Agent 클래스와 비교해보세요.

이제 AlphaAgent 클래스를 사용하여 비정상 문제인 NonStatBandit 클래스를 실행해보겠습니다. 결과는 [그림 1-20]과 같습니다.

그림 1-20 표본 평균과 고정값 α에 의한 갱신 비교

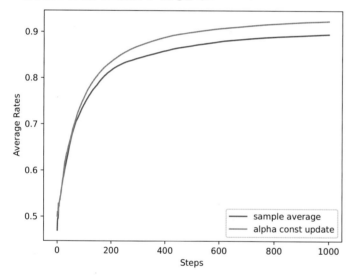

그래프에서 alpha const update가 고정값인 alpha로 갱신했을 때의 결과입니다. 매개변수는 alpha=0.8로 설정했습니다. 또한 비교해보기 위해 추정치를 표본 평균으로 갱신하는 경우도 sample average로 함께 표시했습니다. 둘을 비교해보면 시간이 지날수록 고정값 α로 갱신할 때의 결과가 더 좋아짐을 알 수 있습니다. 한편, 표본 평균 방식은 처음에는 잘 작동하지만 시간이 지날수록 격차가 벌어집니다. 시간의 변화에 잘 대응하지 못하는 모습입니다. 이를 통해 이번 비정상 문제에서는 고정값 α로 갱신하는 방식이 적합하다는 사실을 알 수 있습니다.

1.6 정리

이번 장에서는 먼저 강화 학습의 기초를 알아보았습니다. 강화 학습은 머신러닝의 한 분야지만 '지도 학습'이나 '비지도 학습'과는 분명한 차이가 있습니다. 바로 환경과 에이전트의 상호작용이 이루어진다는 점입니다. 에이전트는 자신의 행동에 대해 보상을 얻고 보상의 총합을 극대화하는 행동 패턴을 익히는 것을 목표로 삼습니다.

이어서 밴디트 문제를 다루었습니다. 밴디트 문제를 풀기 위한 알고리즘은 '여러 선택지 중에서 최선의 선택을 고르는 문제'에 적용할 수 있습니다. 이번 장에서는 슬롯머신을 예로 들었지만 그 외에도 다양한 문제에 활용할 수 있습니다. 예를 들어 매출에 기여하는 웹 디자인을 선택하는 문제나 효능이 가장 좋은 약을 선택하는 문제 등에도 밴디트 알고리즘을 활용할 수 있습니다.

밴디트 문제 그리고 강화 학습에서는 '활용과 탐색의 균형'을 맞추는 일이 중요합니다. 이번 장에서는 이를 구현하기 위한 알고리즘으로 ε-탐욕 정책을 배웠습니다. ε-탐욕 정책은 지금까지 얻은 경험을 '활용'하는 동시에 (가끔은) 탐욕스럽지 않은 행동도 시도하는 식으로 더 나은 행동이 없는지 '탐색'합니다. 이 정책을 적용해 밴디트 문제를 효율적으로 해결할 수 있었습니다. 참고로 밴디트 알고리즘으로는 ε-탐욕 정책 외에도 다양한 방법이 제안되고 있습니다. 대표적인 방법으로는 UCB$^{\text{Upper Confidence Bound}}$ 알고리즘[2], 그레이디언트 밴디트 알고리즘[3] 등이 있습니다.

또한 '평균'에 대해서도 배웠습니다. 이번 장에 등장한 평균은 두 가지입니다. 하나는 균일한 가중치를 사용하는 '표본 평균'이고 다른 하나는 새로 얻은 데이터일수록 큰 가중치를 부여하는 '지수 이동 평균'입니다. 행동 가치의 추정치는 '표본 평균' 또는 '지수 이동 평균'을 사용하여 계산할 수 있습니다. 어떤 방식을 사용할지는 문제의 성격에 따라 결정됩니다. 정상 문제에는 표본 평균을, 비정상 문제에는 지수 이동 평균을 사용합니다. 또한 두 평균은 다음과 같이 증분 방식(순차적)으로 계산할 수 있습니다.

- 표본 평균: $Q_n = Q_{n-1} + \dfrac{1}{n}(R_n - Q_{n-1})$
- 지수 이동 평균: $Q_n = Q_{n-1} + \alpha(R_n - Q_{n-1})$

이와 같이 표본 평균은 $\dfrac{1}{n}$ 로, 지수 이동 평균은 고정값 α로 갱신합니다.

## CHAPTER 2

마르코프 결정 과정

밴디트 문제에서는 에이전트가 어떤 행동을 취하든 다음에 도전할 문제의 설정은 변하지 않습니다. 에이전트는 설정을 바꿀 수 없는 슬롯머신들을 반복해 플레이하면서, 그중 가장 좋은 머신을 찾습니다. 하지만 현실의 문제들이 다 이와 같지는 않습니다. 바둑을 생각해보죠. 바둑에서는 에이전트가 어떤 수를 두면 바둑판 위의 돌 배치가 달라집니다. 그리고 상대가 돌을 두면 또 달라지죠. 이처럼 에이전트의 행동에 따라 상황이 시시각각 변합니다. 그러니 에이전트는 상황이 변하는 것을 고려하여 최선의 수를 두어야 합니다.

> **CAUTION_** 1장에서는 슬롯머신의 보상 설정(보상의 확률 분포)이 시간에 따라 변하는 '비정상 문제'도 설명했습니다. 하지만 비정상 문제에서의 '보상의 확률 분포'는 (에이전트가 어떤 행동을 취하느냐와는 상관없이) 시간에 따라서만 변합니다. 하지만 이번 장에서는 '에이전트의 행동에 따라' 환경의 상태가 변하는 문제를 다룹니다.

2장에서는 에이전트의 행동에 따라 상태가 변하는 문제를 다룹니다. 이러한 문제의 대표적인 예로 마르코프 결정 과정Markov Decision Process (MDP)이 있습니다. 먼저 MDP에서 쓰이는 용어들을 설명하고 수식으로 표현해보겠습니다. 그런 다음 MDP의 목표를 명확히 규정한 후, 간단한 MDP 문제를 풀며 목표를 달성하는 과정을 살펴봅니다.

2.1 마르코프 결정 과정(MDP)이란?

마르코프 결정 과정에서 '결정 과정'이란 '에이전트가 (환경과 상호작용하면서) 행동을 결정하는 과정'을 뜻합니다. 구체적인 예와 함께 MDP의 성격을 살펴봅시다('마르코프 성질'의 의미는 2.2.1절 참고).

2.1.1 구체적인 예

먼저 [그림 2-1]을 보죠. 세상은 격자^{grid}로 구분되어 있고 그 안에 로봇이 있습니다. 로봇은 격자 세상에서 오른쪽 또는 왼쪽으로 이동할 수 있습니다. 이 책에서는 그림과 같은 세계를 '그리드 월드'라고 부르겠습니다.

그림 2-1 MDP 문제 예시: 그리드 월드

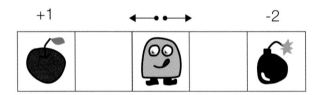

강화 학습 용어로 이야기하면 로봇이 에이전트^{agent}이고 주변이 환경^{environment}입니다. 에이전트는 오른쪽으로 이동하거나 왼쪽으로 이동하는 두 가지 행동을 취할 수 있습니다. 또한 그림에서 그리드의 가장 왼쪽 칸에는 사과가 있고 가장 오른쪽 칸에는 폭탄이 있습니다. 이들은 로봇에게 주어지는 보상^{reward}입니다. 사과를 얻을 때의 보상은 +1, 폭탄을 얻을 때의 보상은 −2로 하겠습니다. 빈칸의 보상은 0입니다.

이 문제에서는 에이전트가 행동할 때마다 상황이 변합니다. 예를 들어 왼쪽으로 두 번 연달아 이동했다고 해보죠. 그러면 에이전트는 +1의 보상을 얻습니다. 반대로 오른쪽으로 두 번 이동하면 −2의 보상을 얻습니다. 이러한 에이전트의 이동을 [그림 2−2]처럼 나타낼 수 있습니다.

그림 2-2 MDP의 상태 전이

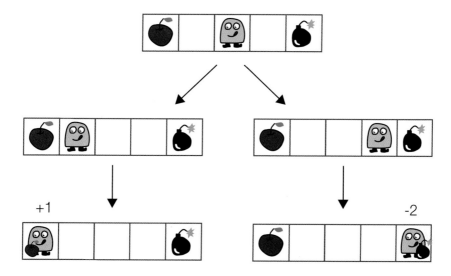

그림과 같이 에이전트의 행동에 따라 에이전트가 처하는 상황이 달라집니다. 이 상황을 강화 학습에서는 상태^{state}라고 합니다. MDP에서는 에이전트의 행동에 따라 상태가 바뀌고, 상태가 바뀐 곳에서 새로운 행동을 하게 됩니다. 참고로 그림에서도 알 수 있듯이 지금 문제에서 에이전트에게 최선의 행동은 왼쪽으로 두 번 이동하는 것입니다. 그래야 가장 많은 보상을 얻을 수 있습니다.

> **NOTE_** MDP에는 '시간' 개념이 필요합니다. 특정 시간에 에이전트가 행동을 취하고, 그 결과 새로운 상태로 전이합니다. 이때의 시간 단위를 **타임 스텝**$^{time\ step}$이라고 합니다. 타임 스텝은 에이전트가 다음 행동을 결정하는 간격이기 때문에 구체적인 단위는 어떤 문제를 풀려는지에 따라 달라집니다.

이번에는 [그림 2-3]의 문제를 생각해봅시다.

그림 2-3 또 다른 세계(환경)

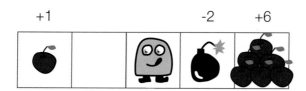

이 그림에서 그리드의 왼쪽 끝에는 보상이 +1인 사과가 있고, 에이전트의 바로 오른쪽에는 보상이 −2인 폭탄이 있습니다. 그리고 그 너머 오른쪽 끝에는 보상이 +6인 사과 더미가 있습니다. 이 문제에서 오른쪽으로 이동하면 즉시 얻는 보상은 마이너스지만, 한 번 더 오른쪽으로 이동하면 +6짜리 사과 더미를 얻을 수 있습니다. 따라서 이 문제에서 최선의 행동은 오른쪽으로 두 번 이동하는 것입니다.

이 예에서 알 수 있듯이 에이전트는 눈앞의 보상이 아니라 미래에 얻을 수 있는 보상의 총합을 고려해야 합니다. 즉, 보상의 총합을 극대화하려 노력해야 합니다.

2.1.2 에이전트와 환경의 상호작용

MDP에서는 에이전트와 환경 사이에 상호작용이 이루어집니다. 이때 명심해야 할 사실은 에이전트가 행동을 취함으로써 상태가 변한다는 점입니다. 그에 따라 얻을 수 있는 보상도 달라지죠. 그림으로 표현하면 다음과 같은 관계입니다.

그림 2-4 MDP의 사이클

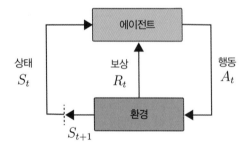

[그림 2-4]에서는 시간 t에서의 상태가 S_t입니다. 이 상태 S_t에서 시작하여 에이전트가 행동 A_t를 수행하여 보상 R_t를 얻고, 다음 상태인 S_{t+1}로 전환됩니다. 이러한 에이전트와 환경의 상호작용은 실제로 다음과 같은 전이를 만들어냅니다.

$$S_0, A_0, R_0, S_1, A_1, R_1, S_2, A_2, R_2, \cdots$$

이 시계열 데이터는 첫 번째 상태를 S_0에서 시작합니다. 상태 S_0에서 에이전트가 행동 A_0을 수행하여 보상 R_0을 얻고, 시간이 한 단위만큼 흘러 상태가 S_1로 변합니다. 다음 상태인 S_1에서 에이전트가 행동 A_1을 수행하여 보상 R_1을 얻고, 다음 상태인 S_2로 변하는 흐름이 계속됩니다.

> **CAUTION**_ 강화 학습에서는 다음과 같이 보상의 시점을 R_t로 잡기도 하고 R_{t+1}로 잡기도 합니다.
>
> - 상태 S_t에서 행동 A_t를 수행하고 보상 R_t를 받고 다음 상태인 S_{t+1}로 전환
> - 상태 S_t에서 행동 A_t를 수행하고 보상 R_{t+1}을 받고 다음 상태인 S_{t+1}로 전환
>
> 이처럼 보상을 R_t로 처리할 수도, R_{t+1}로 처리할 수도 있습니다. 이 책에서는 프로그래밍하기에 더 편리한 첫 번째 방식(R_t)을 택했습니다.

이상으로 MDP의 기초를 익혔습니다. 다음 절에서는 MDP를 수식으로 표현해보겠습니다.

2.2 환경과 에이전트를 수식으로

MDP는 에이전트와 환경의 상호작용을 수식으로 표현합니다. 그렇게 하려면 다음의 세 요소를 수식으로 표현해야 합니다.

- **상태 전이**: 상태는 어떻게 전이되는가?
- **보상**: 보상은 어떻게 주어지는가?
- **정책**: 에이전트는 행동을 어떻게 결정하는가?

이 세 요소를 모두 수식으로 표현한다면 MDP를 공식으로 표현했다고 볼 수 있습니다. '상태 전이'부터 살펴보겠습니다.

2.2.1 상태 전이

상태 전이의 예인 [그림 2-5]를 보겠습니다.

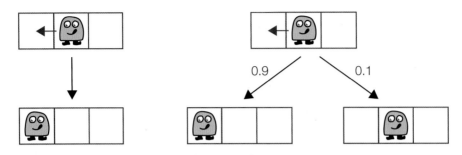

그림 2-5 에이전트의 행동과 상태 전이(왼쪽은 결정적, 오른쪽은 확률적)

왼쪽 그림은 에이전트가 왼쪽으로 이동하는 행동을 선택했고, 그 결과로 에이전트가 '반드시' 왼쪽으로 이동하는 모습을 보여줍니다. 이러한 성질을 **결정적**deterministic이라고 합니다. 상태 전이가 결정적일 경우 다음 상태 s'는 현재 상태 s와 행동 a에 의해 '단 하나로' 결정됩니다. 따라서 함수로는 다음처럼 표현할 수 있습니다.

$$s' = f(s, a)$$

$f(s, a)$는 상태 s와 행동 a를 입력하면 다음 상태 s'를 출력하는 함수입니다. 이 함수를 가리켜 **상태 전이 함수**state transition function라고 합니다.

반면, [그림 2-5]의 오른쪽은 이동을 **확률적**stochastic으로 표현하고 있습니다. 에이전트가 왼쪽으로 이동하는 행동을 선택하더라도 0.9의 확률로만 왼쪽으로 이동하고, 0.1의 확률로는 그 자리에 머물러 있습니다. 이처럼 행동이 확률적으로 달라지는 이유는 무엇일까요? 예컨대 바닥이 미끄러워서일 수도 있고 에이전트의 내부 메커니즘(모터 등)이 제대로 작동하지 않아서일 수도 있습니다.

> NOTE_ 상태 전이가 결정적이라도 확률적으로도 설명할 수 있습니다. [그림 2-5]의 예라면 '에이전트가 왼쪽으로 이동하는 행동을 선택하면 1.0의 확률로 왼쪽으로 이동한다'라고 기술하면 됩니다.

이제 확률적 상태 전이를 표기하는 방법을 설명하겠습니다. 에이전트가 상태 s에서 행동 a를 선택한다고 해봅시다. 이 경우 다음 상태 s'로 이동할 확률은 다음처럼 나타냅니다.

$$p(s' \mid s, a)$$

기호 | 의 오른쪽에는 '조건'을 나타내는 확률 변수를 적습니다. 지금 식에서는 '상태 s에서 행동 a를 선택했다'라는 것이 조건에 해당합니다. 이 두 조건이 주어졌을 때 s'로 전이될 확률을 $p(s' \mid s, a)$로 나타내며, 이때 $p(s' \mid s, a)$를 **상태 전이 확률**^{state transition probability}이라고 합니다. [그림 2-6]은 $p(s' \mid s, a)$의 구체적인 예입니다.

그림 2-6 상태 전이 확률의 예

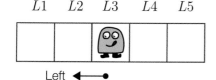

s'	$L1$	$L2$	$L3$	$L4$	$L5$
$p(s' \mid s, a)$	0	0.9	0.1	0	0

그림과 같이 총 5개의 칸을 왼쪽부터 순서대로 $L1$, $L2$, $L3$, $L4$, $L5$라고 부르기로 합니다. 또한 에이전트의 행동에 대해서는 '왼쪽으로 이동'을 Left, '오른쪽으로 이동'을 Right로 표기합니다. 이제 에이전트가 $L3$에 있을 때, 즉 상태가 $L3$일 때 행동으로 Left를 선택했다고 해봅시다. 그리고 이 경우의 상태 전이 확률 $p(s' \mid s = L3, a = \text{Left})$가 [그림 2-6]의 오른쪽 표와 같다고 합시다.

> **NOTE_** [그림 2-6]의 표는 정확히 말하면 상태 전이의 '확률 분포'입니다. 확률 변수 s'가 취할 수 있는 '모든' 값 각각의 확률을 나타내고 있기 때문입니다. 즉, 확률의 '분포'를 표현하였습니다.

$p(s' \mid s, a)$가 다음 상태 s'를 결정하는 데는 '현재' 상태 s와 행동 a만이 영향을 줍니다. 다시 말해 상태 전이에서는 과거의 정보, 즉 지금까지 어떤 상태들을 거쳐 왔고 어떤 행동들을 취해 왔는지는 신경 쓰지 않습니다. 이처럼 현재의 정보만 고려하는 성질을 **마르코프 성질**^{markov property}이라고 합니다.

MDP는 마르코프 성질을 만족한다고 가정하고 상태 전이(와 보상)를 모델링합니다. 마르코프 성질을 도입하는 가장 큰 이유는 문제를 더 쉽게 풀기 위해서입니다. 만약 마르코프 성질을 따른다고 가정하지 않는다면 과거의 모든 상태와 행동까지 고려해야 해서, 그 조합이 기하급수적으로 많아집니다.

2.2.2 보상 함수

다음으로 보상에 대해 생각해봅시다. 설명이 복잡해지지 않도록 보상은 '결정적'으로 주어진다고 가정하겠습니다. 에이전트가 상태 s에서 행동 a를 수행하여 다음 상태 s'가 되었을 때 얻는 보상을 $r(s, a, s')$라는 함수로 정의합니다. 그럼 **보상 함수**^{reward function}의 예로 [그림 2-7]을 보겠습니다.

그림 2-7 보상 함수의 예

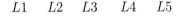

$$r(s = L2, a = \text{Left}, s' = L1) = 1$$

그림에는 에이전트가 상태 $L2$에서($s = L2$), 행동 Left를 선택하여 상태 $L1$로 전이된 예가 그려져 있습니다. 이 경우의 보상은 보상 함수 $r(s, a, s')$를 통해 1임을 알 수 있습니다.

참고로 이 예에서는 다음 상태 s'만 알면 보상이 결정됩니다. 이번 문제에서는 이동한 위치에 사과가 있느냐에 의해서만 보상이 결정되기 때문입니다. 따라서 보상 함수를 $r(s')$로 구현할 수도 있습니다.

> **NOTE_** 보상이 '확률적'으로 주어질 수도 있습니다. 예를 들어 어떤 장소에 가면 0.8의 확률로 적에게 습격당해 −10의 보상을 얻는 경우입니다. 물론 보상 함수 $r(s, a, s')$가 '보상의 기댓값'을 반환하도록 설정하면, 이후 이어지는 MDP 이론(벨만 방정식 등)은 보상이 결정적일 때와 다름없이 성립합니다. 하지만 이번 장에서는 보상이 결정적으로 주어진다고 가정하고 이야기하겠습니다.

2.2.3 에이전트의 정책

다음으로 에이전트의 정책에 대해 생각해보죠. **정책**^{policy}은 에이전트가 행동을 결정하는 방식을 말합니다. 정책에서 중요한 점은 에이전트는 '현재 상태'만으로 행동을 결정할 수 있다는 것입니다. '현재 상태'만으로 충분한 이유는 무엇일까요? 바로 환경의 상태 전이가 마르코프 성질에 따라 이루어지기 때문입니다.

환경의 상태 전이에서는 현재 상태 s와 행동 a만을 고려하여 다음 상태 s'가 결정됩니다. 보상도 마찬가지로 현재 상태 s와 행동 a 그리고 전이된 상태 s'만으로 결정됩니다. 이상이 의미하는 바는 '환경에 대해 필요한 정보는 모두 현재 상태에 있다'는 것입니다. 따라서 에이전트가 '현재 상태'만으로 행동을 결정할 수 있습니다.

> **NOTE_** MDP의 마르코프 성질이라는 특성은 에이전트에 대한 제약이 아니라 '환경에 대한 제약'으로 볼 수 있습니다. 즉, 마르코프 성질을 만족하도록 '상태'를 관리하는 책임이 환경 쪽에 있다는 뜻입니다. 에이전트 관점에서 보면 최선의 선택에 필요한 정보가 모두 현재 상태에 담겨 있기 때문에 현재만을 바라보고 행동할 수 있습니다.

에이전트는 현재 상태를 보고 행동을 결정합니다. 이때 행동을 결정하는 방식인 정책은 '결정적' 또는 '확률적'인 경우로 나눌 수 있습니다. 결정적 정책은 [그림 2-8]의 왼쪽과 같이 각 상태에 따라 '반드시' 정해진 행동을 합니다.

그림 **2-8** 결정적 정책(왼쪽)과 확률적 정책(오른쪽)

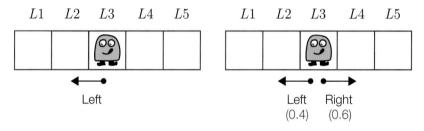

왼쪽 그림에서 에이전트는 $L3$에 있을 때는 반드시 왼쪽으로 이동합니다. 이러한 결정적 정책은 함수로 다음과 같이 정의할 수 있습니다.

$$a = \mu(s)$$

$\mu(s)$는 매개변수로 상태를 건네주면 행동 a를 반환하는 함수입니다(μ는 '뮤'로 발음합니다). 이 예에서 $\mu(s = L3)$은 Left를 반환합니다.

[그림 2-8]의 오른쪽은 확률적 정책의 예입니다. 에이전트가 왼쪽으로 이동할 확률은 0.4이고, 오른쪽으로 이동할 확률은 0.6입니다. 이렇게 에이전트의 행동이 확률적으로 결정되는 정책은

수식으로 다음과 같이 표현할 수 있습니다.

$$\pi(a\,|\,s)$$

$\pi(a\,|\,s)$는 상태 s에서 행동 a를 취할 확률을 나타냅니다. [그림 2-8]의 예를 수식으로 표현하면 다음과 같습니다.

$$\pi(a = \text{Left}\,|\,s = L3) = 0.4$$
$$\pi(a = \text{Right}\,|\,s = L3) = 0.6$$

> NOTE_ 결정적 정책은 확률적 정책으로도 표현할 수 있습니다. 예를 들어 결정적 정책인 $a = \mu(s)$는 상태 s에서 행동 a를 수행할 확률이 1.0인 확률 분포로 나타낼 수 있습니다.

상태 전이, 보상 함수, 정책을 수식으로 표현해보았습니다. 다음 절에서는 이 세 수식을 이용하여 MDP의 목표를 정의하겠습니다.

2.3 MDP의 목표

지금까지는 환경과 에이전트의 행동을 수식으로 표현했습니다. 간단히 복습하면, 에이전트는 정책 $\pi(a\,|\,s)$에 따라 행동합니다. 그 행동과 상태 전이 확률 $p(s'\,|\,s, a)$에 의해 다음 상태가 결정됩니다. 그리고 보상은 보상 함수 $r(s, a, s')$가 결정합니다. 이 틀 안에서 최적 정책을 찾는 것이 **MDP의 목표**입니다. **최적 정책**optimal policy이란 수익이 최대가 되는 정책입니다(수익에 대해서는 2.3.2절 참고).

> NOTE_ 에이전트가 결정적 정책을 따른다면 $\mu(s)$ 함수로 나타낼 수 있습니다. 하지만 결정적 정책은 확률적 정책으로도 표현할 수 있으니 여기서는 확률적 정책 $\pi(a\,|\,s)$를 가정하고 진행하겠습니다. 같은 이유로 환경의 상태 전이도 확률적이라고 가정합니다.

이번 절에서는 최적 정책을 수식으로 정확하게 표현하고자 합니다. 그러려면 먼저 MDP의 문제가 크게 두 가지로 나뉜다는 사실을 알아야 합니다. 바로 '일회성 과제'와 '지속적 과제'입니다.

2.3.1 일회성 과제와 지속적 과제

MDP는 문제에 따라 일회성 과제와 지속적 과제로 나뉩니다. **일회성 과제**^{episodic task}는 '끝'이 있는 문제입니다. 예를 들어 바둑은 일회성 과제로 분류됩니다. 바둑은 결국 승리/패배/무승부 중 하나로 귀결됩니다. 그리고 다음 대국은 돌이 하나도 놓여 있지 않은 초기 상태에서 새로 시작합니다. 일회성 과제에서는 시작부터 끝까지의 일련의 시도를 **에피소드**^{episode}라고 합니다.

[그림 2-9]와 같은 그리드 월드 문제도 일회성 과제입니다.

그림 2-9 끝이 있는 문제의 예

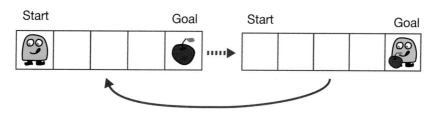

이 그림에서는 어느 곳엔가 목표가 있고 그 목표에 도달하면 끝이 납니다. 그 후에는 다시 초기 상태에서 새로운 에피소드가 시작됩니다.

반면 **지속적 과제**^{continuous task}는 '끝'이 없는 문제입니다. 예를 들어 재고 관리가 있겠네요. 재고 관리에서의 에이전트는 얼마나 많은 상품을 구매할지를 결정합니다. 판매량과 재고량을 보고 최적의 구매량을 결정해야 합니다(재고가 너무 많아지지 않게 관리하면서도 상품 판매에 지장이 없도록 해야 합니다). 이런 유형의 문제는 끝을 정하지 않고 영원히 지속될 수 있습니다.

2.3.2 수익

다음으로 새로운 용어인 **수익**^{return}을 소개하겠습니다. 이 수익을 극대화하는 것이 에이전트의 목표입니다.

시간 t에서의 상태를 S_t라고 해보죠(t는 임의의 값). 그리고 에이전트가 정책 π에 따라 행동 A_t를 하고, 보상 R_t를 얻고, 새로운 상태 S_{t+1}로 전이하는 흐름이 이어집니다. 이때 수익 G_t는 다음과 같이 정의됩니다.

$$G_t = R_t + \gamma R_{t+1} + \gamma^2 R_{t+2} + \cdots \qquad \text{[식 2.1]}$$

[식 2.1]과 같이 수익은 에이전트가 얻는 보상의 합입니다. 하지만 시간이 지날수록 보상은 γ(감마)에 의해 기하급수적으로 줄어듭니다. 이 γ를 **할인율**^{discount rate}이라고 하며 0.0에서 1.0 사이의 실수로 설정합니다. 예를 들어 할인율을 0.9로 설정하면 [식 2.1]은 다음처럼 됩니다.

$$G_t = R_t + 0.9 R_{t+1} + 0.81 R_{t+2} + \cdots$$

할인율을 도입하는 주된 이유는 지속적 과제에서 수익이 무한대가 되지 않도록 방지하기 위해서입니다. 할인율이 없다면, 즉 $\gamma = 1$이라면 지속적 과제에서 수익이 무한대까지 늘어납니다.

또한 할인율은 가까운 미래의 보상을 더 중요하게 보이도록 합니다. 이 특성은 사람, 나아가 생물의 많은 행동 원리를 설명할 수 있습니다. 예를 들어 오늘 1만 원 받기와 10년 후에 2만 원 받기 중 어느 쪽을 선택하겠습니까? 할인율 때문에 미래 보상이 기하급수적으로 줄어든다면 즉시 얻을 수 있는 보상에 더 큰 매력을 느낄 것입니다.

2.3.3 상태 가치 함수

방금 정의한 '수익'을 극대화하는 것이 에이전트의 목표라고 했습니다. 여기서 주의할 게 하나 있습니다. 에이전트와 환경이 '확률적'으로 동작할 수 있다는 점입니다. 에이전트는 다음 행동을 확률적으로 결정할 수 있고, 상태 역시 확률적으로 전이될 수 있습니다. 그렇다면 얻는 수익도 '확률적'으로 달라질 것입니다. 예를 들어 어떤 에피소드에서는 수익이 10.4이고 다른 에피소드에서는 8.7인 식으로 말이죠. 비록 같은 상태에서 시작하더라도 수익이 에피소드마다 확률적으로 달라질 수 있습니다.

이러한 확률적 동작에 대응하기 위해서는 기댓값, 즉 '수익의 기댓값'을 지표로 삼아야 합니다. 상태 S_t가 s이고(시간 t는 임의의 값), 에이전트의 정책이 π일 때, 에이전트가 얻을 수 있는 기대 수익을 다음처럼 표현할 수 있습니다.

$$v_\pi(s) = \mathbb{E}[G_t \mid S_t = s, \pi]$$

[식 2.2]

이처럼 수익의 기댓값을 $v_\pi(s)$로 표기하며 $v_\pi(s)$를 **상태 가치 함수**^{state–value function}라고 합니다.

[식 2.2]의 우변에서 에이전트의 정책 π는 조건으로 주어집니다. 정책 π가 바뀌면 에이전트가 얻는 보상도 바뀌고 총합인 수익도 바뀌기 때문입니다. 이런 특성을 명시하기 위해 상태 가치 함수는 $v_\pi(s)$처럼 π를 v의 밑으로 쓰는 방식을 많이 따릅니다. 또한 [식 2.2]를 다음처럼 쓰기도 합니다.

$$v_\pi(s) = \mathbb{E}_\pi[G_t \mid S_t = s]$$

[식 2.3]

[식 2.3]에서는 우변에서 π의 위치가 $\mathbb{E}_\pi$로 이동했습니다. 의미는 [식 2.2]에서와 마찬가지로 π라는 정책이 조건으로 주어져 있음을 나타냅니다. 이 책에서는 [식 2.3] 형태로 쓰겠습니다.

> NOTE_ 상태 가치 함수는 v_π 말고도 V_π로 표기하는 경우가 있습니다. 소문자 v_π는 실제 상태 가치 함수이고, 대문자 V_π는 추정치로서의 상태 가치 함수를 뜻합니다.

2.3.4 최적 정책과 최적 가치 함수

강화 학습의 목표는 최적 정책을 찾는 것입니다. 이번 절에서는 최적 정책이란 무엇이며 애초에 '최적'을 어떻게 표현할 수 있을지를 생각해보겠습니다.

먼저 두 가지 정책 π와 π'가 있다고 가정합시다. 이때 두 정책에서 상태 가치 함수 $v_\pi(s)$, $v_{\pi'}(s)$가 각각 결정됩니다. 이번 절에서는 모든 상태에서의 가치 함수가 [그림 2-10]처럼 결정되었다고 가정합니다.

그림 2-10 정책 π와 π' 각 상태에서의 상태 가치 함수 그래프(상태는 $L1$부터 $L5$까지 총 5개라고 가정)

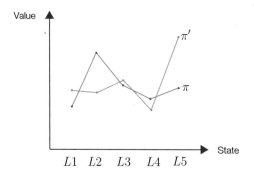

그림에서 주목할 점은 어떤 상태에서는 $v_{\pi'}(s) > v_{\pi}(s)$이고, 어떤 상태에서는 $v_{\pi'}(s) < v_{\pi}(s)$라는 점입니다. 예를 들어 상태가 $L1$일 때는 정책 π'에 따라 행동하는 편이 수익의 기댓값이 더 높습니다. 하지만 상태가 $L2$일 때는 정책 π가 더 좋은 결과를 가져옵니다. 이처럼 상태에 따라 상태 가치 함수의 크고 작음이 달라지는 경우에는 두 정책의 우열을 가릴 수 없습니다.

그렇다면 어떠할 때 두 정책의 우열을 가릴 수 있을까요? 바로 [그림 2-11]과 같은 경우입니다.

그림 2-11 모든 상태에서 $v_{\pi'}(s) \geq v_{\pi}(s)$인 그래프

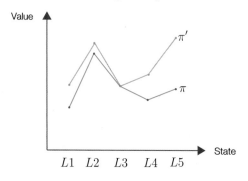

이 그림의 예에서는 모든 상태에서 $v_{\pi'}(s) \geq v_{\pi}(s)$가 성립됩니다. 따라서 π'가 π보다 나은 정책이라고 할 수 있습니다. 어떤 상태에서 시작하더라도 얻을 수 있는 보상의 기댓값 총합이 π' 쪽이 더 크거나 같기 때문입니다.

이렇게 두 정책의 우열을 가리려면 하나의 정책이 다른 정책보다 '모든 상태'에서 더 좋거나 최소한 똑같아야 합니다(만약 모든 상태에서 $v_{\pi'}(s) = v_{\pi}(s)$라면 똑같이 좋은 정책입니다).

이제 두 정책의 우열을 가릴 수 있게 되었습니다. 이 생각을 발전시키면 '최적'인 정책이 무엇인지 정의할 수 있습니다. 최적 정책을 π_*로 표현한다면 정책 π_*는 다른 정책과 비교하여 모든 상태에서 상태 가치 함수 $v_{\pi_*}(s)$의 값이 더 큰 정책이라는 뜻입니다. 그래프로 표현하면 [그림 2-12]와 같습니다.

그림 2-12 최적 정책 π_*와 그 외 정책들

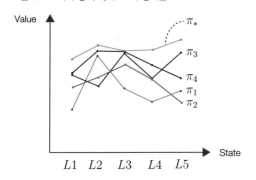

그림과 같이 모든 상태에서 상태 가치 함수의 값이 다른 어떤 정책보다 큰 정책이 최적 정책입니다. 중요한 사실은 MDP에서는 최적 정책이 적어도 하나는 존재한다는 사실입니다. 그리고 그 최적 정책은 '결정적 정책'입니다. 결정적 정책에서는 각 상태에서의 행동이 유일하게 결정됩니다. 수식으로는 $a = \mu_*(s)$와 같이, 상태 s를 입력하면 행동 a를 출력하는 함수 μ_*로 나타낼 수 있습니다.

> NOTE_ MDP에서 최적의 결정적 정책이 하나 이상 존재한다는 사실은 수학적으로 증명할 수 있습니다. 어떻게 증명하는지 궁금한 분은 다른 문헌[4]을 참고하기 바랍니다. 한편, 최적 정책이 결정적인 이유는 3.4.1절에서 구체적인 예를 들어 설명합니다.

최적 정책의 상태 가치 함수를 **최적 상태 가치 함수**optimal state−value function라고 합니다. 이 책에서는 최적 상태 가치 함수를 v_*로 표기합니다.

2.4 MDP 예제

이번 절에서는 MDP에 속하는 구체적인 문제를 하나 살펴보겠습니다. 바로 [그림 2-13]과 같은 두 칸짜리 그리드 월드입니다.

그림 2-13 두 칸짜리 그리드 월드

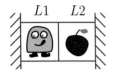

칸이 두 개이고 좌우 끝은 벽으로 막혀 있습니다. 이 문제의 설정은 다음과 같습니다.

- 에이전트는 오른쪽이나 왼쪽으로 이동할 수 있다.
- 상태 전이는 결정적이다.
- 에이전트가 $L1$에서 $L2$로 이동하면 사과를 받아 +1의 보상을 얻는다.
- 에이전트가 $L2$에서 $L1$로 이동하면 사과가 다시 생성된다.
- 벽에 부딪히면 −1의 보상을 얻는다. 즉, 벌을 받는다. 예를 들어 에이전트가 $L1$에서 왼쪽으로 이동하면 −1의 보상을, $L2$에서 오른쪽으로 이동해도 마찬가지로 −1의 보상을 얻는다(이때 사과는 다시 생성되지 않는다).
- 지속적 과제, 즉 '끝이 없는' 문제다.

이제 문제를 풀어보죠.

2.4.1 백업 다이어그램

[그림 2-13]의 문제를 정리하기 위해 백업 다이어그램부터 그려보겠습니다. **백업 다이어그램** backup diagram은 '방향 있는 그래프(노드와 화살표로 구성된 그래프)'를 활용하여 '상태, 행동, 보상'의 전이를 표현한 그래프입니다. [그림 2-14]에 백업 다이어그램의 예를 준비했습니다.

그림 2-14 백업 다이어그램의 예

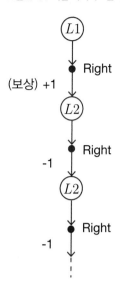

에이전트가 현재 상태에 상관없이 무조건 오른쪽으로 이동한다고 해봅시다. 이런 조건에서 에이전트의 행동과 상태 전이를 표현한 것이 [그림 2-14]입니다. 이 그림에서 시간은 위에서 아래로 흐릅니다. 첫 번째 상태를 $L1$로 설정하고 $L1$부터 시작하는 전이를 그렸습니다.

[그림 2-14]는 에이전트의 정책이 결정적입니다. 즉, 항상 정해진 행동을 취합니다. 게다가 환경의 상태 전이도 결정적이기 때문에 백업 다이어그램의 전이는 일직선으로 뻗어나갑니다.

하지만 만약 에이전트가 50%의 확률로 오른쪽, 나머지 50%의 확률로 왼쪽으로 이동한다면 백업 다이어그램을 [그림 2-15]처럼 그릴 수 있습니다.

그림 2-15 백업 다이어그램의 예(에이전트의 행동이 확률적인 경우)

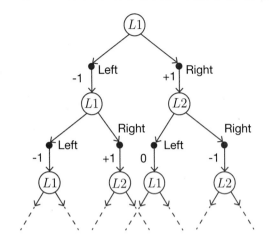

그림과 같이 각 상태에서 오른쪽 이동과 왼쪽 이동 두 가지로 행동할 가능성이 있기 때문에 백업 다이어그램이 넓게 퍼져나갑니다. 두 형태의 백업 다이어그램 중 이번 장에서는 더 단순한 [그림 2-14] 쪽에 집중하겠습니다. 즉, 환경의 상태 전이와 에이전트의 행동이 모두 결정적인 경우입니다(에이전트가 확률적으로 행동하는 경우는 다음 장에서 다룹니다).

2.4.2 최적 정책 찾기

그렇다면 두 칸짜리 그리드 월드에서 최적 정책은 무엇일까요? 최적 정책은 결정적 정책으로 존재한다고 알려져 있습니다. 결정적 정책은 $a = \mu(s)$와 같이 함수로 표현됩니다. 그리고 이번 문제는 상태와 행동의 가짓수가 적기 때문에 존재하는 모든 결정적 정책을 알아낼 수 있습니다. 상태와 행동이 각 2개씩이므로 결정적 정책은 총 $2^2 = 4$개가 존재합니다.

그림 2-16 결정적 정책의 패턴

	$s = L1$	$s = L2$
$\mu_1(s)$	Right	Right
$\mu_2(s)$	Right	Left
$\mu_3(s)$	Left	Right
$\mu_4(s)$	Left	Left

[그림 2-16]에 각 상태에서 취하는 행동을 적어뒀습니다(결정적 정책이므로 각 상태에서 취하는 행동은 하나뿐입니다). 예를 들어 정책 μ_1은 상태 $L1$에서 오른쪽으로 이동하고, $L2$에서도 오른쪽으로 이동합니다. 그림의 네 가지 정책 중 최적 정책이 존재합니다(범인은 이 안에 있어!).

이제 정책 μ_1의 상태 가치 함수를 계산해봅시다. 계산 방법은 다음 장에서 자세히 다루겠지만 지금 상황에서는 환경의 상태 전이와 정책이 모두 결정적이기 때문에 간단하게 구할 수 있습니다. 예를 들어 상태 $L1$에서 정책 μ_1에 따라 오른쪽으로 이동하면 보상 +1을 얻습니다. 이후로는 오른쪽으로 이동하다가 벽에 부딪히고, 그때마다 −1의 보상을 얻습니다. 이때 할인율을 0.9로 가정하면 상태 가치 함수는 다음처럼 계산할 수 있습니다.

$$
\begin{aligned}
v_{\mu_1}(S = L1) &= 1 + 0.9 \cdot (-1) + 0.9^2 \cdot (-1) + \cdots \\
&= 1 - 0.9(1 + 0.9 + 0.9^2 + \cdots) \\
&= 1 - \frac{0.9}{1 - 0.9} \\
&= -8
\end{aligned}
$$

여기서는 무한등비급수 합 공식을 이용했습니다. 무한등비급수 합 공식은 $1 + r + r^2 + \cdots = \frac{1}{1-r}$입니다($-1 < r < 1$일 때). 코드로는 다음과 같이 근사적으로 계산할 수 있습니다.

```
V = 1
for i in range(1, 100):
    V += -1 * (0.9 ** i)
print(V)
```

출력 결과

-7.999734386011124

계산을 무한히 계속하는 대신 for문을 이용하여 근사적으로 계산했습니다. 결과는 대략 −8로, 이론적인 값과 거의 같음을 알 수 있습니다.

다음은 상태 $L2$에서의 가치 함수입니다(정책은 μ_1). 이번에는 오른쪽 벽에 계속 부딪히기 때문에 항상 −1의 보상을 얻게 됩니다. 따라서 상태 가치 함수는 다음처럼 계산할 수 있습니다.

$$
\begin{aligned}
v_{\mu_1}(s=L2) &= -1+0.9\cdot(-1)+0.9^2\cdot(-1)+\cdots \\
&= -1-0.9(1+0.9+0.9^2+\cdots) \\
&= -1-\frac{0.9}{1-0.9} \\
&= -10
\end{aligned}
$$

이렇게 해서 정책 μ_1의 가치 함수를 구했습니다. 이상의 작업을 다른 정책에도 모두 동일하게 진행하면 [그림 2-17]의 결과를 얻을 수 있습니다.

그림 2-17 각 정책의 상태 가치 함수 그래프

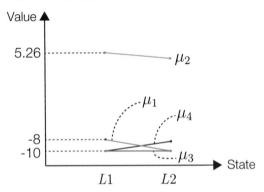

그래프를 보면 정책 μ_2가 모든 상태에서 다른 정책들보다 상태 가치 함수의 값이 더 큽니다. 따라서 정책 μ_2가 바로 우리가 찾는 최적 정책입니다. 정책 μ_2는 벽에 부딪히지 않고 오른쪽으로 갔다가 왼쪽으로 돌아오는 행동을 반복합니다. 그러면서 사과를 반복해서 얻는 것이죠. 최적 정책을 찾았으니 마침내 MDP의 목표를 달성한 것입니다.

2.5 정리

이번 장에서는 마르코프 결정 과정(MDP)에 대해 알아보았습니다. MDP는 에이전트와 환경의 상호작용을 수식으로 표현한 것입니다. 환경에는 상태 전이 확률(또는 상태 전이 함수)과 보상 함수가 있고, 에이전트에는 정책이 있습니다. 그리고 환경과 에이전트가 영향을 주고받습니다. 이러한 틀 안에서 최적 정책을 찾는 것이 MDP의 목표입니다. 최적 정책이란 모든 상태에서 다른 어떤 정책보다 상태 가치 함수의 값이 더 크거나 같은 정책을 말합니다.

이어서 '두 칸짜리 그리드 월드'라는 강화 학습 문제를 풀며 실제로 최적 정책을 찾아냈습니다. 구체적으로는 모든 정책을 나열하고, 각 정책의 상태 가치 함수를 직접 계산하여 구했습니다. 그런 다음 그중에서 가장 좋은 정책, 즉 최적 정책을 찾아냈습니다. 아쉽게도 이번 장에서 사용한 해법은 '두 칸짜리 그리드 월드'와 같이 단순한 문제에서만 유효합니다. 다음 장에서는 좀 더 어려운 문제에도 대응하는 방법을 알아보겠습니다.

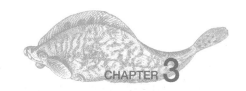

CHAPTER 3

벨만 방정식

2장에서 '두 칸짜리 그리드 월드'라는 문제를 다루었습니다. 이 문제에서는 환경이 결정적이고 나아가 에이전트의 행동도 결정적이라고 가정했습니다. 따라서 백업 다이어그램은 [그림 3-1]의 왼쪽과 같이 하나의 직선으로 뻗어 있습니다.

그림 3-1 결정적 백업 다이어그램(왼쪽)과 확률적 백업 다이어그램(오른쪽)

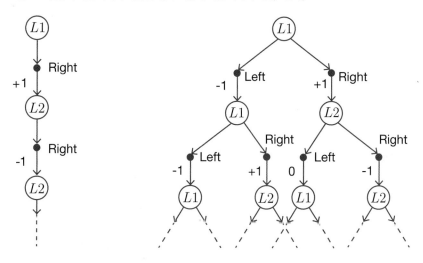

왼쪽 그림과 같이 백업 다이어그램이 일직선으로 뻗어 있다면 2장에서처럼 수식을 이용하여 상태 가치 함수를 구할 수 있었습니다. 하지만 마르코프 결정 과정(MDP)에서 에이전트가 확률적으로 행동하는 경우도 생각할 수 있습니다. 이 경우는 백업 다이어그램이 오른쪽 그림처럼 넓게 퍼져나갑니다. 그런데 안타깝게도 이때의 상태 가치 함수는 2장의 수식 계산으로는 구할 수 없습니다.

이번 장의 목표는 [그림 3-1]의 오른쪽과 같은 상황에서도 상태 가치 함수를 구하는 것입니다. 이때 핵심이 **벨만 방정식**bellman equation입니다. 벨만 방정식은 마르코프 결정 과정에서 성립하는 가장 중요한 방정식이며 많은 강화 학습 알고리즘에 중요한 기초를 제공합니다.

3.1 벨만 방정식 도출

이번 절에서는 벨만 방정식을 도출하겠습니다. 하지만 그전에 간단한 예를 이용해 확률과 기댓값에 대해 복습해보죠. 확률과 기댓값에 자신이 있다면 3.1.1절은 건너뛰고 곧바로 3.1.2절로 넘어가도 좋습니다.

3.1.1 확률과 기댓값(사전 준비)

주사위를 예로 들어 설명하겠습니다. 각각의 눈이 나올 확률이 정확하게 $\frac{1}{6}$씩인 이상적인 주사위라고 가정하죠. 이때 눈 개수를 x라는 확률 변수로 표현하면 x는 1부터 6까지의 정수가 될 수 있습니다. 그리고 확률은 모두 $\frac{1}{6}$씩이니, 각 눈이 나올 확률을 다음 식으로 표현할 수 있습니다.

$$p(x) = \frac{1}{6}$$

이제 주사위를 굴렸을 때 나올 눈의 기댓값을 구해봅시다. 다음처럼 계산하면 됩니다.

$$\begin{aligned}
\mathbb{E}[x] &= 1 \cdot \frac{1}{6} + 2 \cdot \frac{1}{6} + 3 \cdot \frac{1}{6} + 4 \cdot \frac{1}{6} + 5 \cdot \frac{1}{6} + 6 \cdot \frac{1}{6} \\
&= 3.5
\end{aligned}$$

이와 같이 각각의 '눈 개수'와 '확률'을 곱한 다음, 그 모두를 더합니다. 참고로 $\sum$(시그마) 기호를 쓰면 기댓값을 다음 식으로도 표현할 수 있습니다.

$$\mathbb{E}[x] = \sum_x xp(x)$$

백업 다이어그램은 [그림 3-2]와 같이 주사위 눈 개수가 두 번째 줄에 배치된 모습이 됩니다.

그림 3-2 주사위의 백업 다이어그램

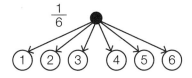

자, 이번에는 [그림 3-3]과 같은 문제를 생각해봅시다.

그림 3-3 주사위와 동전을 순서대로 던지는 문제

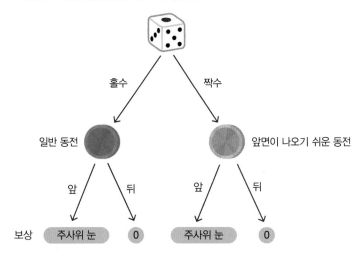

이번 문제는 주사위를 먼저 던지고 이어서 동전을 던지는 방식으로 진행됩니다. 이때 주사위를 던져 짝수가 나오면 앞면이 잘 나오는 동전(확률 = 0.8)이 주어지고, 홀수가 나오면 일반 동전(확률 = 0.5)이 주어집니다. 그런 다음 주어진 동전을 던져 앞면이 나오면 주사위의 눈 개수만큼을 보상으로 얻습니다. 반대로 뒷면이 나온다면 보상은 0입니다. 예를 들면 다음과 같습니다.

- 주사위 눈이 4개이고 이어서 (앞면이 나오기 쉬운) 동전이 앞면이면 보상은 4이다.
- 주사위 눈이 5개이고 이어서 (일반) 동전이 뒷면이면 보상은 0이다.

이 문제의 '보상 기댓값'은 얼마일까요? 먼저 백업 다이어그램을 그려봅시다.

그림 3-4 주사위와 동전을 순서대로 던지는 문제의 백업 다이어그램

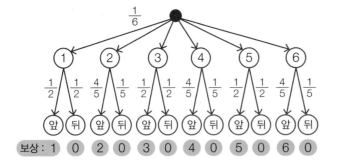

그림을 보면, 예컨대 주사위가 1이 나올 확률은 $\frac{1}{6}$ 이고 이어서 동전의 앞면이 나올 확률은 $\frac{1}{2}$ 입니다. 그리고 이때의 보상이 1이죠. 다시 말해 다음과 같이 표현할 수 있습니다.

- $\frac{1}{6} \cdot \frac{1}{2} = \frac{1}{12}$의 확률로
- 보상 1을 얻는다.

'보상 기댓값'을 구하려면 모든 경우에 대해 똑같이 계산하여 다 더하면 됩니다. 실제로 해보면 다음과 같습니다.

$$
\left(\frac{1}{6} \cdot \frac{1}{2} \cdot 1\right) + \left(\frac{1}{6} \cdot \frac{1}{2} \cdot 0\right) + \left(\frac{1}{6} \cdot \frac{4}{5} \cdot 2\right) + \left(\frac{1}{6} \cdot \frac{1}{5} \cdot 0\right) + \left(\frac{1}{6} \cdot \frac{1}{2} \cdot 3\right) + \left(\frac{1}{6} \cdot \frac{1}{2} \cdot 0\right) +
$$
$$
\left(\frac{1}{6} \cdot \frac{4}{5} \cdot 4\right) + \left(\frac{1}{6} \cdot \frac{1}{5} \cdot 0\right) + \left(\frac{1}{6} \cdot \frac{1}{2} \cdot 5\right) + \left(\frac{1}{6} \cdot \frac{1}{2} \cdot 0\right) + \left(\frac{1}{6} \cdot \frac{4}{5} \cdot 6\right) + \left(\frac{1}{6} \cdot \frac{1}{5} \cdot 0\right)
$$
$$
= 2.35
$$

드디어 보상의 기댓값을 알아냈습니다. 방법은 [그림 3-4]의 말단 노드가 발생할 확률과 그때의 보상을 곱하는 계산을 모든 후보에 수행한 다음 다 더하는 것이었습니다.

지금까지 계산한 것을 문자로 표현해봅시다. 주사위의 눈을 x, 동전의 결과(앞 혹은 뒤)를 y로 표기하겠습니다. 이번 문제에서는 주사위 눈 개수에 따라 동전 앞면이 나올 확률이 달라집니다. 이 설정은 조건부 확률 $p(y|x)$로 표현하며 값은 다음과 같습니다.

$$p(y = \text{앞} \mid x = 4) = 0.8$$
$$p(y = \text{뒤} \mid x = 4) = 0.5$$

또한 x와 y가 동시에 일어날 확률, 즉 '동시 확률'은 다음과 같습니다.

$$p(x, y) = p(x)\, p(y \mid x)$$

이번 문제에서 보상은 x와 y의 값에 의해 결정됩니다. 따라서 보상을 함수 $r(x, y)$로 나타낼 수 있습니다.

$$r(x = 4, \, y = \text{앞}) = 4$$
$$r(x = 3, \, y = \text{뒤}) = 0$$

기댓값은 '값 × 그 값이 발생할 확률'의 합입니다. 그러므로 보상의 기댓값은 다음 식으로 나타낼 수 있습니다.

$$\mathbb{E}[r(x, y)] = \sum_x \sum_y p(x, y)\, r(x, y)$$
$$= \sum_x \sum_y p(x)\, p(y \mid x)\, r(x, y)$$

이 수식의 형태는 다음 절에서 도출할 벨만 방정식에서도 동일하게 등장합니다.

이로써 벨만 방정식을 맞이할 준비가 끝났습니다. 여기까지 이해했다면 벨만 방정식 도출도 어렵지 않을 것입니다.

3.1.2 벨만 방정식 도출

벨만 방정식을 도출해보겠습니다. 먼저 복습을 하자면, 앞서 '수익'을 다음과 같이 정의했습니다.

$$G_t = R_t + \gamma R_{t+1} + \gamma^2 R_{t+2} + \cdots \qquad \text{[식 3.1]}$$

이번 절에서는 보상을 무한히 계속 받을 수 있는 지속적 과제^{continuous task}를 가정합니다. 수익 G_t는 시간 t 이후로 얻을 수 있는 보상의 총합입니다. 단, 할인율 γ에 따라 더 나중에 받는 보상일수록 값이 기하급수적으로 감소합니다. 그럼 이쯤에서 [식 3.1]의 t에 $t + 1$을 대입해보겠습니다. 그러면 잘 보이지 않던 [식 3.1]의 구조가 또렷하게 드러납니다.

$$G_{t+1} = R_{t+1} + \gamma R_{t+2} + \gamma^2 R_{t+3} + \cdots \qquad \text{[식 3.2]}$$

[식 3.2]는 시간 $t + 1$ 이후에 얻을 수 있는 보상의 합입니다. 이 식을 적용하여 [식 3.1]을 다음과 같이 변형하겠습니다.

$$\begin{aligned} G_t &= R_t + \gamma R_{t+1} + \gamma^2 R_{t+2} + \cdots \\ &= R_t + \gamma(R_{t+1} + \gamma R_{t+2} + \cdots) \\ &= R_t + \gamma G_{t+1} \qquad \text{[식 3.3]} \end{aligned}$$

[식 3.3]으로부터 수익인 G_t와 G_{t+1}의 관계를 알 수 있습니다. 이 관계는 수많은 강화 학습 이론과 알고리즘에서 사용됩니다.

이어서 [식 3.3]을 상태 가치 함수의 수식에 대입해보겠습니다. 상태 가치 함수는 수익에 대한 기댓값(기대 수익)이며, 다음 식으로 정의됩니다.

$$v_\pi(s) = \mathbb{E}_\pi[G_t \mid S_t = s] \qquad \text{[식 3.4]}$$

[식 3.4]와 같이 상태 s의 상태 가치 함수가 $v_\pi(s)$로 표현됩니다. 이 식의 G_t에 [식 3.3]을 대입하면 다음과 같습니다.

$$\begin{aligned} v_\pi(s) &= \mathbb{E}_\pi[G_t \mid S_t = s] \\ &= \mathbb{E}_\pi[R_t + \gamma G_{t+1} \mid S_t = s] \\ &= \mathbb{E}_\pi[R_t \mid S_t = s] + \gamma \mathbb{E}_\pi[G_{t+1} \mid S_t = s] \qquad \text{[식 3.5]} \end{aligned}$$

마지막 식의 전개는 기댓값의 '선형성' 덕분에 성립됩니다. 선형성이란 확률 변수 X와 Y가 있을 때 $\mathbb{E}[X+Y] = \mathbb{E}[X] + \mathbb{E}[Y]$가 성립함을 말합니다.

이제 [식 3.5]의 항을 하나씩 구해보겠습니다. 첫 번째 항은 $\mathbb{E}_\pi[R_t|S_t = s]$입니다. 이해를 돕기 위해 그림을 하나 준비했으니 함께 보시죠.

그림 3-5 상태와 행동의 관계

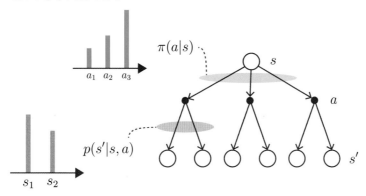

먼저 상황을 확인합니다. 현재 상태가 s이고, 에이전트는 정책 $\pi(a|s)$에 따라 행동합니다. 예를 들어 다음의 세 가지 행동을 취할 수 있다고 해봅시다.

$$\pi(a = a_1 | s) = 0.2$$
$$\pi(a = a_2 | s) = 0.3$$
$$\pi(a = a_3 | s) = 0.5$$

에이전트는 이 확률 분포에 따라 행동을 선택합니다. 그러면 상태 전이 확률 $p(s'|s, a)$에 따라 새로운 상태 s로 이동합니다. 예를 들어 행동 a_1을 수행했을 때 전이될 수 있는 상태 후보가 두 개라면 다음과 같은 값을 취합니다.

$$p(s' = s_1 | s, a = a_1) = 0.6$$
$$p(s' = s_2 | s, a = a_1) = 0.4$$

그리고 마지막으로 보상은 $r(s, a, s')$ 함수로 결정됩니다. 이상이 우리가 처한 상황입니다.

이제 구체적인 예를 들어 계산해봅시다. 에이전트가 0.2의 확률로 행동 a_1을 선택하고 0.6의 확률로 상태 s_1로 전이한다고 가정하죠. 이 경우 얻게 되는 보상은 다음과 같습니다.

- $\pi(a = a_1 | s) p(s' = s_1 | s, a = a_1) = 0.2 \cdot 0.6 = 0.12$의 확률로
- $r(s, a = a_1, s' = s_1)$의 보상을 얻는다.

기댓값을 구하려면 모든 후보에 똑같은 계산을 수행하여 다 더하면 됩니다.

$$\mathbb{E}_\pi[R_t | S_t = s] = \sum_a \sum_{s'} \pi(a | s) p(s' | s, a) r(s, a, s')$$

이와 같이 '에이전트가 선택하는 행동의 확률' $\pi(a | s)$와 '전이되는 상태의 확률' $p(s' | s, a)$ 그리고 '보상 함수' $r(s, a, s')$를 곱합니다. 이 계산을 모든 후보에 수행한 다음 다 더했습니다. 잘 생각해보면 앞 절의 '주사위와 동전' 예제에서 보여준 수식과 같은 구조입니다.

NOTE_ $\sum_a \sum_{s'} \cdots$ 형태의 표기는 앞으로 $\sum_{a,s'} \cdots$ 형태로 통일하겠습니다.

이것으로 [식 3.5] 첫 번째 항의 전개는 정복했습니다(그림 3-6).

그림 3-6 전개 중인 식

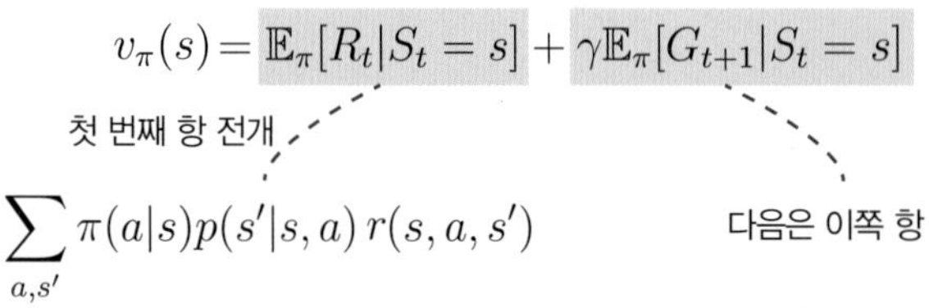

$$v_\pi(s) = \boxed{\mathbb{E}_\pi[R_t | S_t = s]} + \boxed{\gamma \mathbb{E}_\pi[G_{t+1} | S_t = s]}$$

첫 번째 항 전개

$$\sum_{a,s'} \pi(a|s) p(s'|s,a) r(s,a,s')$$

다음은 이쪽 항

이제 $\gamma \mathbb{E}_\pi[G_{t+1} | S_t = s]$가 남았습니다. 여기서 γ는 상수이므로 $\mathbb{E}_\pi[G_{t+1} | S_t = s]$에 대해서만 살펴보죠. 이 식은 상태 가치 함수의 정의식과 비슷하지만 G_{t+1} 부분이 다릅니다. 상태 가치 함수는 다음과 같이 G_{t+1}이 아니라 G_t였습니다.

$$v_\pi(s) = \mathbb{E}_\pi[G_t | S_t = s]$$

[식 3.4]

먼저 [식 3.4]의 t에 $t + 1$을 대입합니다.

$$v_\pi(s) = \mathbb{E}_\pi[G_{t+1} \mid S_{t+1} = s]$$

이 식은 상태 $S_{t+1} = s$에서의 가치 함수입니다. 이제 우리의 관심은 $\mathbb{E}_\pi[G_{t+1} \mid S_t = s]$입니다. 이 식은 현재 시간이 t일 때 한 단위 뒤 시간($t + 1$)의 기대 수익을 뜻합니다. 문제 해결의 핵심은 조건인 $S_t = s$를 $S_{t+1} = s$ 형태로 바꾸는 것입니다. 즉, 시간을 한 단위만큼 흘려보내는 것입니다.

앞에서와 마찬가지로 구체적인 예를 들어 설명하겠습니다. 지금 에이전트의 상태는 $S_t = s$입니다. 그리고 에이전트가 0.2의 확률로 a_1 행동을 선택하고, 0.6의 확률로 s_1 상태로 전이한다고 해봅시다. 그러면 다음과 같이 나타낼 수 있습니다.

- $\pi(a = a_1 \mid s) \, p(s' = s_1 \mid s, a = a_1) = 0.2 \cdot 0.6 = 0.12$의 확률로
- $\mathbb{E}_\pi[G_{t+1} \mid S_{t+1} = s_1] = v_\pi(s_1)$로 전이된다.

이와 같이 다음 단계의 시간을 '보는' 것으로 다음 상태의 가치 함수를 얻을 수 있습니다. 이제 기댓값 $\mathbb{E}_\pi[G_{t+1} \mid S_t = s]$를 구하려면 모든 후보에 이 계산을 수행하여 다 더합니다.

$$\mathbb{E}_\pi[G_{t+1} \mid S_t = s] = \sum_{a,s'} \pi(a \mid s) \, p(s' \mid s, a) \, \mathbb{E}_\pi[G_{t+1} \mid S_{t+1} = s']$$
$$= \sum_{a,s'} \pi(a \mid s) \, p(s' \mid s, a) \, v_\pi(s')$$

두 번째 항 전개도 마쳤습니다. 앞서 전개한 식에 대입하면 다음 식이 도출됩니다.

$$v_\pi(s) = \mathbb{E}_\pi[R_t \mid S_t = s] + \gamma \mathbb{E}_\pi[G_{t+1} \mid S_t = s] \qquad \text{[식 3.5]}$$
$$= \sum_{a,s'} \pi(a \mid s) \, p(s' \mid s, a) \, r(s, a, s') + \gamma \sum_{a,s'} \pi(a \mid s) \, p(s' \mid s, a) \, v_\pi(s')$$
$$= \sum_{a,s'} \pi(a \mid s) \, p(s' \mid s, a) \{ r(s, a, s') + \gamma v_\pi(s') \} \qquad \text{[식 3.6]}$$

[식 3.6]이 바로 **벨만 방정식**입니다. 벨만 방정식은 '상태 s의 상태 가치 함수'와 '다음에 취할 수

있는 상태 s'의 상태 가치 함수'의 관계를 나타낸 식으로, 모든 상태 s와 모든 정책 π에 대해 성립합니다.

3.2 벨만 방정식의 예

벨만 방정식은 강화 학습 문제를 풀기 위한 중요한 기초를 제공합니다. 벨만 방정식을 이용하면 상태 가치 함수를 구할 수 있죠. 이번 절에서는 그 '위력'을 보여주기 위해 벨만 방정식을 이용해 실제로 문제를 풀어보겠습니다.

3.2.1 두 칸짜리 그리드 월드

여기서 다룰 문제는 [그림 3-7]의 '두 칸짜리 그리드 월드'입니다. 이번에는 에이전트가 무작위로 움직인다고 가정합니다. 즉 50%의 확률로는 오른쪽, 나머지 50%의 확률로는 왼쪽으로 이동합니다.

그림 3-7 두 칸짜리 그리드 월드(벽에 부딪히면 −1, 사과를 얻으면 +1, 사과는 계속 생성)

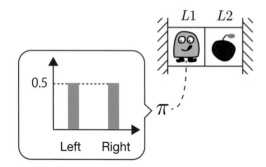

$v_\pi(L1)$은 상태 $L1$에서 무작위 정책 π에 따라 행동했을 때 얻을 수 있는 기대 수익입니다. 이 기대 수익은 앞으로 무한히 지속되는 보상의 총합입니다. 백업 다이어그램부터 살펴보죠.

그림 3-8 넓게 퍼져나가는 백업 다이어그램(이번 문제에서 상태는 결정적으로 전이됨)

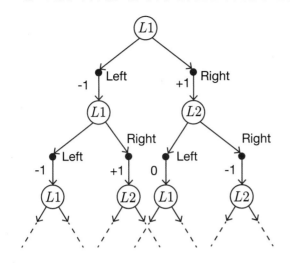

[그림 3-8]과 같이 지금 문제는 무한히 분기되어 뻗어나가는 계산입니다. 이처럼 무한히 분기하는 계산을 벨만 방정식을 이용하여 구할 수 있습니다. 그럼 벨만 방정식을 이용하여 $v_\pi(L1)$을 표현해봅시다. 3.1.2절의 [식 3.6]에서 보았듯이 벨만 방정식은 다음과 같이 나타냅니다.

$$v_\pi(s) = \sum_{a,s'} \pi(a \mid s) p(s' \mid s, a) \{r(s, a, s') + \gamma v_\pi(s')\} \qquad \text{[식 3.6]}$$

$$= \sum_a \pi(a \mid s) \sum_{s'} p(s' \mid s, a) \{r(s, a, s') + \gamma v_\pi(s')\} \qquad \text{[식 3.7]}$$

[식 3.7]은 앞으로의 식 전개를 감안하여 $\sum_{a,s'}$를 $\sum_a$와 $\sum_{s'}$로 나눈 모습입니다. 또한 이번 문제에서 상태는 결정적으로 전이됩니다. 즉 상태 전이는 확률 $p(s' \mid s, a)$가 아닌 함수 $f(s, a)$에 의해 결정됩니다. 이를 [식 3.7]에 대입하면 다음과 같습니다.

- $s' = f(s, a)$이면 $p(s' \mid s, a) = 1$
- $s' \neq f(s, a)$이면 $p(s' \mid s, a) = 0$

[식 3.7]에서는 $s' = f(s, a)$를 만족하는 s'에 해당하는 항만 남습니다(그 외에는 0이므로). 따라서 다음과 같이 간소화할 수 있습니다.

$$s' = f(s, a) \text{이면}$$

$$v_\pi(s) = \sum_a \pi(a \mid s)\{r(s, a, s') + \gamma v_\pi(s')\}$$

[식 3.8]

이제 [식 3.8]에 이번 문제를 대입해보죠. [그림 3-9]의 백업 다이어그램을 참고하면서 진행하겠습니다.

그림 3-9 $v_\pi(L1)$을 구하기 위한 백업 다이어그램

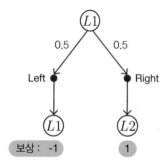

[그림 3-9]를 보면 백업 다이어그램이 두 갈래로 나뉘어 있습니다. 하나는 0.5의 확률로 행동 Left를 선택하고 상태는 전이되지 않습니다. 보상은 −1입니다. 이때 할인율 γ를 0.9로 설정하면 [식 3.8]에서 Left를 선택하는 경우는 다음과 같습니다.

$$0.5\{-1 + 0.9v_\pi(L1)\}$$

[그림 3-9]에서 또 다른 가능성은 0.5의 확률로 행동 Right를 선택하여, 상태 $L2$로 전이하고 보상 1을 얻는 경우입니다. 이로부터 다음 식을 얻을 수 있습니다.

$$0.5\{1 + 0.9v_\pi(L2)\}$$

지금까지의 내용을 벨만 방정식으로 나타내면 다음과 같습니다.

$$v_\pi(L1) = 0.5\{-1 + 0.9v_\pi(L1)\} + 0.5\{1 + 0.9v_\pi(L2)\}$$

이 식이 상태 $L1$에서의 벨만 방정식입니다. 다음과 같이 정리할 수도 있습니다.

$$-0.55v_\pi(L1)+0.45v_\pi(L2)=0 \qquad \text{[식 3.9]}$$

이제 상태 $L2$에서의 벨만 방정식을 구해보겠습니다. 조금 전과 마찬가지로 참고용 백업 다이어그램을 준비했습니다.

그림 3-10 $v_\pi(L2)$를 구하기 위한 백업 다이어그램

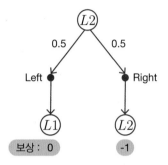

$$v_\pi(L2)=0.5\{0+0.9v_\pi(L1)\}+0.5\{-1+0.9v_\pi(L2)\}$$
$$0.45\,v_\pi(L1)-0.55v_\pi(L2)=0.5 \qquad \text{[식 3.10]}$$

이렇게 하여 모든 상태에서의 벨만 방정식을 구했습니다. 이제 알고 싶은 변수는 $v_\pi(L1)$과 $v_\pi(L2)$가 남았습니다. 그리고 다음의 두 방정식을 얻었습니다([식 3.9]와 [식 3.10]).

$$\begin{cases} -0.55v_\pi(L1)+0.45v_\pi(L2)=0 \\ 0.45v_\pi(L1)-0.55v_\pi(L2)=0.5 \end{cases}$$

보다시피 연립방정식이며, 이번처럼 단순한 문제라면 직접 계산하여 풀 수 있을 것입니다. 참고로 답은 다음과 같습니다.

$$\begin{cases} v_\pi(L1)=-2.25 \\ v_\pi(L2)=-2.75 \end{cases}$$

이는 무작위 정책의 상태 가치 함수입니다. 즉, 상태 $L1$에서 무작위로 행동하면 앞으로 -2.25의 수익을 기대할 수 있다는 뜻입니다. 무작위로 행동하다 보면 벽에 부딪힐 수도 있으니 미래의 보상이 마이너스가 될 수도 있다는 건 충분히 이해할 것입니다. 또한 $v_\pi(L1)$의 값이 $v_\pi(L2)$보다 큰 이유도 $L1$ 옆에 사과가 있고 첫 번째 행동에서 그 사과를 얻을 확률이 50%이기 때문에 역시 이해할 수 있습니다.

3.2.2 벨만 방정식의 의의

지금까지 살펴본 바와 같이 벨만 방정식을 통해 무한히 계속되는 계산을 유한한 연립방정식으로 변환할 수 있었습니다. 이번처럼 행동이 무작위로 이루어지더라도 벨만 방정식을 이용하면 상태 가치 함수를 구할 수 있습니다.

> NOTE_ 상태 가치 함수는 기대 수익이며 '무한히 이어지는' 보상의 합으로 정의됩니다. 하지만 [식 3.6]에서 보듯 벨만 방정식에는 '무한'이라는 개념이 없습니다. 벨만 방정식 덕분에 무한의 굴레에서 빠져나온 셈입니다.

또한 이번 문제는 매우 단순했지만 복잡한 문제라도 벨만 방정식을 이용해 연립방정식으로 표현할 수 있습니다. 그리고 연립방정식을 푸는 알고리즘을 이용하면 자동으로 상태 가치 함수를 구할 수 있습니다.

3.3 행동 가치 함수(Q 함수)와 벨만 방정식

이번 절에서는 **행동 가치 함수**^{action-value function}를 새롭게 소개합니다. 행동 가치 함수는 상태 가치 함수와 마찬가지로 강화 학습 이론에 자주 등장하는 중요한 함수입니다. 지금까지는 상태 가치 함수를 사용하여 벨만 방정식을 도출했습니다. 이번 절에서는 행동 가치 함수의 정의식을 살펴본 후 행동 가치 함수를 이용한 벨만 방정식을 도출하겠습니다.

> NOTE_ 이 책에서는 설명을 간결하게 하고자 상태 가치 함수를 단순히 '가치 함수'라고 줄여 쓰기도 합니다. 또한 행동 가치 함수는 관례적으로 Q 함수^{Q-function}라고 부릅니다. 그래서 이 책에서도 행동 가치 함수를 Q 함수로 표기하기도 합니다.

3.3.1 행동 가치 함수

먼저 상태 가치 함수를 복습하겠습니다.

$$v_\pi(s) = \mathbb{E}_\pi[G_t \,|\, S_t = s]$$

상태 가치 함수의 조건은 '상태가 s일 것'과 '정책이 π일 것' 두 가지입니다. 그리고 조건에 '행동 a'를 추가할 수 있는데 이것이 바로 행동 가치 함수(Q 함수)입니다. 수식으로는 다음과 같습니다.

$$q_\pi(s,a) = \mathbb{E}_\pi[G_t \,|\, S_t = s, A_t = a]$$

Q 함수는 시간 t일 때 상태 s에서 행동 a를 취하고, 시간 $t + 1$부터는 정책 π에 따라 행동을 결정합니다. 이때 얻을 수 있는 기대 수익이 $q_\pi(s, a)$입니다.

> **CAUTION_** $q_\pi(s, a)$의 행동 a는 정책 π와 무관하다는 점에 주의합시다. 즉, $q_\pi(s, a)$의 행동 a는 자유롭게 결정할 수 있으며, '다음 행동부터' 정책 π를 따릅니다.

Q 함수는 상태 가치 함수에 행동 a를 조건으로 추가한 것입니다. 백업 다이어그램으로 비교하면 더 명확하게 알 수 있습니다.

그림 3-11 상태 가치 함수와 Q 함수의 백업 다이어그램

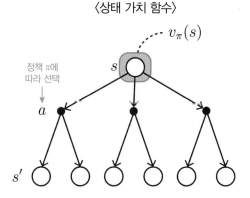
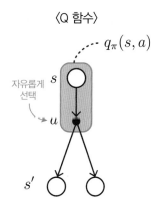

〈상태 가치 함수〉　　　　　　　〈Q 함수〉

상태 가치 함수에서의 행동 a는 정책 π에 따라 선택됩니다. 반면 Q 함수에서 행동 a는 자유롭게 선택할 수 있습니다. 상태 가치 함수와 Q 함수의 차이는 바로 이 점입니다.

따라서 만약 Q 함수의 행동 a를 정책 π에 따라 선택하도록 설계하면 Q 함수와 상태 가치 함수는 완전히 같아집니다. 예를 들어 상태 s에서 취할 수 있는 행동 후보가 $\{a_1, a_2, a_3\}$ 세 가지가 있다고 가정하고 이때 정책 π에 따라 행동한다고 해보죠. 즉, 다음과 같은 상황입니다.

- $\pi(a_1|s)$의 확률로 행동 a_1을 선택하는 경우 Q 함수는 $q_\pi(s, a_1)$
- $\pi(a_2|s)$의 확률로 행동 a_2를 선택하는 경우 Q 함수는 $q_\pi(s, a_2)$
- $\pi(a_3|s)$의 확률로 행동 a_3을 선택하는 경우 Q 함수는 $q_\pi(s, a_3)$

이 경우 기대 수익은 Q 함수의 가중 합으로 구할 수 있습니다. 수식으로는 다음과 같습니다.

$$\pi(a_1 \mid s) q_\pi(s, a_1) + \pi(a_2 \mid s) q_\pi(s, a_2) + \pi(a_3 \mid s) q_\pi(s, a_3)$$
$$= \sum_{a = \{a_1, a_2, a_3\}} \pi(a \mid s) q_\pi(s, a)$$

그리고 이 식은 상태 가치 함수와 똑같은 조건에서의 기대 수익입니다. 따라서 다음 식이 성립합니다.

$$v_\pi(s) = \sum_a \pi(a \mid s) q_\pi(s, a) \qquad \text{[식 3.11]}$$

3.3.2 행동 가치 함수를 이용한 벨만 방정식

이어서 행동 가치 함수(Q 함수)를 이용한 벨만 방정식을 도출하겠습니다. 먼저 다음과 같이 Q 함수를 전개합니다.

$$q_\pi(s, a) = \mathbb{E}_\pi[G_t \mid S_t = s, A_t = a]$$
$$= \mathbb{E}_\pi[R_t + \gamma G_{t+1} \mid S_t = s, A_t = a] \qquad \text{[식 3.12]}$$

여기서 상태 s와 행동 a는 정해져 있습니다. 그렇다면 다음 상태 s'로의 전이 확률은 $p(s' \mid s, a)$이고 보상은 $r(s, a, s')$ 함수에 의해 주어집니다. 이 점을 고려하면 [식 3.12]는 다음과 같이 전개를 이어갈 수 있습니다.

$$
\begin{aligned}
q_\pi(s,a) &= \mathbb{E}_\pi[R_t + \gamma G_{t+1} \mid S_t = s,\, A_t = a] \\
&= \mathbb{E}_\pi[R_t \mid S_t = s,\, A_t = a] + \gamma \mathbb{E}_\pi[G_{t+1} \mid S_t = s,\, A_t = a] \\
&= \sum_{s'} p(s' \mid s,a) r(s,a,s') + \gamma \sum_{s'} p(s' \mid s,a) \mathbb{E}_\pi[G_{t+1} \mid S_{t+1} = s'] \\
&= \sum_{s'} p(s' \mid s,a) \{ r(s,a,s') + \gamma \mathbb{E}_\pi[G_{t+1} \mid S_{t+1} = s'] \} \\
&= \sum_{s'} p(s' \mid s,a) \{ r(s,a,s') + \gamma v_\pi(s') \} \qquad\qquad \text{[식 3.13]}
\end{aligned}
$$

여기서는 식을 한 번에 변형했지만 3.1절에서 진행한 방식과 같습니다(식 전개가 잘 이해되지 않으면 3.1절을 참고하면서 한 단계씩 도전해보세요). 또한 [식 3.11]을 이용하면 상태 가치 함수 $v_\pi(s')$는 Q 함수를 사용하여 다음처럼 쓸 수 있습니다.

$$
q_\pi(s,a) = \sum_{s'} p(s' \mid s,a) \left\{ r(s,a,s') + \gamma \sum_{a'} \pi(a' \mid s') q_\pi(s',a') \right\} \qquad \text{[식 3.14]}
$$

[식 3.14]의 a'는 시간 $t + 1$에서의 행동입니다. 이 [식 3.14]가 바로 행동 가치 함수(Q 함수)를 이용한 벨만 방정식입니다.

3.4 벨만 최적 방정식

벨만 방정식은 어떤 정책 π에 대해 성립하는 방정식입니다. 하지만 우리가 궁극적으로 찾으려는 것은 최적 정책입니다. 최적 정책이란 모든 상태에서 상태 가치 함수가 최대인 정책입니다. 물론 최적 정책도 벨만 방정식을 만족합니다. 게다가 정책이 '최적이다'라는 성질을 이용하면 벨만 방정식을 더 간단하게 표현할 수 있습니다. 이번 절에서는 최적 정책에 대해 성립하는 방정식, 즉 **벨만 최적 방정식**bellman optimality equation에 대해 알아보겠습니다.

3.4.1 상태 가치 함수의 벨만 최적 방정식

먼저 벨만 방정식부터 시작하겠습니다. 앞서 다음과 같은 식을 확인했습니다.

$$v_\pi(s) = \sum_{a,s'} \pi(a \mid s) p(s' \mid s,a) \{r(s,a,s') + \gamma v_\pi(s')\}$$

$$= \sum_{a} \pi(a \mid s) \sum_{s'} p(s' \mid s,a) \{r(s,a,s') + \gamma v_\pi(s')\} \qquad \text{[식 3.7]}$$

이번에도 식 전개를 감안하여 $\sum\limits_{a,s'}$를 $\sum\limits_{a}$와 $\sum\limits_{s'}$로 분리했습니다. 벨만 방정식은 어떠한 정책에서도 성립합니다. 따라서 최적 정책을 $\pi_*(a \mid s)$라고 하면 다음과 같은 벨만 방정식이 성립합니다.

$$v_*(s) = \sum_{a} \pi_*(a \mid s) \sum_{s'} p(s' \mid s,a) \{r(s,a,s') + \gamma v_*(s')\} \qquad \text{[식 3.15]}$$

이 식에서 최적 정책의 가치 함수는 $v_*(s)$입니다. 이제 우리가 고민하고 싶은 문제는 최적 정책 $\pi_*(a \mid s)$에 의해 선택되는 행동 a입니다. 최적 정책 $\pi_*(a \mid s)$는 어떤 행동을 선택할까요? [그림 3-12]의 예를 보며 생각해봅시다.

그림 3-12 세 가지 행동 중 어떤 행동을 선택할까?

$$v_*(s) = \sum_{a} \pi_*(a \mid s) \boxed{\sum_{s'} p(s' \mid s,a) \{r(s,a,s') + \gamma v_*(s')\}}$$

$$= \begin{cases} -2 & (a_1) \\ 0 & (a_2) \\ 4 & (a_3) \end{cases}$$

그림에서는 세 개의 행동 후보 $\{a_1, a_2, a_3\}$이 있고 $\sum\limits_{s'} p(s' \mid s,a)\{r(s,a,s') + \gamma v_*(s')\}$의 값이 각각 −2, 0, 4라고 가정합니다. 이때 어떤 확률 분포로 행동을 선택해야 할까요?

물론 최적 정책이기 때문에 값이 최대인 행동 a_3을 100% 확률로 선택해야 합니다. 결정적 정책인 셈이죠. 따라서 확률적 정책 $\pi_*(a \mid s)$는 결정적 정책 $\mu_*(s)$로 나타낼 수 있습니다. 그리고 항상 a_3을 선택하기 때문에 $v_*(s)$의 값은 4가 됩니다.

이 예에서 최적 정책은 $\sum\limits_{s'} p(s' \mid s,a)\{r(s,a,s') + \gamma v_*(s')\}$ 의 값이 가장 큰 행동을 선택하고 그 최댓값이 그대로 $v_*(s)$가 됨을 알 수 있습니다. 수식으로 표현하면 다음과 같습니다.

$$v_*(s) = \max_a \sum_{s'} p(s' \mid s,a)\{r(s,a,s') + \gamma v_*(s')\}$$ [식 3.16]

이 식과 같이 최댓값은 max 연산자를 사용하여 표현할 수 있습니다. 그리고 [식 3.16]이 바로 벨만 최적 방정식입니다.

> **NOTE_** max는 값이 가장 큰 원소를 하나 선택하는 연산자입니다. 예를 들어 원소가 4개인 집합 $x = \{1, 2, 3, 4\}$가 있다고 해보죠. 이 집합에 대해 함수 $g(x) = x^2$의 최댓값을 구하는 식은 다음과 같이 작성합니다.
>
> $$\max_x g(x) = 16$$
>
> 함수 $g(x)$는 $x = 4$일 때 $g(x) = x^2 = 16$이 되어 값이 가장 큽니다. 이 계산을 max 연산자를 이용하여 이와 같이 나타낼 수 있습니다.

3.4.2 행동 가치 함수의 벨만 최적 방정식

행동 가치 함수(Q 함수)에 대해서도 마찬가지로 벨만 최적 방정식을 구할 수 있습니다. 지금까지와 같은 흐름으로 Q 함수의 벨만 최적 방정식도 구해보겠습니다.

> **NOTE_** 최적 정책에서의 행동 가치 함수를 **최적 행동 가치 함수**optimal action-value function라고 합니다. 이 책에서는 최적 행동 가치 함수를 q_*로 표기합니다.

먼저 Q 함수의 벨만 방정식을 봅시다.

$$q_\pi(s,a) = \sum_{s'} p(s' \mid s,a)\left\{ r(s,a,s') + \gamma \sum_{a'} \pi(a' \mid s') q_\pi(s',a') \right\}$$

이 벨만 방정식은 모든 정책 π에 성립합니다. 물론 최적 정책 π_*에도 성립하므로 최적 정책 π_*를 대입할 수 있습니다.

$$q_*(s,a) = \sum_{s'} p(s'\,|\,s,a)\left\{r(s,a,s') + \gamma \sum_{a'} \pi_*(a'\,|\,s')q_*(s',a')\right\}$$ [식 3.17]

다음 전개는 3.4.1절에서 설명한 것과 같습니다. 여기서 π_*는 최적 정책이므로 max 연산자로 단순화할 수 있습니다. 즉 $\sum_{a'} \pi_*(a'\,|\,s') \cdots$ 부분을 $\max_{a'} \cdots$로 바꿀 수 있습니다. 따라서 다음 식이 성립합니다.

$$q_*(s,a) = \sum_{s'} p(s'|s,a)\left\{r(s,a,s') + \gamma \max_{a'} q_*(s',a')\right\}$$ [식 3.18]

[식 3.18]이 바로 Q 함수에 대한 벨만 최적 방정식입니다.

> NOTE_ MDP에서는 결정적 최적 정책이 하나 이상 존재합니다. 결정적 정책이란 특정 상태에서는 반드시 특정 행동을 선택하는 정책입니다. 따라서 최적 정책은 $\mu_*(s)$와 같이 함수로 나타낼 수 있습니다. 또한 문제에 따라 최적 정책이 여러 개일 수도 있지만, 그 가치 함수들의 값은 모두 같습니다(모두가 최적이므로). 따라서 최적 정책의 가치 함수는 $v_*(s)$라는 하나의 기호로 나타낼 수 있습니다. 마찬가지로 최적 정책의 Q 함수도 $q_*(s,a)$로 하나만 존재합니다.

3.5 벨만 최적 방정식의 예

이번 절에서는 [그림 3-13]의 '두 칸짜리 그리드 월드'를 다시 한번 다뤄보겠습니다. 보상은 에이전트가 $L1$에서 $L2$로 이동할 때 +1, 벽에 부딪히면 −1입니다. 사과는 몇 번이고 다시 생성됩니다.

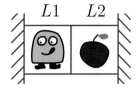

그림 3-13 두 칸짜리 그리드 월드

3.5.1 벨만 최적 방정식 적용

우리의 목표는 두 칸짜리 그리드 월드 문제에 벨만 최적 방정식을 적용하는 것입니다. 앞서 살펴본 바와 같이 벨만 최적 방정식은 [식 3.16]처럼 나타낼 수 있습니다.

$$v_*(s) = \max_a \sum_{s'} p(s' \mid s, a) \{ r(s, a, s') + \gamma v_*(s') \} \qquad \text{[식 3.16]}$$

또한 상태 전이가 결정적이라면 다음과 같이 단순화할 수 있습니다.

$$s' = f(s, a)\text{일 때}$$
$$v_*(s) = \max_a \{ r(s, a, s') + \gamma v_*(s') \} \qquad \text{[식 3.19]}$$

이렇게 단순화할 수 있는 이유는 다음 식이 성립하기 때문입니다.

- $s' = f(s, a)$일 때 $p(s' \mid s, a) = 1$
- $s' \neq f(s, a)$일 때 $p(s' \mid s, a) = 0$

따라서 [식 3.16]에서 $s' = f(s, a)$인 항만 남았습니다.

이제 두 칸짜리 그리드 월드에 [식 3.19]의 벨만 최적 방정식을 적용합니다. 참고로 상태 $L1$과 $L2$를 시작 위치로 한 백업 다이어그램(다음 단계의 백업 다이어그램)은 [그림 3-14]와 같습니다.

그림 3-14 상태 $L1$과 $L2$를 시작점으로 한 백업 다이어그램

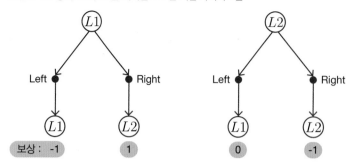

[그림 3-14]를 참고하여 할인율이 0.9일 때의 벨만 최적 방정식은 다음과 같이 구할 수 있습니다.

$$v_*(L1) = \max \begin{Bmatrix} -1 + 0.9v_*(L1), \\ 1 + 0.9v_*(L2) \end{Bmatrix}$$

$$v_*(L1) = \max \begin{Bmatrix} 0.9v_*(L1), \\ -1 + 0.9v_*(L2) \end{Bmatrix}$$

여기서 $\max\{...\}$는 max 연산자를 뜻합니다. 예를 들어 $\max\{a, b\}$는 a와 b 중 큰 값을 반환합니다. 이번에도 변수가 $v_*(L1)$과 $v_*(L2)$ 두 개이고 방정식도 두 개입니다. 이 연립방정식으로 $v_*(L1)$과 $v_*(L2)$를 구할 수 있습니다. 참고로 정답은 다음과 같습니다.

$$v_*(L1) = 5.26$$

$$v_*(L2) = 4.73$$

> **CAUTION _** 앞의 연립방정식에서 max 연산을 하고 있는데, max는 비선형 연산입니다. 따라서 이 연립방정식을 푸는 알고리즘은 '선형 방정식 계산기'로는 풀 수 없지만 '비선형 방정식 계산기'를 사용하면 풀 수 있습니다. 물론 이번처럼 단순한 문제라면 직접 계산할 수도 있습니다.

두 칸짜리 그리드 월드처럼 단순한 문제라면 벨만 최적 방정식을 직접 손으로 계산하여 풀 수도 있습니다. 하지만 우리가 궁극적으로 알고 싶은 것은 최적 정책입니다. 바로 이어서 최적 정책에 대해 알아보겠습니다.

3.5.2 최적 정책 구하기

최적 행동 가치 함수 $q_*(s, a)$를 알고 있다고 가정합시다. 그렇다면 상태 s에서의 최적 행동은 다음과 같이 구할 수 있습니다.

$$\mu_*(s) = \underset{a}{\mathrm{argmax}}\ q_*(s, a) \qquad \text{[식 3.20]}$$

argmax는 (최댓값이 아니라) 최댓값을 만들어내는 인수(이번에는 행동 a)를 반환합니다. 이 식과 같이 최적 행동 가치 함수를 알고 있는 경우, 함수의 값이 최대가 되는 행동을 선택하면 됩니다. 그 행동을 선택하는 것이 바로 최적 정책인 것입니다.

또한 3.3절에서는 다음 식이 성립함을 보여줬습니다.

$$q_\pi(s, a) = \sum_{s'} p(s' \mid s, a)\{r(s, a, s') + \gamma v_\pi(s')\} \qquad \text{[식 3.13]}$$

이 식의 q_π와 v_π에서 정책의 첨자 π를 최적 정책인 첨자 *로 대체할 수 있습니다. 그리고 [식 3.20]에 대입하면 다음 식이 만들어집니다.

$$\mu_*(s) = \underset{a}{\mathrm{argmax}} \sum_{s'} p(s' \mid s, a)\{r(s, a, s') + \gamma v_*(s')\} \qquad \text{[식 3.21]}$$

[식 3.21]과 같이 최적 상태 가치 함수 $v_*(s)$를 사용하여 최적 정책 $\mu_*(s)$를 얻을 수 있습니다.

> NOTE_ [식 3.20]과 [식 3.21]은 '탐욕 정책'이라고도 할 수 있습니다. 탐욕 정책은 국소적인 후보 중에서 최선의 행동을 찾습니다. 이번처럼 벨만 최적 방정식에서는 현재 상태(s)와 다음 상태(s')만이 관련 있으며, 단순히 다음 상태만을 고려하여 가치가 가장 큰 행동을 선택합니다.

이제 [식 3.21]을 이용하여 두 칸짜리 그리드 월드 문제의 최적 정책을 찾아보죠. 우리는 앞서 이 문제에서의 최적 상태 가치 함수인 $v_*(L1)$과 $v_*(L2)$를 구한 바 있습니다. 여기서는 [그림 3-15]를 참고하여 먼저 상태 $L1$에서의 최적 행동을 구해봅니다.

그림 3-15 백업 다이어그램과 최적 상태 가치 함수

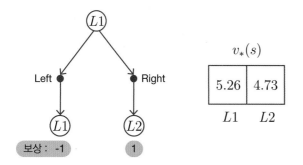

그림에서 보듯 취할 수 있는 행동은 Left와 Right 두 가지입니다. Left를 선택하면 상태 $L1$로 전이하여 보상 −1을 얻습니다. 그러면 [식 3.21]의 $\sum_{s'} p(s' \mid s, a)\{r(s, a, s') + \gamma v_*(s')\}$ 부분의 값은 다음과 같습니다(0.9는 할인율).

$$-1 + 0.9v_*(L1) = -1 + 0.9 * 5.26 = 3.734$$

한편, 행동 Right를 선택하면 상태 $L2$로 전이하여 보상 1을 얻습니다. 이 경우의 값은 다음과 같습니다.

$$1 + 0.9v_*(L2) = 1 + 0.9 * 4.73 = 5.257$$

따라서 값이 더 큰 행동은 Right입니다. 상태 $L1$에서의 최적 행동은 Right라는 뜻입니다. 같은 방식으로 상태 $L2$에서의 최적 행동을 찾으면 Left가 나옵니다.

드디어 최적 정책을 찾았습니다. [그림 3-16]과 같이 $L1$에서는 오른쪽으로, $L2$에서는 왼쪽으로 이동하는 행동이 최적 정책입니다.

그림 3-16 두 칸짜리 그리드 월드의 최적 정책

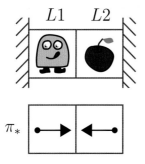

지금까지 살펴본 것처럼 최적 상태 가치 함수를 알면 최적 정책을 구할 수 있습니다.

3.6 정리

이번 장에서는 벨만 방정식을 알아보았습니다. 벨만 방정식을 도출하고 단순한 문제를 벨만 방정식을 이용하여 풀었습니다. 구체적으로는 벨만 방정식을 이용해 연립방정식을 얻고 이를 통해 가치 함수를 구할 수 있었습니다. 안타깝게도 실용적인 문제에서는 계산량이 너무 많아져서 연립방정식을 이용하는 방법은 적용할 수 없습니다. 하지만 벨만 방정식은 많은 강화 학습 알고리즘에 중요한 기초를 제공합니다.

강화 학습의 궁극적인 목표는 최적 정책 찾기입니다. 이번 장에서는 벨만 최적 방정식에 대해서도 배웠습니다. 벨만 최적 방정식은 최적 정책에서 성립하는 특별한 벨만 방정식입니다. 최적 정책의 가치 함수를 구할 수 있다면 쉽게 최적 정책을 찾을 수 있습니다.

마지막으로 이번 장에서 배운 중요한 식들을 정리해봅니다.

벨만 방정식

$$v_{\pi}(s) = \sum_{a,s'} \pi(a \mid s)\, p(s' \mid s, a)\{r(s, a, s') + \gamma v_{\pi}(s')\}$$

$$q_{\pi}(s, a) = \sum_{s'} p(s' \mid s, a)\left\{r(s, a, s') + \gamma \sum_{a'} \pi(a' \mid s')\, q_{\pi}(s', a')\right\}$$

벨만 최적 방정식

$$v_*(s) = \max_a \sum_{s'} p(s' \mid s, a)\{r(s, a, s') + \gamma v_*(s')\}$$

$$q_*(s, a) = \sum_{s'} p(s' \mid s, a)\{r(s, a, s') + \gamma \max_{a'} q_*(s', a')\}$$

최적 정책

$$\mu_*(s) = \underset{a}{\mathrm{argmax}}\ q_*(s, a)$$

$$= \underset{a}{\mathrm{argmax}} \sum_{s'} p(s' \mid s, a)\{r(s, a, s') + \gamma v_*(s')\}$$

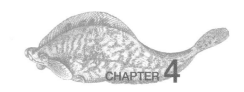

## CHAPTER 4

동적 프로그래밍

이전 장에서는 벨만 방정식에 대해 배웠습니다. 벨만 방정식을 이용하면 연립방정식을 얻을 수 있고, 그 연립방정식을 풀 수 있다면 가치 함수를 구할 수 있습니다. 이 흐름을 그림으로 표현해보죠.

그림 4-1 벨만 방정식을 이용하여 가치 함수를 구하는 흐름

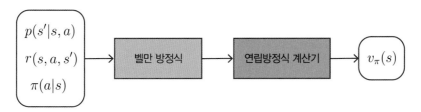

이와 같이 상태 전이 확률 $p(s'|s, a)$, 보상 함수 $r(s, a, s')$, 정책 $\pi(a|s)$라는 세 가지 정보가 있다면 벨만 방정식을 이용해 연립방정식을 구할 수 있습니다. 그리고 연립방정식을 푸는 프로그램(연립방정식 계산기)을 사용하여 가치 함수를 구할 수 있습니다. 하지만 연립방정식을 직접 푸는 방식은 간단한 문제에서만 의미가 있습니다. 상태와 행동 패턴의 수가 조금만 많아져도 감당할 수 없게 되죠. 그래서 등장한 것이 바로 **동적 프로그래밍**^{Dynamic Programming}(DP) 혹은 **동적 계획법**입니다. 동적 프로그래밍을 이용하면 상태와 행동의 수가 어느 정도 많아져도 가치 함수를 구할 수 있습니다. 지금부터 동적 프로그래밍을 파헤쳐봅시다.

4.1 동적 프로그래밍과 정책 평가

강화 학습 문제에서는 종종 두 가지 문제를 해결해야 합니다. 바로 정책 평가와 정책 제어입니다. **정책 평가**^{policy evaluation}는 정책 π가 주어졌을 때 그 정책의 가치 함수 $v_\pi(s)$ 또는 $q_\pi(s, a)$를 구하는 문제입니다. **정책 제어**^{policy control}는 정책을 조정하여 최적 정책을 만들어내는 것을 말합니다.

물론 강화 학습의 궁극적인 목표는 정책 제어입니다. 하지만 첫 목표로 정책 평가부터 정복하는 경우가 많습니다. 대부분 문제에서 최적 정책을 직접 구하기는 매우 어렵기 때문이죠. 그래서 이번 절에서는 동적 프로그래밍 알고리즘을 이용한 정책 평가 방법을 살펴보겠습니다.

4.1.1 동적 프로그래밍 기초

복습부터 시작하겠습니다. 앞에서 가치 함수를 다음과 같이 정의했습니다.

$$v_\pi(s) = \mathbb{E}_\pi[R_t + \gamma R_{t+1} + \gamma^2 R_{t+2} + \cdots \mid S_t = s]$$

이렇게 무한대가 포함되어 있는 식은 일반적으로 계산할 수 없습니다. 하지만 무한대에서 탈출하는 비법이 있으니, 바로 벨만 방정식입니다(식 4.1).

$$v_\pi(s) = \sum_{a,s'} \pi(a \mid s) p(s' \mid s, a) \{r(s, a, s') + \gamma v_\pi(s')\}$$ [식 4.1]

벨만 방정식은 [식 4.1]과 같이 '현재 상태 s의 가치 함수 $v_\pi(s)$'와 '다음 상태 s'의 가치 함수 $v_\pi(s')$'의 관계를 나타냅니다. 벨만 방정식은 많은 강화 학습 알고리즘에 중요한 기초를 제공합니다. DP를 사용한 방법도 벨만 방정식에서 파생되죠. 바로 벨만 방정식을 '갱신식'으로 변형하는 것입니다. 수식은 다음과 같습니다.

$$V_{k+1}(s) = \sum_{a,s'} \pi(a \mid s) p(s' \mid s, a) \{r(s, a, s') + \gamma V_k(s')\}$$ [식 4.2]

$V_{k+1}(s)$는 $k + 1$번째로 갱신된 가치 함수를 뜻하며 k번째로 갱신된 가치 함수는 $V_k(s)$로 표기합니다. 이때 $V_{k+1}(s)$와 $V_k(s)$는 '추정치'라서 실제 가치 함수인 $v(s)$와 다릅니다. 그래서 대문자 V로 표기합니다.

[식 4.2]의 특징은 '다음 상태의 가치 함수 $V_k(s')$'를 이용하여 '지금 상태의 가치 함수 $V_{k+1}(s)$'를 갱신한다는 점입니다. 그리고 이 식은 '추정치 $V_k(s')$'를 사용하여 '또 다른 추정치 $V_{k+1}(s)$'를 개선합니다. 이처럼 추정치를 사용하여 추정치를 개선하는 과정을 **부트스트래핑**bootstrapping이라고 부릅니다.

> **NOTE_** 부트스트랩은 신발(boot)을 신을 때 손가락으로 잡아당기는, 신발 뒤쪽에 달려 있는 고리 모양의 끈(strap)을 가리킵니다. 여기서 유래하여 다른 사람의 도움 없이 스스로 개선하는 과정을 뜻하는 의미로 쓰이고 있습니다.

이제 DP를 이용한 구체적인 알고리즘을 설명하겠습니다. 먼저 $V_0(s)$의 초깃값을 설정합니다. 예를 들어 모든 상태에서 $V_0(s) = 0$으로 초기화합니다. 그리고 [식 4.2]를 이용하여 $V_0(s)$에서 $V_1(s)$로 갱신합니다. 이어서 $V_1(s)$를 기반으로 $V_2(s)$로 갱신합니다. 이 일을 반복하다 보면 최종 목표인 $V_\pi(s)$에 가까워집니다. 이 알고리즘을 **반복적 정책 평가**iterative policy evaluation라고 합니다.

반복적 정책 평가 알고리즘을 실제 문제에 적용하려면 반복되는 갱신을 언젠가는 멈춰야 합니다. 이때 갱신 횟수를 결정하는 기준으로 갱신된 양을 이용할 수 있습니다. 이에 관한 예는 바로 뒤에서 설명할 것입니다. [식 4.2]에 따른 갱신을 반복하면 $V_\pi(s)$에 수렴한다는 사실은 이미 증명되었습니다. 몇 가지 조건만 만족하면 됩니다. 자세한 내용은 다른 문헌[5]을 참고하기 바랍니다.

> **NOTE_** 동적 프로그래밍(DP)은 특정한 성격을 지닌 알고리즘들의 총칭입니다. 대상 문제를 작은 문제로 나누어 답을 구하는 기법 전반을 말하죠. DP의 핵심은 '같은 계산을 두 번 하지 않는 것'입니다. 구현하는 방법에는 하향식top-down과 상향식bottom-up이 있습니다(하향식 방법은 메모이제이션memoization이라고도 합니다). 앞서 설명한 $V_0(s)$, $V_1(s)$… 식으로 한 단계씩 증가하며 가치 함수를 갱신하는 방식은 상향식 방법입니다.

4.1.2 반복적 정책 평가_첫 번째 구현

'두 칸짜리 그리드 월드'를 예로 들어 반복적 정책 평가 알고리즘의 흐름을 살펴보겠습니다. [그림 4-2]의 문제를 생각해봅시다.

그림 4-2 두 칸짜리 그리드 월드(L1에서 L2로 이동하면 +1 보상, 벽에 부딪히면 -1 보상)

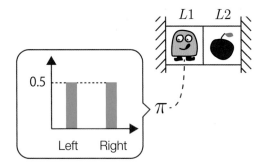

그림에서와 같이 에이전트는 무작위 정책 π에 따라 행동합니다(왼쪽과 오른쪽으로 이동할 확률이 각각 0.5). 참고로 이 문제에서 상태 전이는 결정적입니다. 즉 어떤 상태 s에서 행동 a를 수행하면 다음 상태 s'는 한 가지로 귀결됩니다. 수식에서는 다음 상태 s'가 함수 $f(s, a)$에 의해 고유하게 결정된다고 가정합니다. 그렇다면 가치 함수 갱신식인 [식 4.2]를 다음과 같이 단순화할 수 있습니다.

그림 4-3 상태 전이가 결정적인 경우의 갱신식

$$V_{k+1}(s) = \sum_{a,s'} \pi(a|s)p(s'|s,a)\left\{r(s,a,s') + \gamma V_k(s')\right\} \quad \text{[식 4.2]}$$

↓ $\sum$를 둘로 구분하여 표기

$$V_{k+1}(s) = \sum_{a} \pi(a|s) \sum_{s'} p(s'|s,a)\left\{r(s,a,s') + \gamma V_k(s')\right\}$$

↓ 상태 전이가 결정적

$$s' = f(s, a) \text{ 일 때}$$
$$V_{k+1}(s) = \sum_{a} \pi(a|s)\left\{r(s,a,s') + \gamma V_k(s')\right\} \quad \text{[식 4.3]}$$

먼저, [식 4.2]의 $\sum\limits_{a,s'}$를 $\sum\limits_{a}$와 $\sum\limits_{s'}$로 나누어 썼습니다. 이어서, 상태 전이가 결정적이기 때문에 식을 더욱 단순화했습니다. 이번 문제에서는 다음 상태 s'가 고유하게 결정되므로 $\sum\limits_{s'}$처럼 모든 상태에 대한 합을 구할 필요 없이 하나의 s'에 대해서만 계산하면 됩니다. 이를 표현한 것이 [식 4.3]입니다. 이번 문제에서는 [식 4.3]에 따라 가치 함수를 갱신해보겠습니다.

이제 정책 π의 가치 함수를 반복적 정책 평가 알고리즘으로 구해보겠습니다. 우선 초깃값으로 $V_0(s)$를 0으로 설정합니다. 두 칸짜리 그리드 월드에서 상태는 두 개뿐이므로 다음과 같이 나타냅니다.

$$V_0(L1) = 0$$
$$V_0(L2) = 0$$

이어서 [식 4.3]에 따라 $V_0(s)$를 갱신합니다. [그림 4-4]의 백업 다이어그램을 보면 쉽게 이해될 것입니다.

그림 4-4 상태 $L1$부터 시작하는 백업 다이어그램

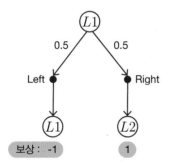

그림과 같이 두 갈래 길로 나뉩니다. 하나는 0.5의 확률로 왼쪽으로 가는 행동을 선택해 −1의 보상을 받고 상태는 $L1$로 유지됩니다. 여기에 할인율 γ를 0.9로 가정하고 [식 4.3]에 대입하면 다음과 같습니다.

$$0.5\{-1 + 0.9\,V_0(L1)\}$$

[그림 4-4]의 또 다른 가능성은 상태 $L1$에서 오른쪽으로 가는 행동을 선택한 경우입니다. 보상으로 1을 받고 상태 $L2$로 이동합니다. 이를 [식 4.3]에 대입해보죠.

$$0.5\{1+0.9\,V_0(L2)\}$$

이상으로부터 $V_1(L1)$은 다음과 같이 구할 수 있습니다.

$$V_1(L1) = 0.5\{-1+0.9\,V_0(L1)\}+0.5\{1+0.9\,V_0(L2)\}$$
$$= 0.5(-1+0.9\cdot0)+0.5(1+0.9\cdot0)$$
$$=0$$

같은 방법으로 $V_1(L2)$도 계산할 수 있습니다. 식은 다음과 같습니다.

$$V_1(L2) = 0.5\{0+0.9\,V_0(L1)\}+0.5\{-1+0.9\,V_0(L2)\}$$
$$= 0.5(0+0.9\cdot0)+0.5(-1+0.9\cdot0)$$
$$=-0.5$$

이것으로 모든 상태에 대한 가치 함수 갱신이 끝났습니다(이번 문제는 상태가 총 2개뿐입니다). 결과를 정리하면 [그림 4-5]와 같습니다.

그림 4-5 가치 함수 1차 갱신

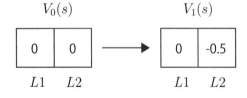

그림과 같이 $V_0(s)$를 $V_1(s)$로 갱신했습니다. 이제부터는 같은 과정을 반복하면 됩니다. $V_1(s)$에서 $V_2(s)$를 계산하고, $V_2(s)$에서 $V_3(s)$를 계산하는 식으로 반복합니다.

이제 이 계산을 파이썬으로 구현해봅시다. 코드는 다음과 같습니다.

```
V = {'L1': 0.0, 'L2': 0.0}
new_V = V.copy()  # V의 복사본

for _ in range(100):
    new_V['L1'] = 0.5 * (-1 + 0.9 * V['L1']) + 0.5 * (1 + 0.9 * V['L2'])
    new_V['L2'] = 0.5 * (0 + 0.9 * V['L1']) + 0.5 * (-1 + 0.9 * V['L2'])
    V = new_V.copy()
    print(V)
```

출력 결과

```
{'L1': 0.0, 'L2': -0.5}
{'L1': -0.22499999999999998, 'L2': -0.725}
{'L1': -0.42749999999999994, 'L2': -0.9274999999999999}
...
{'L1': -2.2499335965027827, 'L2': -2.7499335965027827}
```

이번 문제는 상태가 두 개뿐이라 각 상태의 가치 함수를 딕셔너리에 보관했습니다. 그리고 현재 상태의 가치 함수를 V, 새로 갱신할 가치 함수를 new_V라고 했습니다. 이 코드를 실행하면 V가 갱신되는 과정을 확인할 수 있습니다. 참고로 실제 가치 함수의 값은 [−2.25, −2.75]입니다. 앞의 결과를 보면 100번째 갱신 시점(출력 결과의 마지막 줄)에서 거의 같은 값으로 수렴하는 모습을 볼 수 있습니다.

> NOTE_ 지금 코드에서는 new_V = V.copy()와 V = new_V.copy()처럼 딕셔너리를 복사해 이용했습니다. 이렇게 하면 new_V는 V와는 별개의 객체로 만들어집니다. 별개의 객체이므로 new_V의 원소를 갱신해도 V의 원소에는 영향을 주지 않습니다.

앞 코드에서는 갱신을 정해진 횟수만큼(100회) 진행했습니다. 이번에는 임곗값을 설정하여 갱신 횟수를 자동으로 결정해보겠습니다.

ch04/dp.py

```
V = {'L1': 0.0, 'L2': 0.0}
new_V = V.copy()

cnt = 0  # 갱신 횟수 기록
while True:
```

```python
    new_V['L1'] = 0.5 * (-1 + 0.9 * V['L1']) + 0.5 * (1 + 0.9 * V['L2'])
    new_V['L2'] = 0.5 * (0 + 0.9 * V['L1']) + 0.5 * (-1 + 0.9 * V['L2'])

    # 갱신된 양의 최댓값
    delta = abs(new_V['L1'] - V['L1'])
    delta = max(delta, abs(new_V['L2'] - V['L2']))

    V = new_V.copy()

    cnt += 1
    if delta < 0.0001:  # 임곗값 = 0.0001
        print(V)
        print('갱신 횟수:', cnt)
        break
```

출력 결과

```
{'L1': -2.249167525908671, 'L2': -2.749167525908671}
갱신 횟수: 76
```

임곗값을 0.0001로 설정하고 갱신된 양의 최댓값이 임곗값 밑으로 떨어질 때까지 순환문을 반복합니다. 갱신된 양의 최댓값은 new_V와 V에서 대응하는 원소들 간 차이의 절댓값으로 구합니다. 이번에는 원소가 두 개이므로 두 원소의 차이의 절댓값 중 큰 값을 선택합니다. 그 값이 delta입니다. delta가 임곗값보다 작아지면 갱신을 중단합니다.

출력 결과를 보면 76회 갱신한 끝에 가치 함수의 값이 정답에 근접해졌습니다.

4.1.3 반복적 정책 평가_다른 구현 방법

4.1.2절에서는 반복적 정책 평가 알고리즘을 구현하기 위해 두 개의 딕셔너리를 사용했습니다. 하나는 현재의 가치 함수를 보관하는 V, 다른 하나는 갱신 시 사용하는 new_V입니다. 이 두 딕셔너리를 사용하여 [그림 4-6]과 같이 가치 함수를 갱신했습니다.

그림 4-6 4.1.2절의 갱신 방법

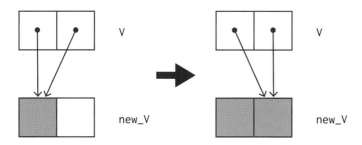

[그림 4-6]에서 주목할 점은 new_V의 각 원소를 계산할 때 V라는 딕셔너리의 값을 사용하고 있다는 점입니다. 다르게 구현할 수도 있습니다. 바로 딕셔너리를 하나만 쓰고 각 원소를 '덮어 쓰는' 방법입니다. 그림으로 표현하면 다음과 같습니다.

그림 4-7 새로운 갱신 방식

새로운 방식에서는 V 하나만 사용하여 각 원소를 덮어씁니다. 이를 '덮어쓰기 방식'이라고 부르 겠습니다.

> NOTE_ 두 방식 모두 무한히 반복하면 올바른 값으로 수렴합니다. 다만 '덮어쓰기 방식'이 대체로 더 빠릅니 다. 갱신한 원소를 곧바로 재활용하기 때문입니다. 예를 들어 [그림 4–7]에서는 왼쪽의 '이미 갱신된 값'을 바 로 사용하여 오른쪽 원소를 갱신합니다.

이제 DP를 '덮어쓰기 방식'으로 구현해봅시나.

```
V = {'L1': 0.0, 'L2': 0.0}              ch04/dp_inplace.py

cnt = 0
while True:
```

```
    t = 0.5 * (-1 + 0.9 * V['L1']) + 0.5 * (1 + 0.9 * V['L2'])
    delta = abs(t - V['L1'])
    V['L1'] = t

    t = 0.5 * (0 + 0.9 * V['L1']) + 0.5 * (-1 + 0.9 * V['L2'])
    delta = max(delta, abs(t - V['L2']))
    V['L2'] = t

    cnt += 1
    if delta < 0.0001:
        print(V)
        print('갱신 횟수:', cnt)
        break
```

출력 결과

```
{'L1': -2.2493782177156936, 'L2': -2.7494201578106514}
갱신 횟수: 60
```

이번에는 딕셔너리 V만 사용하여 원소들을 즉시 덮어썼습니다. 결과를 보면 갱신은 60회 만에
끝났습니다. 이전 방식에서는 76회였으니 확실히 갱신 횟수가 줄었네요. 그러니 앞으로는 '덮
어쓰기 방식'으로 구현하겠습니다.

4.2 더 큰 문제를 향해

반복적 정책 평가 알고리즘을 이용하면 상태와 행동 패턴의 수가 어느 정도 많아져도 빠르게
풀 수 있습니다. 드디어 '두 칸짜리 그리드 월드'를 졸업하고 좀 더 큰 문제에 도전할 시간입니
다(물론 아직까지는 간단한 문제입니다). 이번에 준비한 문제는 [그림 4-8]과 같은 '3×4 그리
드 월드'입니다.

그림 4-8 3×4 그리드 월드

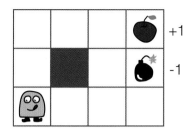

'3×4 그리드 월드'의 문제 설정은 다음과 같습니다.

- 에이전트는 상하좌우 네 방향으로 이동할 수 있다.
- [그림 4–8]에서 회색 칸은 벽을 뜻하며 벽 안으로는 들어갈 수 없다.
- 그리드 바깥도 벽으로 둘러싸여 더 이상 나아갈 수 없다.
- 벽에 부딪히면 보상은 0이다.
- 사과는 보상 +1, 폭탄은 보상 −1, 그 외의 보상은 0이다.
- 환경의 상태 전이는 고유하다(결정적). 즉, 에이전트가 오른쪽으로 이동하는 행동을 선택하면 (벽만 없다면) 반드시 오른쪽으로 이동한다.
- 이번 문제는 일회성 과제로서, 사과를 얻으면 종료한다.

이와 같은 '3×4 그리드 월드'를 GridWorld 클래스로 구현해보겠습니다.

4.2.1 GridWorld 클래스 구현

> NOTE_ 그리드 월드는 앞으로 자주 등장하므로 코드를 common 디렉터리에 넣어두었습니다.

우선 초기화 코드만 보겠습니다.

common/gridworld.py

```python
import numpy as np


class GridWorld:
    def __init__(self):
        self.action_space = [0, 1, 2, 3]  # 행동 공간(가능한 행동들)
        self.action_meaning = {  # 행동의 의미
```

```
            0: 'UP',
            1: 'DOWN',
            2: 'LEFT',
            3: 'RIGHT',
        }

        self.reward_map = np.array(  # 보상 맵(각 좌표의 보상값)
            [[0, 0, 0, 1.0],
             [0, None, 0, -1.0],
             [0, 0, 0, 0]]
        )
        self.goal_state = (0, 3)    # 목표 상태(좌표)
        self.wall_state = (1, 1)    # 벽 상태(좌표)
        self.start_state = (2, 0)   # 시작 상태(좌표)
        self.agent_state = self.start_state   # 에이전트 초기 상태(좌표)
```

GridWorld 클래스에는 인스턴스 변수가 제법 많습니다. 그중 self.action_space는 행동 공간, 즉 '가능한 행동들'을 나타냅니다. 이 코드에서 행동은 [0, 1, 2, 3]이라는 네 가지 숫자로 표현되며 각 숫자의 의미는 self.action_meaning에 정의되어 있습니다. 예를 들어 0은 위(UP), 1은 아래(DOWN)로 이동을 뜻합니다.

self.reward_map은 보상 맵입니다. 보상 맵은 각 좌표로 이동했을 때 얻는 보상의 크기를 담고 있습니다. 보상 맵은 넘파이의 2차원 배열(np.ndarray)로 만들었으므로 좌표계는 [그림 4-9]와 같습니다.

그림 4-9 보상 맵의 좌표계

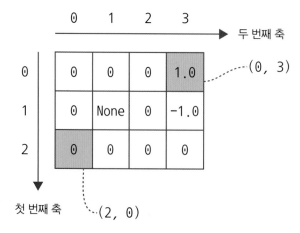

또한 이번 문제는 일회성 과제입니다. 에이전트가 목표 상태에 도달하면 문제가 끝이 난다는 뜻입니다. 목표 상태는 (0, 3)입니다. 앞의 코드에서 self.goal_state = (0, 3) 줄에서 설정했죠. 벽은 self.wall_state = (1, 1), 에이전트의 초기 위치는 self.agent_state = (2, 0)으로 설정했습니다.

이어서 GridWorld 클래스의 메서드들을 살펴보겠습니다.

common/gridworld.py

```python
class GridWorld:
    ...

    @property
    def height(self):
        return len(self.reward_map)

    @property
    def width(self):
        return len(self.reward_map[0])

    @property
    def shape(self):
        return self.reward_map.shape

    def actions(self):
        return self.action_space  # [0, 1, 2, 3]

    def states(self):
        for h in range(self.height):
            for w in range(self.width):
                yield (h, w)
```

@property 데코레이터를 사용하여 GridWorld 클래스에 유용한 인스턴스 변수를 몇 가지 구현했습니다. @property 데코레이터를 메서드 이름의 윗줄에 배치하면 해당 메서드를 인스턴스 변수로 사용할 수 있습니다. 이 코드에서는 다음과 같이 그리드 월드의 크기와 형상을 알아낼 수 있게 했습니다.

```python
env = GridWorld()

# env.height() 대신 env.height로 사용 가능
print(env.height)  # [출력 결과] 3
```

```
print(env.width)    # [출력 결과] 4
print(env.shape)    # [출력 결과] (3, 4)
```

actions()와 states()라는 메서드도 보입니다. 이 메서드들을 사용하면 모든 행동과 모든 상태에 순차적으로 접근할 수 있습니다. 다음 코드처럼 사용하면 됩니다.

```
for action in env.actions():  # 모든 행동에 순차적으로 접근
    print(action)

print('===')

for state in env.states():  # 모든 상태에 순차적으로 접근
    print(state)
```

출력 결과

```
0
1
2
3
===
(0, 0)
(0, 1)
...
(2, 3)
```

이와 같이 for문을 사용하여 모든 행동과 모든 상태에 간편하게 접근할 수 있습니다.

> **NOTE_** states() 메서드에서는 yield를 사용했습니다. yield는 return과 마찬가지로 함수의 값을 반환하지만, 함수의 실행을 잠시 멈추고 다른 일을 처리할 기회를 준다는 점에서 차이가 있습니다. 다른 일이 끝나면 멈췄던 부분부터 함수 처리를 다시 시작합니다. 이 기능 덕분에 앞의 코드처럼 for문과 같은 반복 처리와 함께 사용할 수 있습니다.

이어서 환경의 상태 전이를 나타내는 메서드인 next_state()와 보상 함수 메서드인 reward()를 구현해봅시다.

```python
class GridWorld:
    ...
    def next_state(self, state, action):
        # ❶ 이동 위치 계산
        action_move_map = [(-1, 0), (1, 0), (0, -1), (0, 1)]
        move = action_move_map[action]
        next_state = (state[0] + move[0], state[1] + move[1])
        ny, nx = next_state

        # ❷ 이동한 위치가 그리드 월드의 테두리 밖이나 벽인가?
        if nx < 0 or nx >= self.width or ny < 0 or ny >= self.height:
            next_state = state
        elif next_state == self.wall_state:
            next_state = state

        return next_state  # ❸ 다음 상태 반환

    def reward(self, state, action, next_state):
        return self.reward_map[next_state]
```

❶에서는 벽이나 그리드 월드의 테두리는 무시하고 이동 위치(다음 상태)를 계산합니다. 그런 다음 ❷에서 테두리 밖이나 벽으로 이동하지 않았는지 확인하여, 이동이 불가능하다면 현재 위치를 유지합니다(next_state = state). 또한 지금 문제에서는 상태 전이가 결정적이기 때문에 ❸에서 다음 상태를 반환합니다.

보상 함수 메서드인 reward(self, state, action, next_state)는 수식 $r(s, a, s')$의 인수에 대응하는 매개변수들을 받습니다. 하지만 이번 문제에서는 '다음 상태'만으로 보상값을 결정합니다.

이외에도 GridWorld 클래스에는 시각화용 메서드인 render_v(self, v=None, policy=None)도 있습니다. 시각화는 지금 주제가 아니므로 책에서는 사용법만 보여드리겠습니다. 다음과 같이 호출하면 [그림 4-10]과 같은 그리드 월드가 출력됩니다.

```python
env = GridWorld()
env.render_v()
```

그림 4-10 3×4 그리드 월드 시각화

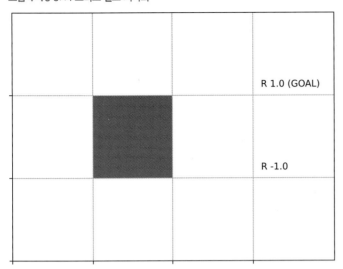

벽은 회색으로 칠해져 있습니다. 각 칸의 왼쪽 아래에는 보상값이 적혀 있습니다. 다만 보상이 0이면 아무런 값도 출력하지 않습니다.

이 render_v() 메서드는 상태 가치 함수를 매개변수로 받을 수 있습니다. 시험 삼아 더미 상태 가치 함수를 주고 그려보겠습니다.

ch04/gridworld_play.py

```python
env = GridWorld()
V = {}
for state in env.states():
    V[state] = np.random.randn()  # 더미 상태 가치 함수
env.render_v(V)
```

그림 4-11 3×4 그리드 월드 시각화(상태 가치 함수 입력)

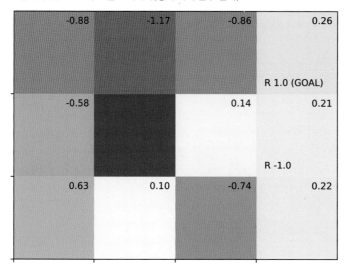

이처럼 render_v() 메서드에 가치 함수를 건네면 각 위치의 가치 함수 값이 해당 칸 오른쪽 위에 표시됩니다. 그리고 값의 크기에 따라 색을 달리 하여 그리드 월드를 히트맵 형태로 그려 줍니다. 값이 작을수록 붉은색이 짙어지고 클수록 녹색이 짙어집니다.

> NOTE_ render_v() 메서드는 정책도 받을 수 있습니다. 정책을 건네면 각 위치에서 취할 가능성이 가장 큰 행동을 화살표로 그려줍니다.

한편 행동 가치 함수(Q 함수)를 위한 시각화 함수인 render_q() 메서드도 제공합니다. render_q()의 사용법은 5.4절에서 설명합니다.

GridWorld 클래스에는 이 외에도 reset()과 step(action) 메서드가 준비되어 있습니다. reset()은 게임을 초기 상태로 되돌리는 메서드입니다. 에이전트를 시작 위치로 되돌려주는 것이죠. step(action) 메서드는 에이전트에게 action이라는 행동을 시켜 시간을 한 단계 진행시킵니다. 이 두 메서드는 에이전트를 움직일 때 사용합니다. 하지만 반복적 정책 평가 알고리즘에서는 에이전트에게 행동을 시키지 않기 때문에 이 두 메서드를 사용하지 않습니다.

다음으로 반복적 정책 평가 알고리즘을 구현합니다. 먼저 파이썬 표준 라이브러리 가운데 collections.defaultdict의 사용법을 알아보겠습니다. defaultdict를 사용하면 가치 함수와 정책을 간단하게 구현할 수 있습니다.

4.2.2 defaultdict 사용법

지금까지 가치 함수를 딕셔너리로 구현했습니다. 다음 코드처럼 말이죠.

```python
from common.gridworld import GridWorld

env = GridWorld()
V = {}

# 딕셔너리 원소 초기화
for state in env.states():
    V[state] = 0

state = (1, 2)
print(V[state])  # 상태 (1,2)의 가치 함수 출력
```

넷째 줄의 V = {} 코드에서 보듯 이 예에서는 가치 함수를 딕셔너리로 구현했습니다. 딕셔너리는 V[key] 형태로 사용하는데, 딕셔너리 안에 key가 존재하지 않으면 오류가 납니다. 따라서 앞의 코드처럼 우선 모든 원소를 초기화해야 합니다. 이 초기화의 번거로움을 덜어주는 것이 파이썬 표준 라이브러리의 defaultdict입니다. 사용법은 다음과 같습니다.

```python
from collections import defaultdict  # defaultdict 임포트
from common.gridworld import GridWorld

env = GridWorld()
V = defaultdict(lambda: 0)

state = (1, 2)
print(V[state])  # [출력 결과] 0
```

이와 같이 defaultdict(lambda: 0)으로 생성한 V는 일반 딕셔너리처럼 사용할 수 있습니다. 만약 딕셔너리에 존재하지 않는 키를 건네면 (주어진 키, 기본값) 형태의 원소를 새로 만들어 넣습니다. 기본값은 딕셔너리를 생성할 때 설정한 값입니다. 지금 예에서는 V[state] 코드가 실행되는 시점에는 state를 키로 하는 원소가 없습니다. 그래도 오류를 내지 않고 값이 0인 원소를 자동으로 만들어줍니다.

이제부터는 가치 함수 구현에 defaultdict를 사용하겠습니다. 정책 역시 defaultdict로 구현합니다.

그럼 무작위 정책을 defaultdict를 사용하여 구현해보겠습니다. '3×4 그리드 월드' 문제에서 에이전트가 취할 수 있는 행동은 네 개이며, 각 행동은 [0, 1, 2, 3]으로 표현됩니다. 이 네 개의 행동이 균일하게 무작위로 선택된다면 각 행동이 수행될 확률은 모두 0.25입니다. 따라서 행동의 확률 분포는 {0:0.25, 1:0.25, 2:0.25, 3:0.25}로 나타낼 수 있으며, 무작위 정책은 다음처럼 구현할 수 있습니다.

```
pi = defaultdict(lambda: {0: 0.25, 1: 0.25, 2: 0.25, 3: 0.25})

state = (0, 1)
print(pi[state])  # [출력 결과] {0:0.25, 1:0.25, 2:0.25, 3:0.25}
```

무작위 정책을 pi로 구현했습니다. pi는 상태가 주어지면 해당 상태에서 취할 수 있는 행동의 확률 분포를 반환합니다. 지금 예에서는 상태 (0, 1)에서의 행동 확률 분포를 출력했고, 결과는 당연하게도 모든 행동이 똑같이 0.25 확률로 선택되는 분포입니다.

4.2.3 반복적 정책 평가 구현

이제 반복적 정책 평가 알고리즘을 구현하겠습니다. 우선 갱신을 한 단계만 수행하는 함수를 구현합시다. 여기서 구현할 eval_onestep() 함수는 다음과 같이 네 개의 매개변수를 받습니다.

- pi(defaultdict): 정책
- V(defaultdict): 가치 함수
- env(GridWorld): 환경
- gamma(float): 할인율

코드를 보겠습니다.

```
                                                              ch04/policy_eval.py
def eval_onestep(pi, V, env, gamma=0.9):
    for state in env.states():  # ❶ 각 상태에 접근
        if state == env.goal_state:  # ❷ 목표 상태에서의 가치 함수는 항상 0
            V[state] = 0
            continue

        action_probs = pi[state]  # probs는 probabilities(확률)의 약자
        new_V = 0

        # ❸ 각 행동에 접근
        for action, action_prob in action_probs.items():
            next_state = env.next_state(state, action)
            r = env.reward(state, action, next_state)
            # ❹ 새로운 가치 함수
            new_V += action_prob * (r + gamma * V[next_state])

        V[state] = new_V
    return V
```

eval_onestep() 함수는 for문을 이중으로 사용하고 있습니다. 바깥 for문인 ❶에서는 모든 상태를 하나씩 추적합니다. 그림으로 표현하면 다음과 같습니다.

그림 4-12 각 상태에 순차적으로 접근하기

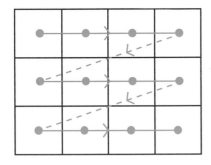

이와 같이 모든 상태에 순차적으로 접근합니다. 그리고 ❷에서 상태 state가 목표 상태이면 가치 함수를 0으로 설정합니다. 에이전트가 목표 지점에 도달하면 에피소드가 곧장 끝나고 그다음 전개는 아무것도 없기 때문입니다. 따라서 목표 상태에서의 가치 함수 값은 항상 0입니다.

❸에서는 행동의 확률 분포를 가져옵니다. 그리고 상태 전이 함수(env.next_state(state, action))로 다음 상태(next_state)를 얻습니다. 다음은 이 정보들로 반복적 정책 평가 알고리즘의 갱신식인 [식 4.3]을 계산하면 됩니다. 코드의 ❹를 [식 4.3]과 비교해보면 대응 관계가 명확하게 보입니다.

$$s' = f(s, a) \text{ 일 때}$$

$$V_{k+1}(s) = \sum_a \pi(a \mid s)\{r(s, a, s') + \gamma V_k(s')\}$$

[식 4.3]

이상의 eval_onestep() 함수로 가치 함수가 한 차례 갱신됩니다. 이제부터는 이 갱신을 반복해야 합니다. 반복을 처리하는 함수는 다음처럼 구현할 수 있습니다.

```python
def policy_eval(pi, V, env, gamma, threshold=0.001):
    while True:
        old_V = V.copy()  # 갱신 전 가치 함수
        V = eval_onestep(pi, V, env, gamma)

        # 갱신된 양의 최댓값 계산
        delta = 0
        for state in V.keys():
            t = abs(V[state] - old_V[state])
            if delta < t:
                delta = t

        # 임곗값과 비교
        if delta < threshold:
            break
    return V
```

ch04/policy_eval.py

매개변수 threshold는 갱신 시 임곗값입니다. 이 코드에서 알 수 있듯이 eval_onestep() 함수를 반복 호출하여 갱신된 양의 최댓값이 임곗값보다 작아지면 갱신을 중단합니다.

이제 지금까지 구현한 GridWorld 클래스와 policy_eval() 함수를 사용하여 정책 평가를 수행해봅시다.

```python
env = GridWorld()
gamma = 0.9  # 할인율
```

ch04/policy_eval.py

```python
pi = defaultdict(lambda: {0: 0.25, 1: 0.25, 2: 0.25, 3: 0.25})  # 정책
V = defaultdict(lambda: 0)  # 가치 함수

V = policy_eval(pi, V, env, gamma)  # 정책 평가
env.render_v(V, pi)  # 시각화
```

무작위 정책을 pi, 가치 함수를 V로 초기화했습니다. 그리고 무작위 정책을 평가하여 가치 함수를 구합니다. 이 코드를 실행하면 다음 그림을 얻을 수 있습니다.

그림 4-13 무작위 정책의 가치 함수

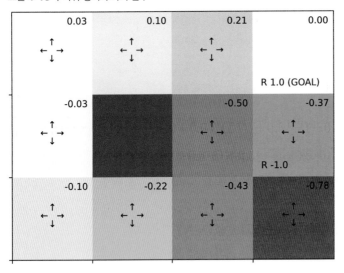

[그림 4-13]은 무작위 정책의 가치 함수를 보여줍니다. 예를 들어 시작점인 왼쪽 맨 아래 칸의 가치 함수는 −0.10입니다. 시작점에서 무작위로 움직이면 기대 수익이 −0.10이라는 뜻입니다. 에이전트가 무작위로 움직이기 때문에 폭탄을 (의도치 않게) 얻을 수도 있습니다. 값이 −0.10인 걸 보니 사과(+1)보다 폭탄(−1)을 얻을 확률이 조금 더 큽니다. 또한 맨 아래 줄과 가운데 줄은 모두 마이너스인데, 이 위치들에서는 폭탄의 영향이 더 크다는 뜻입니다.

앞의 코드를 실행하면 결과가 순식간에 나옵니다. DP를 적용하여 정책 평가의 실행 효율을 높였기 때문입니다. 그 덕분에 그리드 월드의 크기가 (어느 정도) 커져도 괜찮습니다. 하지만 아직까지는 정책 평가만을 수행했을 뿐입니다. 다음 절에서는 최적 정책을 찾는 방법을 알아보겠습니다.

4.3 정책 반복법

언제나 최종 목표는 최적 정책 찾기입니다. 벨만 최적 방정식을 만족하는 연립방정식을 푸는 방법도 있었습니다. 하지만 계산량이 너무 많았죠. 상태의 크기를 S, 행동의 크기를 A라고 한다면 A^S만큼의 계산이 필요합니다. 그래서 문제가 조금만 복잡해져도 현실적으로는 해결할 수 없게 됩니다.

> **NOTE** 벨만 최적 방정식을 직접 계산하는 방식은 비현실적인 경우가 많습니다. 그래서 첫 번째 단계로 현재의 정책을 평가합니다. 현재의 정책을 제대로 평가할 수 있다면 이를 기초로 '개선'할 수 있기 때문입니다.

앞 절에서는 DP를 사용하여 정책을 평가했습니다. '반복적 정책 평가'라는 알고리즘이었죠. 우리는 드디어 정책을 '평가'할 수 있게 되었습니다. 평가를 할 수 있게 되었으니 정책을 살짝 수정하여 더 나아지는지 '비교'하며 '개선'할 수도 있습니다. 이번 절에서는 정책을 개선하는 방법을 알아보겠습니다.

4.3.1 정책 개선

정책을 개선하는 힌트는 '최적 정책'에서 찾을 수 있습니다. 이번 절에서는 다음 기호를 사용하여 정책 개선 방법을 설명합니다.

- 최적 정책: $\mu_*(s)$
- 최적 정책의 상태 가치 함수: $v_*(s)$
- 최적 정책의 행동 가치 함수(Q 함수): $q_*(s,a)$

복습부터 시작하겠습니다. 3.5.2절에서 설명한 바와 같이 최적 정책 μ_*는 다음 식으로 표현됩니다.

$$\mu_*(s) = \underset{a}{\arg\max}\, q_*(s,a) \qquad \text{[식 4.4]}$$

$$= \underset{a}{\arg\max} \sum_{s'} p(s'\,|\,s,a)\{r(s,a,s') + \gamma v_*(s')\} \qquad \text{[식 4.5]}$$

이 식에서 최적 정책은 argmax 연산이 찾아줍니다. 이 연산은 국소적인 후보 중에서 최선의
a
행동을 선택해주죠. '국소적인' 후보 중 선택한다고 해서 [식 4.4]와 [식 4.5]가 표현하는 정책을
탐욕 정책greedy policy이라고 합니다.

> NOTE_ [식 4.5]를 통해 최적 가치 함수 v_*를 알면 최적 정책 μ_*를 구할 수 있습니다. 하지만 v_*를 알기 위해
> 서는 최적 정책 μ_*가 필요합니다. '닭과 달걀' 문제죠.

[식 4.4]는 최적 정책 μ_*에 대한 식이지만, 여기서는 '임의의 결정적 정책' μ에 [식 4.4]를 다음
과 같이 적용해봅시다.

$$\mu'(s) = \underset{a}{\mathrm{argmax}}\, q_\mu(s,a) \tag{식 4.6}$$

$$= \underset{a}{\mathrm{argmax}} \sum_{s'} p(s' \mid s,a)\{r(s,a,s') + \gamma v_\mu(s')\} \tag{식 4.7}$$

이때 각 개념을 다음 기호로 표기합니다.

- 현 상태의 정책: $\mu(s)$
- 정책 $\mu(s)$의 상태 가치 함수: $v_\mu(s)$
- 새로운 정책: $\mu'(s)$

또한 [식 4.6] 혹은 [식 4.7]에 의한 정책 갱신을 '탐욕화'라고 부르기로 합시다. 탐욕화된 정책
$\mu'(s)$에는 재미난 특징이 있습니다. 모든 상태 s에서 $\mu(s)$와 $\mu'(s)$가 같다면(정책이 그대로
라면), 정책 $\mu(s)$는 이미 최적 정책이라는 것입니다. 왜냐하면 [식 4.6]에 의해 정책이 갱신되
지 않는다면 다음 식을 만족하기 때문입니다.

$$\mu(s) = \underset{a}{\mathrm{argmax}}\, q_\mu(s,a)$$

이 식은 최적 정책이 만족하는 식 그 자체입니다. 따라서 탐욕화를 수행해도 정책이 그대로라
면, 달리 말해 모든 상태 s에서 $\mu'(s)$가 갱신되지 않는다면 $\mu(s)$는 이미 최적 정책이라는 뜻입
니다.

그렇다면 탐욕화의 결과로 정책이 갱신되는 경우는 어떤 특징이 있을까요? 정책 μ'가 정책 μ와 달라진다면 새로운 정책은 항상 기존 정책보다 개선된다는 사실이 밝혀졌습니다. 더 구체적으로 말하면, 모든 상태 s에서 $v_{\mu'}(s) \geq v_\mu(s)$가 성립합니다.

> NOTE_ 이번 절에서는 [식 4.6] 혹은 [식 4.7]에 의해 정책이 개선된다는 사실만 설명하고 증명은 생략합니다. 정책이 개선된다는 수학적 근거는 **정책 개선 정리**policy improvement theorem에 잘 나와 있습니다. 정책 개선 정리와 증명에 대해서는 다른 문헌[5]을 참고하기 바랍니다.

지금까지의 설명을 종합하면, 정책 탐욕화의 효과를 다음과 같이 정리할 수 있습니다.

- 정책이 항상 개선된다.
- 만약 정책이 개선(갱신)되지 않는다면 그 정책이 곧 최적 정책이다.

4.3.2 평가와 개선 반복

앞 절에서 탐욕화([식 4.6] 혹은 [식 4.7])로 정책을 개선할 수 있음을 알았습니다. 이번 절에서는 상태 가치 함수를 사용한 [식 4.7]을 기준으로 이야기를 진행하겠습니다. 또한 더 앞서 4.2절에서 상태 가치 함수를 평가하는 알고리즘을 구현했습니다. 이 두 가지가 최적 정책을 찾는 방법의 핵심입니다. 그 방법을 [그림 4-14]에 표현해보았습니다.

그림 4-14 정책 개선 과정

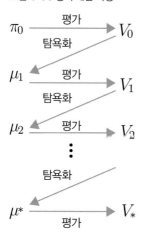

그림의 처리 과정을 글로 정리하면 다음과 같습니다.

1. 먼저 π_0이라는 정책에서 시작한다. 정책 π_0은 확률적일 수도 있으므로 $\mu_0(s)$가 아닌 $\pi_0(s|a)$로 표기한다.

2. 다음으로 정책 π_0의 가치 함수를 평가하여 V_0을 얻는다. 반복적 정책 평가 알고리즘을 이용하면 된다.

3. 그리고 가치 함수 V_0을 이용하여 탐욕화를 수행한다([식 4.7]을 적용하여 정책 갱신). 탐욕 정책은 언제나 하나의 행동을 선택하므로 결정적 정책인 μ_1을 얻을 수 있다.

4. 1~3 과정을 반복한다.

이 과정을 계속하면 탐욕화를 해도 정책이 더 이상 갱신되지 않는 지점에 도달합니다. 그때의 정책이 바로 최적 정책입니다(그리고 최적 가치 함수입니다). 이렇게 평가와 개선을 반복하는 알고리즘을 **정책 반복법**policy iteration이라고 합니다.

> NOTE_ 환경은 상태 전이 확률 $p(s'|s, a)$와 보상 함수 $r(s, a, s')$로 표현됩니다. 강화 학습에서는 이 둘을 가리켜 '환경 모델' 또는 단순히 '모델'이라고 합니다. 환경 모델이 알려져 있다면 에이전트는 아무런 행동 없이 가치 함수를 평가할 수 있습니다. 그리고 정책 반복법을 이용하면 최적 정책도 찾을 수 있습니다. 에이전트가 실제 행동을 하지 않고 최적 정책을 찾는 문제를 **계획 문제**planning problem라고 합니다. 이번 장에서 다루는 문제는 계획 문제입니다. 반면 강화 학습은 환경 모델을 알 수 없는 상황에서 수행하는 경우가 많은데, 그럴 때는 에이전트가 실제로 행동을 취해 경험 데이터를 쌓으면서 최적 정책을 찾습니다.

4.4 정책 반복법 구현

정책 반복법을 이용하여 최적 정책을 찾아봅시다. 다시 한번 [그림 4–15]의 '3×4 그리드 월드'를 풀어보겠습니다.

그림 4-15 3×4 그리드 월드

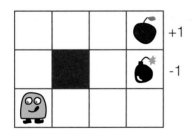

정책을 평가하는 코드는 앞에서 이미 구현했습니다. 남은 일은 '정책 개선'뿐입니다.

4.4.1 정책 개선

정책을 개선하기 위해서는 현재의 가치 함수에 대한 탐욕 정책을 구합니다. 수식으로 다음과 같이 표현할 수 있습니다.

$$\mu'(s) = \operatorname*{argmax}_{a} \sum_{s'} p(s' \mid s, a)\{r(s, a, s') + \gamma v_{\mu}(s')\}$$ [식 4.7]

또한 이번 문제에서 상태는 고유하게 전이됩니다. 즉, 결정적입니다. 따라서 탐욕화를 다음과 같이 단순화할 수 있습니다.

$$s' = f(s, a) \text{ 일 때}$$
$$\mu'(s) = \operatorname*{argmax}_{a}\{r(s, a, s') + \gamma v_{\mu}(s')\}$$ [식 4.8]

[식 4.8]과 같이 다음 상태 s'는 하나만 존재할 수 있습니다.

이제 [식 4.8]을 바탕으로 탐욕 정책을 구하는 함수를 구현하면 됩니다. 사전 준비로 argmax() 함수부터 구현하겠습니다. argmax()는 딕셔너리를 매개변수로 받아 값이 가장 큰 원소의 키를 반환합니다. 사용법부터 보겠습니다.

```python
action_values = {0: 0.1, 1: -0.3, 2: 9.9, 3: -1.3}  # 9.9가 최댓값(키는 2)

max_action = argmax(action_values)
print(max_action)
```

출력 결과

```
2
```

구현하기는 어렵지 않습니다.

ch04/policy_iter.py

```python
def argmax(d):
    max_value = max(d.values())
    max_key = 0
    for key, value in d.items():
        if value == max_value:
            max_key = key
    return max_key
```

보다시피 매우 간단한 코드입니다. 매개변수로 주어진 딕셔너리 d에서 가장 큰 값을 찾아 그 키를 반환합니다. 코드를 간소화하기 위해 최댓값이 여러 개라면 마지막 키를 반환하도록 했습니다. 따라서 언제나 하나의 키만 반환합니다.

이제 argmax() 함수를 사용하여 가치 함수를 탐욕화하는 함수를 구현하겠습니다.

ch04/policy_iter.py

```python
def greedy_policy(V, env, gamma):
    pi = {}

    for state in env.states():
        action_values = {}

        for action in env.actions():
            next_state = env.next_state(state, action)
            r = env.reward(state, action, next_state)
            value = r + gamma * V[next_state]  # ❶
            action_values[action] = value

        max_action = argmax(action_values)  # ❷
        action_probs = {0: 0, 1: 0, 2: 0, 3: 0}
        action_probs[max_action] = 1.0
        pi[state] = action_probs  # ❸
    return pi
```

greedy_policy(V, env, gamma) 함수는 가치 함수 V, 환경 env, 할인율 gamma를 매개변수로 받고, 건네진 가치 함수 V를 사용하여 탐욕화한 정책을 반환합니다.

❶에서는 각 행동을 대상으로 [식 4.8]의 $r(s, a, s') + \gamma v_\pi(s')$ 부분을 계산합니다. 그리고 ❷에서 argmax() 함수를 호출하여 가치 함수 값이 가장 큰 행동(max_action)을 찾은 다음, max_action이 선택될 확률이 1.0이 되도록(결정적이 되도록) 확률 분포를 생성합니다. 그리

고 이를 상태 state에서 취할 수 있는 행동의 확률 분포로 설정합니다. 이상이 탐욕 정책을 구현한 함수입니다.

> **CAUTION_** 탐욕 정책은 결정적인 정책을 만들어줍니다. 따라서 ❸에서 pi[state] = max_action처럼 행동을 하나만 지정할 수도 있습니다. 하지만 정책 평가를 수행하는 policy_eval(pi, …) 함수가 확률적 정책을 받도록 구현되어 있으므로 이번 코드도 확률적으로 구현했습니다.

4.4.2 평가와 개선 반복

이제 평가와 개선을 반복하는 '정책 반복법'을 구현할 준비가 되었습니다. 이번 절에서는 정책 반복법을 policy_iter(env, gamma, threshold=0.001, is_render=False)라는 함수로 구현합니다. 각 매개변수의 타입과 의미는 다음과 같습니다.

- env(Environment): 환경
- gamma(float): 할인율
- threshold(float): 정책을 평가할 때 갱신을 중지하기 위한 임곗값
- is_render(bool): 정책 평가 및 개선 과정을 렌더링할지 여부

다음은 코드입니다.

```
                                                             ch04/policy_iter.py
def policy_iter(env, gamma, threshold=0.001, is_render=False):
    pi = defaultdict(lambda: {0: 0.25, 1: 0.25, 2: 0.25, 3: 0.25})
    V = defaultdict(lambda: 0)

    while True:
        V = policy_eval(pi, V, env, gamma, threshold)   # ❶ 평가
        new_pi = greedy_policy(V, env, gamma)           # ❷ 개선

        if is_render:
            env.render_v(V, pi)

        if new_pi == pi:  # ❸ 갱신 여부 확인
            break
        pi = new_pi

    return pi
```

먼저 정책 pi와 가치 함수 V를 초기화합니다. defaultdict를 사용하여 초깃값을 부여했습니다. 정책 pi의 초깃값은 각 행동이 균등하게 선택되도록 설정했습니다.

이 코드에서 핵심은 ❶과 ❷입니다. ❶에서는 현재의 정책을 평가하여 가치 함수 V를 얻습니다. 그다음 ❷에서 V를 바탕으로 탐욕화된 정책 new_pi를 얻습니다.

❸에서는 정책이 갱신되었는지 확인합니다. 갱신되지 않았다면 벨만 최적 방정식을 만족하는 것이고, 이때의 pi(와 new_pi)가 최적 정책이라는 뜻이 됩니다. 그렇다면 while 순환문을 빠져나와 pi를 반환합니다.

이제 실제로 policy_iter() 함수를 사용하여 문제를 풀어보겠습니다.

```
env = GridWorld()                                    ch04/policy_iter.py
gamma = 0.9
pi = policy_iter(env, gamma)
```

이 코드를 실행하면 정책 반복법의 각 단계별 결과를 시각화해줍니다. 결과는 [그림 4-16]과 같습니다.

그림 4-16 처음과 마지막 가치 함수 및 정책(각 칸에 가치 함수의 값과 정책 표시)

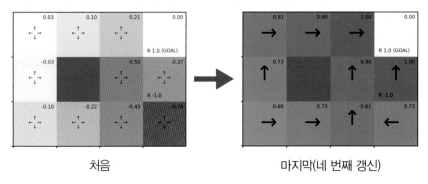

처음   마지막(네 번째 갱신)

그림에서 보듯 처음에는 무작위 정책으로 시작했고 가치 함수 값은 마이너스(빨간색)가 대부분입니다. 하지만 네 번째 갱신 후에는 목표 지점을 제외한 모든 칸에서 플러스(녹색)로 바뀝니다. 또한 진행 방향(화살표)을 보면 모든 칸에서 폭탄을 피하고 사과를 얻는 방향으로 향하고 있습니다. 이것이 최적 정책입니다.

축하합니다! 정책 반복법을 사용하여 드디어 최적 정책을 찾아냈습니다. '3×4 그리드 월드'를 완전히 정복했다는 뜻입니다.

> **CAUTION_** '3×4 그리드 월드' 문제에서 결정적 최적 정책은 두 가지가 있습니다. 하나는 물론 [그림 4-16] 에서 보여준 정책입니다. 그리고 다른 하나는 [그림 4-16]의 정책과 같지만 시작 지점(왼쪽 맨 아래 칸)에서 '위'로 이동하는 정책입니다. 시작 지점에서는 '오른쪽'과 '위' 중 어느 쪽을 선택해도 최단 시간에 골인할 수 있 습니다.

4.5 가치 반복법

앞에서는 정책 반복법을 사용하여 최적 정책을 찾았습니다. 복습해보면, 정책 반복법은 [그림 4-17]과 같이 '평가'와 '개선'이라는 두 과정을 번갈아 반복하는 것입니다.

그림 4-17 정책 반복법의 흐름

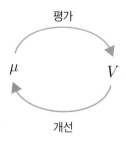

'평가' 단계에서는 정책을 평가하여 가치 함수를 얻습니다. 그리고 '개선' 단계에서는 가치 함수 를 탐욕화하여 개선된 정책을 얻습니다. 이를 번갈아 반복하면 최적 정책 μ_*와 최적 가치 함수 v_*에 점점 가까워집니다. 이 과정을 그림으로는 다음처럼 표현할 수 있습니다.

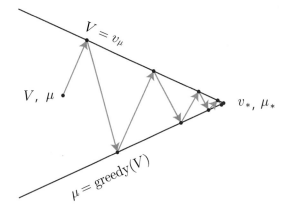

그림 4-18 정책 반복법에 의한 가치 함수와 정책의 개선 과정

[그림 4-18]에서는 가치 함수 V와 정책 μ가 취할 수 있는 공간을 2차원으로 표현했습니다. 본래는 다차원적이고 복잡한 공간이지만, 직관적으로 이해할 수 있도록 2차원으로 단순화했습니다.

이 그림에는 두 개의 직선이 그려져 있습니다. 위쪽 직선은 $V = v_\mu$를 나타내며, 임의의 가치 함수 V와 정책 μ의 실제 가치 함수 v_μ가 일치하는 곳입니다. 아래쪽 직선은 가치 함수 V를 탐욕화하여 얻은 정책과 μ가 일치하는 곳입니다.

정책 반복법은 '평가'와 '개선'을 번갈아 반복합니다. '평가' 단계에서는 정책 μ를 평가하여 $V\mu$를 얻는데, 그림에서 $V = v_\mu$의 직선 위로 이동하는 것에 해당합니다. 한편 '개선' 단계에서는 V를 탐욕화합니다. 그림에서 $\mu = \text{greedy}(V)$ 직선 위를 이동하는 것에 해당하죠. 이 두 작업을 번갈아 반복하면 V와 μ가 갱신되고 결국 두 직선이 만나는 v_*와 μ_*에 도달합니다.

> **CAUTION_** 여기서 정책은 확률적 정책 π가 아닌 결정적 정책 μ로 표현했습니다. 가치 함수를 탐욕화함으로써 각 상태에서의 행동이 단 하나로 결정되기 때문입니다.

정책 반복법은 [그림 4-18]과 같이 목표에 도달하기 위해 두 직선 사이를 지그재그로 이동합니다. 물론 목표에 도달하기까지 경로에는 여러 변형이 있을 수 있습니다. 예를 들어 다음 그림과 같은 궤적도 생각해볼 수 있습니다.

그림 4-19 가치 함수와 정책 개선 과정(변형)

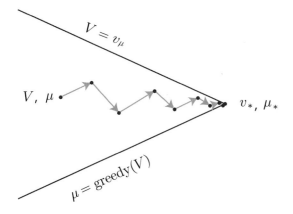

[그림 4-19]에서도 지그재그 궤적을 그리고 있지만 두 직선에 닿기 전에 방향을 전환합니다. 사실 '평가'와 '개선'이라는 두 작업을 교대로 반복하는 알고리즘에서는 '평가'를 완전히 끝내기 전에 '개선' 단계로 전환하고, '개선'을 완전히 끝내기 전에 '평가' 단계로 전환하면서 [그림 4-19]와 같은 궤적을 만들어냅니다. 이를 **일반화한 정책 반복**generalized policy iteration이라고 합니다. '일반화'라는 단어가 말해주듯이 범용적이라서 광범위하게 활용할 수 있습니다.

NOTE_ 정책 평가와 정책 개선의 두 과정을 교대로 반복하는 알고리즘에서 평가와 개선의 '정밀도', 즉 얼마나 정확하게 평가(혹은 개선)할 것인가는 자유롭게 조절할 수 있습니다. 예를 들어 '평가' 단계에서는 실제 가치와 일치하게 갱신되지 않더라도 V가 v_μ의 방향으로 가까워지기만 하면 됩니다. 마찬가지로 '개선' 단계에서는 탐욕화되는 방향으로 향하기만 하면(일부만 탐욕화되면) 됩니다.

정책 반복법에서는 '평가'와 '개선'을 완벽하게 수행했습니다(엄밀하게 말하면 반복적 정책 평가 알고리즘에서는 임곗값을 설정해 도중에 갱신을 중단하기 때문에 완전히 정확한 평가는 아니지만, 그래도 거의 정확한 평가라고 할 수 있습니다). 정책 반복법은 일반화한 정책 반복을 구현한 하나의 사례입니다.

정책 반복법에서는 평가와 개선을 각각 '최대한'으로 하고 번갈아 수행합니다. 그렇다면 평가와 개선을 각각 '최소한'으로 수행하면 어떻게 될까요? 이것이 바로 **가치 반복법**value iteration에 깔린 아이디어입니다.

4.5.1 가치 반복법 도출

가치 반복법을 알아보기 전에 정책 반복법을 다시 한번 정리해보겠습니다. 정책 반복법의 '평가' 단계에서는 다음 그림처럼 반복적으로 가치 함수를 갱신합니다.

그림 4-20 반복적 정책 평가 알고리즘에 의한 갱신

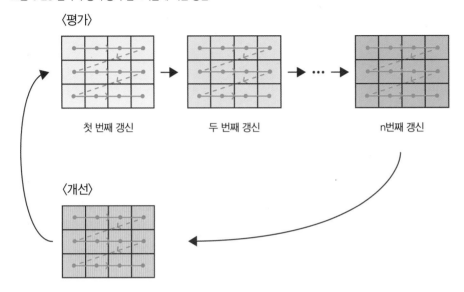

그림과 같이 모든 상태의 가치 함수를 여러 번 갱신합니다. 이 갱신 작업이 수렴되면 '개선(탐욕화)' 단계로 넘어갑니다. 이와 대조되는 갱신 방식으로, 하나의 상태만 딱 한 번 갱신하고 곧바로 '개선' 단계로 넘어갈 수도 있습니다. 이것이 가치 반복법의 핵심 아이디어입니다. 그림으로 표현하면 다음과 같습니다.

그림 4-21 각 상태에서 개선과 평가를 순차적으로 반복

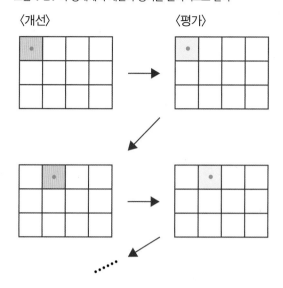

이번 그림에서는 상태 하나만 개선하고 곧장 평가 단계로 넘어갑니다. 평가 단계에서도 해당 상태 하나의 가치 함수를 한 번만 갱신합니다. 그런 다음 다른 위치(그림에서 왼쪽 위에서 두 번째 칸)를 개선하고 평가하는 흐름으로 진행됩니다.

NOTE_ [그림 4-21]에서는 먼저 왼쪽 위의 위치(상태)를 개선합니다. 지금 예에서는 개선 단계부터 시작했지만, 개선과 평가는 번갈아 진행되므로 어느 단계를 먼저 진행하든 상관없습니다.

[그림 4-21]의 아이디어를 수식으로 정리해보겠습니다. 개선 단계부터 시작하죠. 개선 단계에서 하는 탐욕화는 수식으로 다음과 같이 쓸 수 있습니다.

$$\mu(s) = \underset{u}{\mathrm{argmax}} \sum_{s'} p(s' \mid s, a)\{r(s, a, s') + \gamma V(s')\} \qquad \text{[식 4.8]}$$

현재의 가치 함수는 $V(s)$로 표기하겠습니다. [식 4.8]과 같이 현재 상태와 보상, 그리고 다음 상태를 활용하여 argmax로 계산합니다. argmax는 하나의 행동을 선택해주므로 $\mu(s)$와 같이 결정적 정책으로 표현할 수 있습니다.

다음은 평가 단계입니다. 갱신 전의 가치 함수를 $V(s)$, 갱신 후의 가치 함수를 $V'(s)$라고 하면 DP에 의한 갱신식(반복적 정책 평가 알고리즘)은 다음과 같이 표현됩니다.

$$V'(s) = \sum_{a,s'} \pi(a \mid s) \, p(s' \mid s, a)\{r(s, a, s') + \gamma V(s')\} \qquad \text{[식 4.9]}$$

[식 4.9]에서는 정책 $\pi(a \mid s)$가 확률적 정책으로 표기되어 있습니다. 그러나 '개선' 단계를 한 번 거치면 정책이 탐욕 정책으로 바뀝니다. 탐욕 정책은 값이 최대인 행동 하나만 선택하기 때문에 결정적입니다. 따라서 [식 4.9]의 정책을 결정적 정책 $\mu(s)$로 취급하여 다음과 같이 단순화할 수 있습니다.

$$a = \mu(s) \text{ 일 때}$$
$$V'(s) = \sum_{s'} p(s' \mid s, a)\{r(s, a, s') + \gamma V(s')\} \qquad \text{[식 4.10]}$$

이것이 '평가' 단계의 가치 함수 갱신식입니다. 이제 [식 4.8]과 [식 4.10]을 나란히 써보겠습니다.

그림 4-22 개선과 평가 단계에서 수행되는 계산

$$\langle \text{개선} \rangle \quad \mu(s) = \arg\max_{a} \sum_{s'} p(s' \mid s, a)\{r(s, a, s') + \gamma V(s')\}$$

$$\langle \text{평가} \rangle \quad a = \mu(s) \text{ 일 때}$$
$$V'(s) = \sum_{s'} p(s' \mid s, a)\{r(s, a, s') + \gamma V(s')\}$$

같은 계산

[그림 4-22]를 보면 개선과 평가 단계에서 똑같은 계산이 중복됨을 알 수 있습니다. 더 정확하게 말하면 개선 단계에서 탐욕 행동을 찾기 위해 계산을 한 후, 평가 단계에서 그 탐욕 행동을 이용하여 똑같은 계산을 다시 수행합니다. 이 중복된 계산은 물론 하나로 묶을 수 있습니다(식 4.11).

$$V'(s) = \max_a \sum_{s'} p(s' \mid s, a)\{r(s, a, s') + \gamma V(s')\} \qquad \text{[식 4.11]}$$

[식 4.11]에서는 최댓값을 찾아주는 max 연산자를 사용하여 가치 함수를 직접 갱신합니다. 이 식에서는 [그림 4-22]의 중복 계산이 사라졌음을 알 수 있습니다.

[식 4.11]에서 주목할 점이 하나 더 있습니다. 바로 정책 μ가 등장하지 않는다는 사실입니다. 즉, 정책을 사용하지 않고 가치 함수를 갱신하고 있습니다. 그래서 [식 4.11]을 활용하여 최적 가치 함수를 구하는 알고리즘을 '가치 반복법'이라고 부릅니다(정책이 필요 없으므로 '정책'이라는 단어를 쓰지 않습니다). 가치 반복법은 이 하나의 식만을 이용하여 '평가'와 '개선'을 동시에 수행합니다.

> **NOTE_** 벨만 최적 방정식의 수식은 다음과 같습니다.
>
> $$v_*(s) = \max_a \sum_{s'} p(s' \mid s, a)\{r(s, a, s') + \gamma v_*(s')\}$$
>
> 벨만 최적 방정식과 [식 4.11]을 비교해보죠. 그러면 [식 4.11]은 벨만 최적 방정식을 '갱신식'으로 표현한 것임을 알 수 있습니다.

또한 [식 4.11]의 갱신식을 다음 형태로도 표현할 수 있습니다.

$$V_{k+1}(s) = \max_a \sum_{s'} p(s' \mid s, a)\{r(s, a, s') + \gamma V_k(s')\}$$

이와 같이 k번 갱신한 가치 함수를 V_k로, $k+1$번 갱신한 가치 함수를 V_{k+1}로 표현합니다. 가치 반복법은 $k=0$부터 시작하여 $k=1, 2, 3\dots$ 순서로 가치 함수 V_k를 갱신하는 알고리즘으로, DP의 특징인 '같은 계산을 두 번 하지 않는다'는 조건을 만족합니다. 즉 $k=0, 1, 2, 3\dots$에서 V_k는 각각 한 번만 계산됩니다(예컨대 V_3이 두 번 계산되는 일은 없습니다). 따라서 가치 반복법은 DP를 이용한 알고리즘입니다(DP 알고리즘에 속합니다).

가치 반복법으로 갱신을 무한히 반복하면 최적 가치 함수를 얻을 수 있습니다. 하지만 현실에서는 언젠가 멈춰야 합니다. 멈추기 위한 장치로는 역시 임곗값을 이용할 수 있습니다. 임곗값을 정해놓고, 모든 상태의 갱신량이 임곗값 밑으로 떨어지면 갱신을 중단하는 것입니다.

$V_*(s)$가 주어지면 최적 정책 $\mu_*(s)$는 다음 식으로 구할 수 있습니다.

$$\mu_*(s) = \arg\max_a \sum_{s'} p(s' \mid s,a)\{r(s,a,s') + \gamma V_*(s')\} \qquad \text{[식 4.12]}$$

[식 4.12]에서 알 수 있듯이 탐욕 정책을 찾아내면 그것이 곧 최적 정책입니다. 지금까지 가치 반복법을 알아보았습니다.

4.5.2 가치 반복법 구현

이어서 가치 반복법을 구현하겠습니다. 이번에도 '3×4 그리드 월드'를 풀어보죠. 이 문제에서는 상태 전이가 결정적이기 때문에 가치 함수의 갱신식은 [그림 4-23]처럼 단순화할 수 있습니다.

그림 4-23 상태 전이가 결정적인 경우의 가치 반복법에 의한 갱신식

$$V'(s) = \max_a \sum_{s'} p(s'|s,a)\left\{r(s,a,s') + \gamma V(s')\right\} \qquad \text{[식 4.11]}$$

↓ 상태 전이가 결정적

$$s' = f(s,a) \text{ 일 때}$$
$$V'(s) = \max_a \left\{r(s,a,s') + \gamma V(s')\right\} \qquad \text{[식 4.13]}$$

먼저 [식 4.13]을 따라 (한 번만) 갱신하는 value_iter_onestep() 함수를 구현하겠습니다.

ch04/value_iter.py

```
def value_iter_onestep(V, env, gamma):
    for state in env.states():      # ❶ 모든 상태에 차례로 접근
        if state == env.goal_state:  # 목표 상태에서의 가치 함수는 항상 0
            V[state] = 0
            continue

        action_values = []
        for action in env.actions():  # ❷ 모든 행동에 차례로 접근
```

```
        next_state = env.next_state(state, action)
        r = env.reward(state, action, next_state)
        value = r + gamma * V[next_state]  # ❸ 새로운 가치 함수
        action_values.append(value)

    V[state] = max(action_values)  # ❹ 최댓값 추출
return V
```

이 함수는 매개변수로 가치 함수 V, 환경 env, 할인율 gamma를 받습니다. 그리고 ❶에서는 모든 상태에 순서대로 접근하고 ❷에서는 모든 행동에 순서대로 접근합니다. ❸에서는 [식 4.13]의 중괄호 안쪽을 계산하고 ❹에서는 max() 함수로 최댓값을 찾아 V[state]를 갱신합니다.

이제 갱신이 수렴할 때까지 value_iter_onestep() 함수를 반복 호출하면 됩니다. 이 작업을 다음의 value_iter() 함수가 담당합니다.

```
def value_iter(V, env, gamma, threshold=0.001, is_render=True):   ch04/value_iter.py
    while True:
        if is_render:
            env.render_v(V)

        old_V = V.copy()  # 갱신 전 가치 함수
        V = value_iter_onestep(V, env, gamma)

        # 갱신된 양의 최댓값 구하기
        delta = 0
        for state in V.keys():
            t = abs(V[state] - old_V[state])
            if delta < t:
                delta = t

        # 임곗값과 비교
        if delta < threshold:
            break
    return V
```

value_iter() 함수에서는 앞서 구현한 value_iter_onestep() 함수를 반복 호출합니다. 얼마나 반복할지는 가치 함수의 갱신량에 의해 정해집니다. 가치 함수의 갱신량 최댓값이 임곗값(threshold)보다 작아질 때까지 계속 갱신하는 것이죠.

또한 value_iter() 함수는 매개변수로 is_render를 받는데, is_render = True이면 while문 안에서 갱신되는 가치 함수의 값을 그래프로 그려줍니다.

이제 value_iter() 함수를 사용해봅시다.

ch04/value_iter.py

```python
from common.gridworld import GridWorld
from ch04.policy_iter import greedy_policy

V = defaultdict(lambda: 0)
env = GridWorld()
gamma = 0.9

V = value_iter(V, env, gamma)  # 최적 가치 함수 찾기

pi = greedy_policy(V, env, gamma)  # 최적 정책 찾기
env.render_v(V, pi)
```

먼저 value_iter() 함수로 최적 가치 함수를 구합니다. 최적 가치 함수를 알면 이를 탐욕화하여 최적 정책을 얻을 수 있습니다([식 4.12] 참고). 해당 내용은 앞에서 이미 greedy_policy() 함수로 구현해뒀습니다. 이 코드를 실행하면 다음과 같은 그림을 얻을 수 있습니다.

그림 4-24 가치 반복법에 의한 처음과 마지막(세 번째) 가치 함수

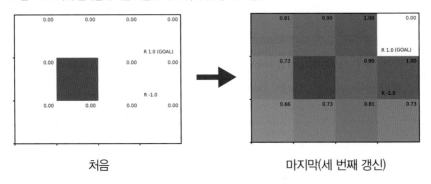

가치 함수는 처음에는 모든 원소가 0인 딕셔너리로 시작합니다. 그리고 세 번의 갱신 결과 가치 함수의 값이 충분히 수렴합니다. 이것이 최적 상태 가치 함수입니다.

또한 최적 상태 가치 함수를 바탕으로 탐욕 정책을 얻으면 [그림 4-25]와 같은 정책을 얻을 수 있습니다.

그림 4-25 최적 상태 가치 함수로부터 얻은 최적 정책

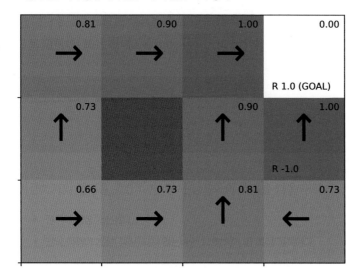

이 그림이 최적 상태 가치 함수를 탐욕화하여 얻은 정책입니다. 그리고 최적 정책이기도 하죠. 확실히 오른쪽 위의 사과(보상 1.0)를 찾아 이동하는 정책이 만들어졌습니다.

이상으로 가치 반복법을 활용해 효율적으로 최적 정책을 구할 수 있었습니다.

4.6 정리

이번 장에서는 동적 프로그래밍(DP)을 이용하여 최적 정책을 구하는 방법을 배웠습니다. 그 주인공은 정책 반복법과 가치 반복법입니다.

정책 반복법은 '평가'와 '개선'이라는 두 과정을 번갈아 반복합니다. 평가 단계에서는 DP를 이용해 가치 함수를 평가합니다. 가치 함수를 평가할 수 있다면 그 가치 함수를 탐욕화하여 정책을 개선할 수 있습니다. 만약 더 이상 개선되지 않는다면 그 정책이 곧 최적 정책입니다.

가치 반복법은 평가와 개선을 융합한 기법입니다. 다음의 수식 하나만으로 가치 함수를 갱신하죠. 이 갱신을 반복하면 최적 가치 함수에 도달할 수 있습니다(최적 가치 함수를 알면 최적 정책도 얻을 수 있습니다).

$$V_{k+1}(s) = \max_a \sum_{s'} p(s' \mid s,a)\{r(s,a,s') + \gamma V_k(s')\}$$

또한 정책 반복법과 가치 반복법을 파이썬 코드로 구현했습니다. 그런 다음 '그리드 월드' 문제에 적용하여 최적 정책을 얻어냈습니다.

## CHAPTER 5

몬테카를로법

4장에서 동적 프로그래밍(DP)으로 최적 가치 함수와 최적 정책을 찾았습니다. DP를 이용하려면 '환경 모델(상태 전이 확률과 보상 함수)'을 알고 있어야 합니다. 하지만 안타깝게도 세상에는 환경 모델을 알 수 없는 문제도 많습니다. 혹은 알 수는 있더라도 DP 방식으로는 계산량이 너무 많아서 사실상 풀 수 없을 때가 많습니다. 강화 학습에서는 이처럼 환경 모델을 알 수 없는 상황에서 더 나은 정책을 찾는 문제를 주로 다룹니다. 이런 상황에서 문제를 풀려면 에이전트가 실제로 행동하여 얻은 경험을 토대로 학습해야 합니다.

이번에 배울 주제는 **몬테카를로법**monte carlo method입니다. 데이터를 반복적으로 샘플링하여 그 결과를 토대로 추정하는 방법을 일컫습니다. 강화 학습에서는 몬테카를로법을 통해 경험으로부터 가치 함수를 추정할 수 있습니다. 여기서 말하는 '경험'은 환경과 에이전트가 실제로 상호작용하여 얻는 데이터입니다. 일련의 '상태, 행동, 보상' 데이터가 바로 경험인 것이죠. 이번 장의 목표는 에이전트가 얻은 경험을 바탕으로 가치 함수를 추정하는 것입니다. 이 목표가 달성되면 이어서 최적 정책을 찾는 방법을 살펴볼 것입니다.

이번 장부터 드디어 진정한 강화 학습 문제에 뛰어듭니다. 지금까지 우리는 강화 학습에서 중요한 기초를 차근차근 쌓아왔습니다. 토대를 잘 닦았으니 지금부터 배울 몬테카를로법도 자연스럽게 이해할 수 있을 것입니다.

5.1 몬테카를로법 기초

지금까지는 환경 모델이 알려진 문제를 다뤘습니다. 예를 들어 '그리드 월드' 문제에서는 에이전트의 행동에 따른 다음 상태(위치)와 보상이 명확했습니다. 수식으로 표현하면 상태 전이 확률 $p(s'|s, a)$와 보상 함수 $r(s, a, s')$를 이용할 수 있었습니다(상태 전이가 결정적이라면 $s' = f(s, a)$ 함수로 나타낼 수도 있습니다). 이처럼 환경 모델이 알려진 문제에서는 에이전트 측에서 '상태, 행동, 보상'의 전이를 시뮬레이션할 수 있습니다.

하지만 현실에는 환경 모델을 알 수 없는 문제가 많습니다. 예를 들어 '상품 재고 관리'를 생각해보죠. 이 문제에서는 '상품이 얼마나 팔릴 것인가'가 환경의 상태 전이 확률에 해당합니다. 그런데 상품의 판매량은 여러 요인이 복잡하게 얽혀 결정되기 때문에 완벽하게 알아내기가 현실적으로 불가능합니다.

또한 상태 전이 확률을 이론적으로는 알 수 있더라도 계산량이 너무 많은 경우가 허다합니다. 얼마나 많은지 실감할 수 있도록 이번 절에서는 우선 '주사위'를 예로 들어 간단한 작업을 해보겠습니다.

5.1.1 주사위 눈의 합

주사위 두 개를 굴리는 문제를 상상해봅시다. 각 눈이 나올 확률은 정확하게 1/6이라고 가정합니다. 이때 주사위 눈의 합을 확률 분포로 표현해봅시다. 이해를 돕기 위해 [그림 5-1]과 같이 전개도를 그려봤습니다.

그림 5-1 주사위 두 개를 던져 나오는 눈의 합 전개도(첫 번째 전개에서는 첫 번째 주사위에서 나온 눈의 수를, 두 번째 전개에서는 두 주사위에서 나온 눈의 합을 표시)

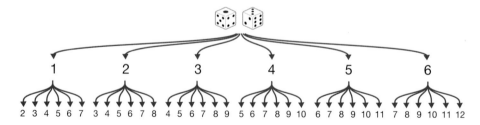

이처럼 전개도를 그려보면 맨 아래 줄에 '눈의 합'이 나옵니다. 총 36개가 만들어지며 이를 집계하면 확률 분포를 구할 수 있습니다. 예컨대 눈의 합이 3인 경우는 총 2개이므로 확률은 2/36입니다. 같은 방식으로 모든 경우를 집계하면 [그림 5-2]의 확률 분포를 얻을 수 있습니다.

그림 5-2 주사위 두 개를 던졌을 때 나오는 눈의 합 확률 분포

주사위 눈의 합	2	3	4	5	6	7	8	9	10	11	12
확률	$\frac{1}{36}$	$\frac{2}{36}$	$\frac{3}{36}$	$\frac{4}{36}$	$\frac{5}{36}$	$\frac{6}{36}$	$\frac{5}{36}$	$\frac{4}{36}$	$\frac{3}{36}$	$\frac{2}{36}$	$\frac{1}{36}$

이제 이 확률 분포를 이용하여 기댓값을 계산해봅시다. 코드로는 다음과 같이 구현할 수 있습니다.

```
ps = {2: 1/36, 3: 2/36, 4: 3/36, 5: 4/36, 6: 5/36, 7: 6/36,
      8: 5/36, 9: 4/36, 10: 3/36, 11: 2/36, 12: 1/36}

V = 0
for x, p in ps.items():
    V += x*p
print(V)  # [출력 결과] 6.999999999999999
```

확률 분포(주사위 눈의 합과 그 확률)를 입력하여 기댓값을 구했습니다. 결과는 6.999…입니다(컴퓨터에서의 부동소수점 계산에는 오류가 약간 섞여 있어서 정확한 값인 7이 되지는 않습니다). 이와 같이 확률 분포를 알면 기댓값을 계산할 수 있습니다.

NOTE_ 여기서 기댓값을 계산한 이유는 강화 학습에서는 기댓값 계산이 주를 이루기 때문입니다. 다시 이야기하지만 강화 학습의 목적은 '수익'을 극대화하는 것입니다. 여기서 수익은 '보상의 총합에 대한 기댓값'입니다.

5.1.2 분포 모델과 샘플 모델

방금 주사위 눈의 합을 '확률 분포'로 표현했습니다. 즉, 주사위를 굴리는 시도를 확률 분포로

모델링한 것입니다. 이렇게 확률 분포로 표현된 모델을 **분포 모델**distribution model이라고 합니다.

모델을 표현하는 방법에 분포 모델만 있는 것은 아닙니다. **샘플 모델**sample model도 있습니다. 샘플 모델이란 '표본을 추출(샘플링)할 수만 있으면 충분하다'라는 모델입니다. 주사위를 예로 들면, 주사위를 '실제로 굴려서(=샘플링해서)' 나온 눈의 합을 관찰하는 방법입니다. 분포 모델의 조건이 '확률 분포를 정확하게 알고 있다'라면, 샘플 모델의 조건은 '샘플링할 수 있다'입니다(그림 5-3).

그림 5-3 분포 모델과 샘플 모델 예

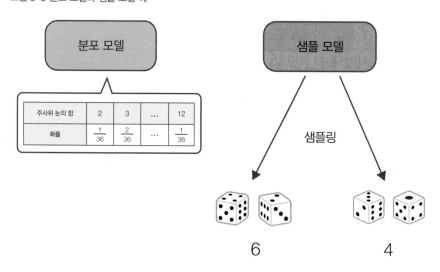

[그림 5-3]의 샘플 모델에서는 6이나 4와 같은 구체적인 샘플 데이터를 얻을 수 있습니다. 샘플 모델에서는 전체의 확률 분포는 필요하지 않으며 단순히 샘플링만 할 수 있으면 충분합니다. 다만, 샘플링을 무한히 반복하면 그 분포가 곧 확률 분포와 같아집니다.

그럼 샘플 모델을 실제로 구현해봅시다. 앞에서와 마찬가지로 '주사위 두 개'를 던지는 문제입니다.

ch05/dice.py

```python
import numpy as np

def sample(dices=2):
    x = 0
    for _ in range(dices):
```

```
        x += np.random.choice([1, 2, 3, 4, 5, 6])
    return x
```

코드를 간단히 살펴보죠. 먼저 np.random.choice([1, 2, 3, 4, 5, 6]) 코드에 의해 1~6 사이의 원소 중 하나가 무작위로 선택됩니다. 이것이 주사위 한 개를 굴렸을 때의 결과(샘플 데이터)입니다. 이번 문제에서는 주사위를 두 번 굴리기 때문에 이 일을 두 번 반복합니다. 이제 방금 구현한 sample() 메서드를 사용해보겠습니다.

```
print(sample())  # [출력 결과] 10
print(sample())  # [출력 결과] 4
print(sample())  # [출력 결과] 8
```

이와 같이 실행할 때마다 결과가 달라집니다. 이상으로 주사위 두 개를 굴리는 문제를 '샘플 모델' 방식으로 구현했습니다. 확률 분포를 준비할 필요가 없기 때문에 이처럼 간단하게 구현할 수 있습니다.

또한 샘플 모델이라면 주사위가 10개인 경우도 아주 쉽게 구현할 수 있습니다. 단순히 sample(10)처럼 매개변수의 값을 바꿔주기만 하면 됩니다. 반면 10개의 주사위를 '분포 모델'로 구현하기란 쉽지 않습니다. 단순하게 하려면 6^{10} = 60,466,176가지의 조합을 생각해야 합니다.

그렇다면 샘플 모델로 기댓값을 계산하려면 어떻게 해야 할까요? 샘플링을 많이 하고 평균을 구하면 됩니다. 이 방법이 바로 몬테카를로법입니다. '숫자를 세어 평균을 구하는' 간단한 방법이지만 표본 수를 무한대로 늘리면 큰 수의 법칙에 따라 그 평균이 참값으로 수렴합니다.

> NOTE_ 1장의 밴디트 문제에서는 실제로 슬롯머신을 플레이하고 그 평균으로 슬롯머신의 좋고 나쁨(가치)을 추정했습니다. 이때 사용한 방법이 바로 몬테카를로법입니다. 5장의 주제는 밴디트 문제에서 사용했던 몬테카를로법을 강화 학습 문제에 적용하는 것입니다.

5.1.3 몬테카를로법 구현

몬테카를로법으로 기댓값을 구하는 코드를 작성해봅시다.

```
trial = 1000   # 샘플링 횟수

samples = []
for _ in range(trial):  # 샘플링
    s = sample()
    samples.append(s)

V = sum(samples) / len(samples)  # 평균 계산
print(V)
```

출력 결과

```
6.98
```

샘플링을 1000번 수행하여 평균을 구했습니다. 각 시도의 결과를 samples 리스트에 추가하고 마지막으로 평균을 구하는 순서로 작성했습니다. 실행 결과를 보면 6.98이 나왔는데, 정답이 7이므로 얼추 맞는 값이라고 할 수 있습니다. 물론 결과는 실행할 때마다 달라지지만 대략 7과 가까운 값을 얻을 수 있습니다.

> **NOTE_** 몬테카를로법은 샘플 수를 늘릴수록 신뢰도가 높아집니다. 전문 용어로는 '분산^{variance}이 작아진다'고 합니다. 분산을 직관적으로 표현하면 '정답에서 벗어난 편차'라고 할 수 있습니다. 분산에 대해서는 5.5.2절에서 자세히 설명합니다.

이어서 샘플 데이터를 얻을 때마다 평균을 구하고 싶은 경우를 생각해봅시다. 간단하게는 다음 코드처럼 구현할 수 있습니다.

```
trial = 1000

samples = []
for _ in range(trial):
    s = sample()
    samples.append(s)
    V = sum(samples) / len(samples)  # 매번 평균 계산
    print(V)
```

앞에서와 마찬가지로 리스트에 샘플 데이터를 추가하고 그 리스트에서 평균을 구합니다. 이번에는 for문 안에서 평균을 계산했습니다. 이 방식은 물론 정확한 계산 방법이지만 더 효율적인 방법도 생각해볼 수 있습니다. 바로 1.3.2절에서 배운 '증분 구현'입니다. 요점만 정리하면 다음 그림과 같습니다.

그림 5-4 평균을 구하는 계산식 비교(s_n은 n번째로 얻은 샘플 데이터. V_n은 샘플 데이터를 n개 얻은 단계의 가치 함수)

$$\langle\text{일반적인 방식}\rangle \quad V_n = \frac{s_1 + s_2 + \cdots + s_n}{n}$$

$$\langle\text{증분 방식}\rangle \quad V_n = V_{n-1} + \frac{1}{n}(s_n - V_{n-1})$$

평균을 어느 방식으로 계산하든 결과는 같습니다. 하지만 샘플 데이터를 얻을 때마다 평균을 구해야 할 때는 증분 방식이 더 효율적입니다. 그러니 증분 방식으로 평균을 구해보겠습니다.

ch05/dice.py

```
trial = 1000
V, n = 0, 0

for _ in range(trial):
    s = sample()
    n += 1
    V += (s - V) / n  # 또는 V = V + (s - V) / n
    print(V)
```

출력 결과

```
4.0
6.0
5.333333333333333
...
6.959959959959965
6.960000000000005
```

이 코드를 실행하면 샘플 데이터를 얻을 때마다 평균을 계산합니다. 출력 결과를 보면 샘플 데이터가 늘어날수록 정답인 7에 가까워짐을 알 수 있습니다.

이상으로 몬테카를로법의 기초를 마칩니다. 다음 절에서는 강화 학습 문제에 몬테카를로법을 적용해보겠습니다.

5.2 몬테카를로법으로 정책 평가하기

앞서 몬테카를로법에 대해 배웠습니다. 몬테카를로법은 실제로 샘플링을 하고 샘플 데이터로부터 기댓값을 계산합니다. 물론 이 방법은 강화 학습 문제에도 적용할 수 있습니다. 즉, 에이전트가 실제로 행동하여 얻은 경험(샘플 데이터)으로 가치 함수를 추정할 수 있습니다. 이번 절에서는 정책 π가 주어졌을 때, 그 정책의 가치 함수를 몬테카를로법으로 계산합니다. 한편 이번 절에서는 '정책 평가'까지만 진행하고 최적 정책을 찾는 '정책 제어'는 5.4절에서 진행합니다.

5.2.1 가치 함수를 몬테카를로법으로 구하기

먼저 가치 함수를 복습해보죠. 가치 함수는 다음 식으로 표현됩니다.

$$v_\pi(s) = \mathbb{E}_\pi[G|s]$$

[식 5.1]

상태 s에서 출발하여 얻을 수 있는 수익을 G로 나타냈습니다(수익은 할인율을 적용한 보상들의 합입니다). 가치 함수 $v_\pi(s)$는 [식 5.1]과 같이 '정책 π에 따라 행동했을 때 얻을 수 있는 기대 수익'으로 정의됩니다. 이번 절에서는 일회성 과제를 가정하여 언젠가는 목표에 도달하는 경우를 알아보겠습니다.

이제 [식 5.1]의 가치 함수를 몬테카를로법으로 계산해보죠. 이를 위해 에이전트에게 정책 π에 따라 실제로 행동을 취하도록 합니다. 이렇게 해서 얻는 실제 수익이 샘플 데이터이고, 이런 샘플 데이터를 많이 모아서 평균을 구하는 것이 몬테카를로법입니다. 수식으로는 다음과 같습니다.

$$V_\pi(s) = \frac{G^{(1)} + G^{(2)} + \cdots + G^{(n)}}{n}$$

[식 5.2]

상태 s에서 시작하여 얻은 수익을 G로 표기하고, i번째 에피소드에서 얻은 수익을 $G^{(i)}$로 표기했습니다. 몬테카를로법으로 계산하려면 [식 5.2]와 같이 에피소드를 n번 수행하여 얻은 샘플 데이터의 평균을 구하면 됩니다.

CAUTION_ 몬테카를로법은 일회성 과제에서만 이용할 수 있습니다. 지속적 과제에는 '끝'이 없기 때문에 수익의 샘플 데이터, 즉 [식 5.2]의 $G^{(1)}$, $G^{(2)}$ 등이 확정되지 않습니다.

구체적인 예를 보겠습니다. 에이전트가 [그림 5-5]와 같이 행동하는 경우를 생각해봅시다.

그림 5-5 에이전트의 시도(○ = 상태, ● = 행동, □ = 목표, 숫자 = 실제 얻은 보상)

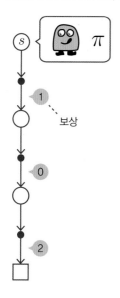

[그림 5-5]는 에이전트가 상태 s에서 출발하여 정책 π에 따라 행동한 결과를 나타냅니다. 그림과 같이 이번 예에서 얻은 보상이 1, 0, 2라고 가정하죠. 할인율 γ를 1로 가정하면 상태 s에서의 수익을 다음과 같이 구할 수 있습니다.

$$G^{(1)} = 1 + 0 + 2 = 3$$

이것이 첫 번째 샘플 데이터입니다. 이 시점에서의 가치 함수는 다음과 같이 추정할 수 있습니다.

$$V_\pi(s) = G^{(1)} = 3$$

이어서 두 번째 시도는 [그림 5-6]처럼 진행됐다고 해봅시다.

그림 5-6 에이전트의 두 번째 시도

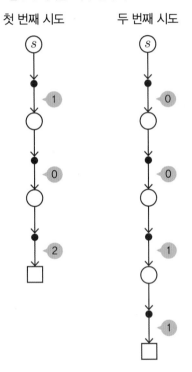

첫 번째 시도   두 번째 시도

이번에는 상태 s에서 시작하여 0, 0, 1, 1의 보상을 얻었습니다. 이처럼 똑같이 상태 s에서 시작해도 보상 액수는 다를 수 있습니다. 에이전트의 정책이 확률적일 수도 있고 환경의 상태 전이가 확률적일 수도 있기 때문이죠. 둘 중 하나라도 확률적이라면 시도할 때마다 보상이 확률적으로 달라집니다. 이처럼 값(보상)이 확률적으로 달라질 때 몬테카를로법을 이용합니다.

[그림 5-6]에서 두 번째 에피소드의 수익은 다음과 같습니다.

$$G^{(2)} = 0+0+1+1 = 2$$

1차 수익 $G^{(1)}$이 3이고 2차 수익 $G^{(2)}$가 2이므로, 평균은 2.5입니다.

$$\frac{G^{(1)} + G^{(2)}}{2} = \frac{3+2}{2} = 2.5$$

즉, 이 시점의 가치 함수 $V_\pi(s)$는 2.5가 됩니다.

이처럼 실제로 행동하여 수익의 평균을 구함으로써 $V_\pi(s)$를 근사할 수 있습니다. 그리고 시도 횟수를 늘리면 근사치의 정확도가 높아집니다.

5.2.2 모든 상태의 가치 함수 구하기

지금까지는 하나의 상태에만 주목하여 그 상태에서의 가치 함수를 몬테카를로법으로 구했습니다. 이번에는 모든 상태에서의 가치 함수를 구해보겠습니다. 단순하게 생각하면 시작 상태를 바꿔가며 앞 절의 과정을 반복하면 될 것입니다. 예를 들어 상태가 총 세 가지(A, B, C)라면 각 상태의 가치 함수를 [그림 5-7]처럼 구할 수 있습니다.

그림 5-7 각 상태에서 출발하여 수익을 구하는 예

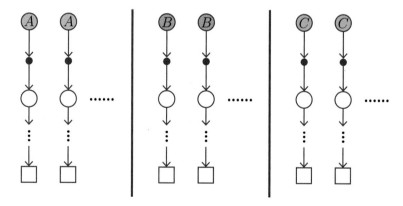

[그림 5-7]과 같이 각 상태에서부터 출발하여 실제로 행동을 수행하고 샘플 데이터를 수집합니다. 그런 다음 각 상태에서의 수익을 평균하면 가치 함수를 구할 수 있습니다. 하지만 계산 효율이 매우 떨어지는 방법입니다. 각 상태의 가치 함수를 독립적으로 구한다는 점에서 개선의 여지가 있어 보입니다. 예를 들어 상태 A에서 시작하여 얻은 수익(샘플 데이터)은 $V_\pi(A)$를

계산하는 데만 사용되며, 다른 가치 함수 계산에는 기여하지 않습니다.

그럼 좀 더 효율적인 방법을 찾아보죠. 우선 다음 예를 생각해봅시다.

그림 5-8 상태 A에서 시작하여 정책 π에 따라 행동하는 예

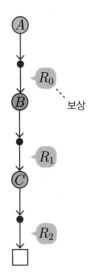

[그림 5-8]은 상태 A에서 출발하여 정책 π에 따라 행동한 결과입니다. A, B, C 순서로 상태를 거쳐 목표에 도달했다고 가정했습니다. 도중에 얻은 보상을 R_0, R_1, R_2로 가정했고요. 이 과제의 할인율을 γ라고 하면 상태 A에서 출발하여 얻는 수익은 다음 식으로 표현됩니다.

$$G_A = R_0 + \gamma R_1 + \gamma^2 R_2$$

이것이 상태 A를 시작 위치로 했을 때의 수익입니다.

다음으로 [그림 5-9]의 오른쪽, 즉 상태 B로부터 아래로의 전이에 주목해보죠.

그림 5-9 상태 B부터의 전이

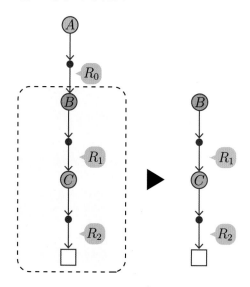

그림의 오른쪽 부분은 상태 B에서 시작하여 얻는 수익의 샘플 데이터로 볼 수 있습니다. 보상으로 R_1과 R_2를 얻었으므로 상태 B에서 시작했을 때의 수익은 다음과 같습니다.

$$G_B = R_1 + \gamma R_2$$

마찬가지로 상태 C에서 시작했을 때의 수익은 다음과 같습니다.

$$G_C = R_2$$

이와 같이 '한 번의 시도'만으로 '세 가지 상태에 대한 수익(샘플 데이터)'을 얻었습니다.

NOTE_ 에이전트의 시작 위치가 고정되어 있더라도 에피소드를 반복하는 동안 모든 상태를 경유할 수 있다면 모든 상태에 대한 수익 샘플 데이터를 수집할 수 있습니다. 예를 들이 에이진드가 무직위로 행동인다면 에피소드를 반복하면서 다양한 상태로 전이할 것이고, 결국 모든 상태를 경유할 수 있습니다. 그렇다면 에이전트의 시작 상태를 임의 위치에 설정할 필요가 없습니다.

5.2.3 몬테카를로법 계산 효율 개선

마지막으로 수익을 효율적으로 계산하는 방법에 대해 보충하겠습니다. [그림 5-8]의 예에서 우리는 다음 세 가지 수익을 계산해야 합니다.

$$G_A = R_0 + \gamma R_1 + \gamma^2 R_2$$
$$G_B = R_1 + \gamma R_2$$
$$G_C = R_2$$

특별히 어려운 계산은 아니지만 개선의 여지가 있습니다. 먼저 식을 다음과 같이 변형합니다.

$$G_A = R_0 + \gamma G_B$$
$$G_B = R_1 + \gamma G_C$$
$$G_C = R_2$$

주목할 곳은 G_A 계산에 G_B를 이용하는 부분입니다. 마찬가지로 G_B 계산에는 G_C를 이용했죠. 이 패턴을 응용하면 중복 계산을 없앨 수 있습니다. 계산을 뒤에서부터, 즉 다음과 같이 G_C, G_B, G_A의 순서로 계산하면 됩니다.

$$G_C = R_2$$
$$G_B = R_1 + \gamma G_C$$
$$G_A = R_0 + \gamma G_B$$

이와 같이 먼저 G_C를 구합니다. 다음으로 G_C를 이용하여 G_B를 구하고, G_B를 이용하여 G_A를 구합니다. 이렇게 수익을 뒤에서부터 구하면 중복 계산이 사라집니다.

지금까지 몬테카를로법을 이용한 정책 평가를 알아보았습니다.

5.3 몬테카를로법 구현

4장에서 다룬 '3×4 그리드 월드' 문제를 이번에는 몬테카를로법으로 풀어보겠습니다.

그림 5-10 3×4의 그리드 월드

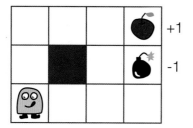

이번에는 환경 모델(상태 전이 확률과 보상 함수)을 이용하지 않고 정책을 평가합니다. 이렇게 하려면 에이전트에게 실제로 행동하도록 시키는 메서드가 필요합니다.

5.3.1 step( ) 메서드

GridWorld 클래스에는 step( ) 메서드가 있습니다. 에이전트에게 행동을 시키는 메서드죠. 어떻게 사용하는지 함께 봅시다.

```python
from common.gridworld import GridWorld

env = GridWorld()
action = 0  # 더미 행동
next_state, reward, done = env.step(action)  # 행동 수행

print('next_state:', next_state)
print('reward:', reward)
print('done:', done)
```

출력 결과

```
next_state: (1, 0)
reward: 0.0
done: False
```

step() 메서드는 행동을 매개변수로 받습니다. env.step(action)이라고 호출하면 현재 환경에서 행동 action을 수행하고, 그 결과로 next_state, reward, done이라는 세 가지 값을 반환합니다. state, action, reward, next_state의 관계는 [그림 5-11]을 보면 명확하게 알 수 있습니다.

그림 5-11 코드와 수식의 대응 관계

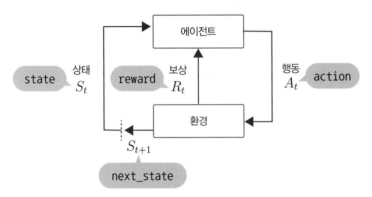

그림과 같이 현재 시간을 t라고 했을 때, S_t는 state, A_t는 action에 해당합니다. 시간 t에 에이전트가 행동을 하면, 보상으로 R_t를 얻고 다음 상태 S_{t+1}로 전이합니다. 이때 얻은 보상 R_t가 reward에 해당하고 다음 상태 S_{t+1}이 next_state에 해당합니다.

> NOTE_ '3×4 그리드 월드'에서는 상태 전이가 결정적으로 이루어지지만 확률적으로 결정되는 경우도 생각할 수 있습니다. 예를 들어 에이전트가 오른쪽으로 이동하는 행동을 시도하면 80%의 확률로만 오른쪽으로 이동하고, 나머지 20%의 확률로는 제자리에 머물러 있을 수 있겠지요. 상태 전이가 확률적일 때는 똑같은 상태에서 똑같이 행동하더라도 step() 메서드가 다른 결과를 반환할 수 있습니다.

GridWorld 클래스에서는 step() 메서드를 통해 에이전트에게 행동하도록 하여 샘플 데이터를 얻습니다. 또한, GridWorld 클래스에는 reset() 메서드도 있습니다. 환경을 초기 상태로 재설정하는 메서드입니다. 사용법은 다음과 같습니다.

```
env = GridWorld()
state = env.reset()  # 상태 초기화
```

reset() 메서드는 초기 상태(state)를 반환합니다.

이상으로 GridWorld 클래스에 대해 조금 더 알아보았습니다.

5.3.2 에이전트 클래스 구현

이제 몬테카를로법을 이용하여 정책 평가를 수행하는 에이전트를 구현할 차례입니다. 무작위 정책에 따라 행동하는 에이전트를 RandomAgent 클래스로 구현하겠습니다. 먼저 코드의 전반부를 살펴봅시다.

```
                                                          ch05/mc_eval.py
class RandomAgent:
    def __init__(self):
        self.gamma = 0.9
        self.action_size = 4

        random_actions = {0: 0.25, 1: 0.25, 2: 0.25, 3: 0.25}
        self.pi = defaultdict(lambda: random_actions)
        self.V = defaultdict(lambda: 0)
        self.cnts = defaultdict(lambda: 0)
        self.memory = []

    def get_action(self, state):
        action_probs = self.pi[state]
        actions = list(action_probs.keys())
        probs = list(action_probs.values())
        return np.random.choice(actions, p=probs)
```

초기화 메서드인 __init__()에서 할인율 gamma와 행동의 가짓수 action_size를 설정합니다. 그리고 무작위 행동을 할 확률 분포를 random_actions로 만들어 정책 self.pi에 설정합니다. self.V는 가치 함수를, self.memory는 에이전트가 실제로 행동하여 얻은 경험('상태, 행동, 보상')을 담는 역할입니다. self.cnts는 '증분 방식'으로 수익의 평균을 구할 때 사용합니다.

다음은 get_action(self, state) 메서드입니다. 이 메서드는 state에서 수행할 수 있는 행동을 하나 가져옵니다. 중요한 부분은 마지막 줄의 np.random.choice(actions, p=probs)입니다. probs의 확률 분포에 따라 행동을 한 개씩 샘플링하는 코드입니다.

다음은 RandomAgent 클래스의 나머지 코드(후반부)입니다.

ch05/mc_eval.py

```python
class RandomAgent:
    ...
    def add(self, state, action, reward):
        data = (state, action, reward)
        self.memory.append(data)

    def reset(self):
        self.memory.clear()

    def eval(self):
        G = 0
        for data in reversed(self.memory):  # 역방향으로(reserved) 따라가기
            state, action, reward = data
            G = self.gamma * G + reward
            self.cnts[state] += 1
            self.V[state] += (G - self.V[state]) / self.cnts[state]
```

먼저 실제로 수행한 행동과 보상을 기록해주는 add() 메서드를 보겠습니다. 이 메서드를 호출하면 '상태, 행동, 보상'을 (state, action, reward) 튜플로 묶어 리스트인 self.memory에 추가합니다. 튜플로 묶는 이유는 무엇일까요? 예를 들어 다음과 같은 시계열 데이터를 얻었다고 가정해봅시다.

$$S_0, A_0, R_0, S_1, A_1, R_1 \cdots S_8, A_8, R_8, S_9$$

이 데이터를 얻었다면 지금 코드에서는 다음과 같은 형태로 보관합니다.

```python
# agent.memory
[(S0, A0, R0), (S1, A1, R1), ..., (S8, A8, R8)]
```

보다시피 (state, action, reward) 단위로 저장되어 있습니다. 여기서 주의할 점은 마지막 상태(지금 예에서 S_9)는 self.memory에 저장되지 않는다는 것입니다. 왜냐하면 마지막 상태(목표 지점)의 가치 함수는 항상 0이기 때문이죠. 다르게 말하면, 마지막 상태는 가치 함수를 갱신할 필요가 없으므로 self.memory에 추가하지 않습니다.

다음은 eval() 메서드를 보겠습니다. RandomAgent 클래스에서 몬테카를로법을 수행하는 주인공이죠. 먼저 수익 G를 0으로 초기화하고, 실제로 얻은 self.memory를 역방향으로 따라가면서 각 상태에서 얻은 수익을 계산합니다. 그리고 각 상태에서의 가치 함수를 그때까지 얻은 수익의 평균으로 구합니다. 이 코드에서는 평균을 '증분 방식'으로 계산했습니다.

이상이 RandomAgent 클래스입니다.

5.3.3 몬테카를로법 실행

에이전트를 구현한 RandomAgent 클래스와 환경을 구현한 GridWorld 클래스를 연동하여 실행해봅시다.

```python
                                                            ch05/mc_eval.py
env = GridWorld()
agent = RandomAgent()

episodes = 1000
for episode in range(episodes):  # 에피소드 1000번 수행
    state = env.reset()
    agent.reset()

    while True:
        action = agent.get_action(state)           # 행동 선택
        next_state, reward, done = env.step(action)  # 행동 수행

        agent.add(state, action, reward)  # (상태, 행동, 보상) 저장
        if done:  # 목표에 도달 시
            agent.eval()  # 몬테카를로법으로 가치 함수 갱신
            break         # 다음 에피소드 시작

        state = next_state

# 모든 에피소드 종료
```

```
# 가치 함수 시각화
env.render_v(agent.V)
```

에피소드를 총 1000번 실행했습니다. 에피소드가 시작되면 환경과 에이전트를 초기화한 다음 while문 안에서 나머지 작업들을 처리합니다. 먼저 에이전트에게 행동하게 하고 그 결과로 얻은 '상태, 행동, 보상'의 샘플 데이터를 기록합니다. 목표에 도달하면 그동안 얻은 샘플 데이터를 이용하여 몬테카를로법으로 가치 함수를 갱신합니다. 마지막으로 while문을 빠져나와 다음 에피소드를 시작합니다.

그리고 1000번의 에피소드가 모두 끝나면 env.render_v(agent.V) 코드에서 가치 함수를 시각화합니다.

다음 그림은 이 코드를 실행하여 얻은 가치 함수를 시각화한 모습입니다.

그림 5-12 몬테카를로법으로 얻은 가치 함수

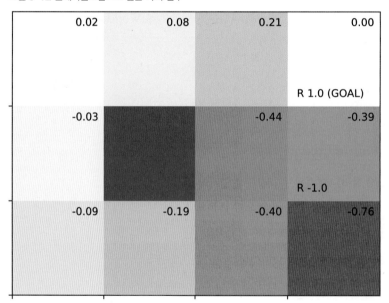

이번에는 무작위 정책의 가치 함수를 평가했습니다. 에이전트의 시작 위치는 왼쪽 맨 아래의 한 곳으로 고정되어 있지만 무작위 정책이기 때문에 어떠한 위치든 경유할 수 있습니다. 그래서 모든 위치(상태)에서의 가치 함수를 평가할 수 있었습니다.

참고 삼아 [그림 5-12]의 결과를 동적 프로그래밍(DP)으로 평가한 결과와 비교해보겠습니다.

그림 5-13 몬테카를로법으로 얻은 가치 함수와 동적 프로그래밍으로 얻은 가치 함수 비교

〈몬테카를로법〉 〈동적 프로그래밍〉

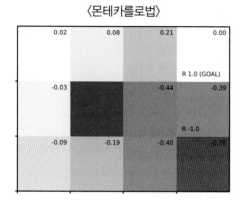 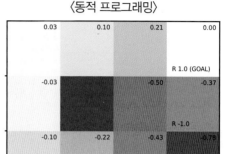

동적 프로그래밍으로 얻은 오른쪽 그림이 올바른 결과지만, 몬테카를로법을 이용한 경우에도 차이가 거의 없음을 알 수 있습니다. 이처럼 몬테카를로법을 이용하면 환경 모델을 몰라도 정책 평가를 제대로 할 수 있습니다.

5.4 몬테카를로법으로 정책 제어하기

앞서 5.2절에서는 몬테카를로법으로 '정책 평가'를 수행했습니다. 정책 평가의 다음 단계는 최적 정책을 찾는 '정책 제어'입니다. 이번 절에서는 몬테카를로법을 이용한 정책 제어를 설명합니다. 다행히도 새로 배울 내용은 많지 않습니다. 핵심 아이디어들을 4.3절에서 이미 다 배웠기 때문이죠. 핵심은 바로 평가와 개선을 번갈아 반복하는 것입니다. 그림 구현에 앞서 가볍게 복습해보겠습니다.

5.4.1 평가와 개선

최적 정책은 '평가'와 '개선'을 번갈아 반복하여 얻습니다. '평가' 단계에서는 정책을 평가하여 가치 함수를 얻습니다. 그리고 '개선' 단계에서는 가치 함수를 탐욕화하여 정책을 개선합니다. 이두 과정을 번갈아 반복함으로써 최적 정책(과 최적 가치 함수)에 점점 다가갈 수 있습니다.

앞에서는 몬테카를로법으로 정책을 평가했습니다. 예를 들어 π라는 정책이 있다면, 몬테카를로법을 이용해 $V_\pi(s)$를 얻을 수 있었습니다. 그다음은 개선 단계입니다. 개선 단계에서는 탐욕화를 수행합니다. 수식으로 다음처럼 표현할 수 있습니다.

$$\mu(s) = \operatorname*{argmax}_{a} Q(s,a) \qquad \text{[식 5.3]}$$

$$= \operatorname*{argmax}_{a} \sum_{s'} p(s' \mid s,a)\{r(s,a,s') + \gamma V(s')\} \qquad \text{[식 5.4]}$$

개선 단계에서는 가치 함수의 값을 최대로 만드는 행동을 선택합니다(이 책에서는 '탐욕화'라고 부릅니다). Q 함수(행동 가치 함수)의 경우 [식 5.3]과 같이 Q 함수가 최댓값을 반환하는 행동을 선택합니다. 이때 행동이 단 하나로 결정되므로 함수 $\mu(s)$로 나타낼 수 있습니다. 또한 [식 5.4]와 같이 가치 함수 V로 나타낼 수도 있습니다.

앞 절까지는 가치 함수 V에 대한 평가를 진행했습니다. 만약 가치 함수 V를 사용하여 정책을 개선한다면 [식 5.4]를 계산하면 됩니다. 하지만 이 식에는 제약이 있습니다. 일반적인 강화 학습 문제에서는 환경 모델, 즉 $p(s' \mid s,a)$와 $r(s,a,s')$를 알 수 없습니다. 그런데 [식 5.4]는 환경 모델을 사용하지 않으면 계산할 수 없죠. 따라서 일반적인 강화 학습 문제에서는 Q 함수를 이용하는 [식 5.3]을 이용해야 합니다. 이 식에서는 단순히 $Q(s,a)$가 최대가 되는 행동 a를 찾아내기만 하면 되므로 환경 모델이 필요 없습니다.

Q 함수를 대상으로 개선할 경우 Q 함수를 '평가'해야 합니다. 앞 절까지는 몬테카를로법으로 상태 가치 함수를 평가했습니다. 평가 대상을 Q 함수로 바꿔줘야 합니다. 그러려면 몬테카를로법의 갱신식에서 $V(s)$에서 $Q(s,a)$로 전환해야겠죠. 수식으로는 다음과 같습니다.

[상태 가치 함수 평가]

- 일반적인 방식: $V_n(s) = \dfrac{G^{(1)} + G^{(2)} + \cdots + G^{(n)}}{n}$

- 증분 방식: $V_n(s) = V_{n-1}(s) + \dfrac{1}{n}\{G^{(n)} - V_{n-1}(s)\}$

[Q 함수 평가]

- 일반적인 방식: $Q_n(s,a) = \dfrac{G^{(1)} + G^{(2)} + \cdots + G^{(n)}}{n}$

- 증분 방식: $Q_n(s,a) = Q_{n-1}(s,a) + \dfrac{1}{n}\{G^{(n)} - Q_{n-1}(s,a)\}$　　　　[식 5.5]

여기서 $G^{(n)}$은 n번째 에피소드에서 얻을 수 있는 수익이고 $V_n(s)$는 n번째 에피소드가 끝난 시점의 상태 가치 함수 추정치입니다. 마찬가지로 $Q_n(s,a)$는 n번째 에피소드가 끝난 시점의 Q 함수 추정치입니다. 이 식들에서 알 수 있듯이 상태 가치 함수든 Q 함수든 대상이 바뀌었을 뿐, 몬테카를로법으로 하는 계산 자체는 변하지 않습니다.

5.4.2 몬테카를로법으로 정책 제어 구현

이제 몬테카를로법으로 정책을 제어하는 에이전트를 구현하겠습니다. 클래스 이름은 McAgent 입니다. 먼저 코드 전반부를 보겠습니다.

```python
class McAgent:
    def __init__(self):
        self.gamma = 0.9
        self.action_size = 4

        random_actions = {0: 0.25, 1: 0.25, 2: 0.25, 3: 0.25}
        self.pi = defaultdict(lambda: random_actions)
        self.Q = defaultdict(lambda: 0)  # V가 아닌 Q를 사용
        self.cnts = defaultdict(lambda: 0)
        self.memory = []

    def get_action(self, state):
        action_probs = self.pi[state]
        actions = list(action_probs.keys())
        probs = list(action_probs.values())
```

```
        return np.random.choice(actions, p=probs)

    def add(self, state, action, reward):
        data = (state, action, reward)
        self.memory.append(data)

    def reset(self):
        self.memory.clear()
```

앞 절에서 구현한 RandomAgent 클래스와 거의 같습니다. 유일한 차이는 self.V에서 self.Q
로 이름을 바꾼 부분입니다.

이어서 핵심인 정책 제어를 구현합니다.

```
def greedy_probs(Q, state, action_size=4):
    qs = [Q[(state, action)] for action in range(action_size)]
    max_action = np.argmax(qs)

    action_probs = {action: 0.0 for action in range(action_size)}
    # 이 시점에서 action_probs는 {0: 0.0, 1: 0.0, 2: 0.0, 3: 0.0}이 됨
    action_probs[max_action] = 1  # ❶
    return action_probs  # 탐욕 행동을 취하는 확률 분포 반환

class McAgent:
    ...
    def update(self):
        G = 0
        for data in reversed(self.memory):
            state, action, reward = data
            G = self.gamma * G + reward
            key = (state, action)
            self.cnts[key] += 1
            # [식 5.5]에 따라 self.Q 갱신
            self.Q[key] += (G - self.Q[key]) / self.cnts[key]  # ❷

            # state의 정책 탐욕화
            self.pi[state] = greedy_probs(self.Q, state)
```

먼저 greedy_probs() 함수를 준비합니다. 에이전트의 메서드가 아닌 외부 함수로 구현했습니다. 이 함수는 이름에서 짐작할 수 있듯이 탐욕 행동을 취하도록 하는 확률 분포를 반환합니다. 즉, 매개변수로 받은 state 상태에서 Q 함수의 값이 가장 큰 행동만을 취하게끔 확률 분포를 만들어줍니다. 예를 들어 주어진 상태에서 0번째 행동의 Q 함수 값이 가장 크다면 {0: 1.0, 1: 0.0, 2: 0.0, 3: 0.0}을 반환합니다.

update() 메서드에서는 self.Q를 갱신합니다. 여기서 주의할 점은 self.Q의 키가 (state, action) 튜플이라는 점입니다. 그리고 [식 5.5]에 따라 '증분 방식'으로 self.Q를 갱신하고, self.Q 갱신이 끝나면 state의 정책을 탐욕화합니다.

이상이 McAgent 클래스입니다. 그런데 사실 이 코드는 제대로 작동하지 못합니다. 개선할 점이 두 가지 있는데, 바로 다음 부분입니다.

- 코드의 ❶: 완전한 탐욕이 아닌 ε-탐욕 정책으로 변경
- 코드의 ❷: Q 갱신을 '고정값 α 방식'으로 수행

이제부터 두 개선 사항에 대해 구체적으로 알아봅시다.

5.4.3 ε-탐욕 정책으로 변경(첫 번째 개선 사항)

에이전트는 개선 단계에서 정책을 탐욕화합니다. 탐욕화의 결과로 해당 상태에서 취할 수 있는 행동이 단 하나로 고정됩니다(만약 Q의 값이 같다면 여러 가지 행동을 취할 수도 있습니다). 예를 들어 정책을 탐욕화하여 [그림 5-14]처럼 행동하게 되었다고 가정해봅시다.

그림 5-14 탐욕 정책과 에이전트가 따라가는 경로

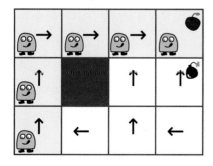

그림과 같이 탐욕 행동만을 수행하면 에이전트의 경로가 한 가지로 고정됩니다. 그러면 모든 상태와 행동 조합에 대한 수익 샘플 데이터를 수집할 수 없겠죠. 이 문제를 해결하려면 에이전트가 '탐색'도 시도하도록 해야 합니다.

에이전트에게 '탐색'을 시키는 대표적인 방법이 ε-탐욕 정책입니다. 기본적으로 Q 함수의 값이 가장 큰 행동을 선택하되, 무작위성을 '살짝' 첨가하여 낮은 확률로 아무 행동이나 선택하도록 하는 정책입니다. 이렇게 하면 각 상태에서 정해진 행동만 선택되는 문제를 방지할 수 있습니다(잘하면 모든 상태를 거치고, 할 수 있는 모든 행동을 경험해볼 수도 있습니다). 그러면서도 대다수 경우에 탐욕 행동을 취하기 때문에 최적 정책에 가까운 결과를 얻을 수 있습니다.

이제 ε-탐욕 버전의 greedy_probs() 함수를 구현해보겠습니다.

ch05/mc_control.py

```python
def greedy_probs(Q, state, epsilon=0, action_size=4):
    qs = [Q[(state, action)] for action in range(action_size)]
    max_action = np.argmax(qs)

    base_prob = epsilon / action_size
    action_probs = {action: base_prob for action in range(action_size)}
    # 이 시점에서 action_probs = {0: ε/4, 1: ε/4, 2: ε/4, 3: ε/4}
    action_probs[max_action] += (1 - epsilon)
    return action_probs
```

이전 코드에서는 100% 탐욕스러웠던 확률 분포를 ε-탐욕 형태로 변경했습니다. 확률 분포를 ε-탐욕 형태로 만들기 위해 우선 모든 행동의 확률을 $\varepsilon/4$로 설정하고(이번 문제에서는 행동의 가짓수가 4개), Q 함수 값이 가장 큰 행동에 따라 $1 - \varepsilon$의 확률을 더했습니다. [그림 5-15]를 보면 이렇게 설정한 이유가 확실하게 이해될 것입니다.

그림 5-15 ε-탐욕 정책에 의해 각 행동이 선택될 확률

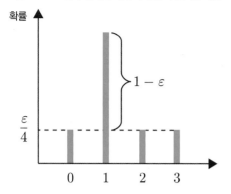

참고로 지금 구현한 greedy_probs() 함수는 앞으로 반복해서 사용할 것이므로 common/ utils 파일에도 비슷한 코드를 넣어뒀습니다. from common.utils import greedy_probs 코드를 추가하여 언제든 가져와 사용할 수 있습니다.

5.4.4 고정값 α 방식으로 수행(두 번째 개선 사항)

다음은 두 번째 개선 사항입니다. 먼저 수정한 부분의 코드를 보겠습니다.

```
                                                                ch05/mc_control.py
# 수정 전
# self.Q[key] += (g - self.Q[key]) / self.cnts[state]  # ❷

# 수정 후
alpha = 0.1
self.Q[key] += (g - self.Q[key]) * alpha  # ❷
```

이와 같이 ❷ 부분을 고정값 alpha로 바꿔줍니다. 수정 전과 후의 방식에는 [그림 5-16]과 같은 차이가 있습니다.

그림 5-16 '수정 전 방식(왼쪽)'과 '고정값 방식(오른쪽)'에서 각 데이터에 부여되는 가중치

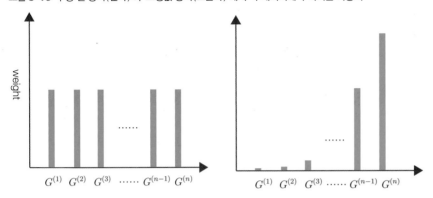

수정 전 방식은 모든 샘플 데이터($G^{(1)}, G^{(2)}, \cdots, G^{(n)}$)에 가중치를 '균일'하게 주고 평균을 냅니다. '표본 평균'이죠. 표본 평균에서는 각 데이터에 대한 가중치가 모두 $1/n$입니다.

반면, 고정값 α로 갱신하는 방식은 오른쪽 그림처럼 각 데이터에 대한 가중치가 '기하급수적'으로 커집니다. 이를 '지수 이동 평균exponential moving average'이라고 합니다. 지수 이동 평균은 최신 데이터일수록 가중치를 훨씬 크게 줍니다.

몬테카를로법을 이용한 정책 제어에는 지수 이동 평균이 적합합니다. '수익'이라는 샘플 데이터가 생성되는 확률 분포가 시간에 따라 달라지기 때문입니다. 더 정확히 말하면, 에피소드가 진행될수록 정책이 갱신되기 때문에 수익이 생성되는 확률 분포도 달라집니다. 밴디트 문제의 용어를 빌려 '비정상 문제non-stationary problem'라고 할 수 있습니다. 샘플 데이터(수익)를 생성하는 확률 분포가 일정하지 않은 경우에는 지수 이동 평균이 적합하다는 사실은 1.5.1절에서 설명했습니다.

> NOTE_ 수익은 '환경의 상태 전이'와 '에이전트의 정책'이라는 두 가지 확률적 처리를 반복하며 만들어집니다. 이 두 가지 처리에서의 확률 분포가 아무것도 변하지 않는다면 샘플링되는 수익의 분포 역시 '정상(변하지 않음)'입니다. 하지만 둘 중 하나라도 변화한다면 수익의 확률 분포는 '비정상'이 됩니다. 지금 예에서는 정책을 반복적으로 개선하기 때문에 에피소드를 거칠 때마다 정책이 달라질 수밖에 없습니다. 이에 따라 수익의 확률 분포도 변화합니다.

5.4.5 몬테카를로법으로 정책 반복법 구현(개선 버전)

앞의 두 개선 사항을 반영하여 McAgent 클래스를 다음과 같이 수정했습니다(달라진 부분에 배경색을 칠했습니다).

ch05/mc_control.py

```python
class McAgent:
    def __init__(self):
        self.gamma = 0.9
        self.epsilon = 0.1  # (첫 번째 개선) ε-탐욕 정책의 ε
        self.alpha = 0.1    # (두 번째 개선) Q 함수 갱신 시의 고정값 α
        self.action_size = 4

        random_actions = {0: 0.25, 1: 0.25, 2: 0.25, 3: 0.25}
        self.pi = defaultdict(lambda: random_actions)
        self.Q = defaultdict(lambda: 0)
        # self.cnts = defaultdict(lambda: 0)
        self.memory = []

    def get_action(self, state):
        action_probs = self.pi[state]
        actions = list(action_probs.keys())
        probs = list(action_probs.values())
        return np.random.choice(actions, p=probs)

    def add(self, state, action, reward):
        data = (state, action, reward)
        self.memory.append(data)

    def reset(self):
        self.memory.clear()

    def update(self):
        G = 0
        for data in reversed(self.memory):
            state, action, reward = data
            G = self.gamma * G + reward
            key = (state, action)
            # self.cnts[key] += 1
            # self.Q[key] += (G - self.Q[key]) / self.cnts[key]
            self.Q[key] += (G - self.Q[key]) * self.alpha  # ❶
            self.pi[state] = greedy_probs(self.Q, state, self.epsilon)  # ❷
```

초기화할 때 self.epsilon과 self.alpha 인스턴스 변수를 새로 추가했습니다.

self.epsilon은 ε-탐욕 정책에서 무작위로 행동할 확률입니다. 지금처럼 0.1로 설정하면 10%의 확률로 무작위 행동을 선택하고, 90%의 확률로 탐욕 행동을 선택합니다. 코드 ❷에서 이 값을 greed_probs() 함수에 전달하여 ε-탐욕 정책에 따른 확률 분포를 만들도록 했습니다.

self.alpha는 Q 함수를 갱신할 때 사용하는 고정값입니다. 코드 ❶에서 고정값인 self.alpha로 Q 함수를 갱신합니다.

이상이 개선된 버전의 McAgent 클래스입니다. 이제 새로운 McAgent 클래스를 GridWorld 클래스와 함께 사용해보겠습니다.

ch05/mc_control.py

```python
env = GridWorld()
agent = McAgent()

episodes = 10000
for episode in range(episodes):
    state = env.reset()
    agent.reset()

    while True:
        action = agent.get_action(state)
        next_state, reward, done = env.step(action)

        agent.add(state, action, reward)
        if done:
            agent.update()
            break

        state = next_state

env.render_q(agent.Q)
```

총 1만 번의 에피소드로 학습하고, 마지막으로 env.render_q(agent.Q)로 Q 함수를 시각화했습니다. 이 코드를 실행하면 다음 그림을 얻을 수 있습니다.

그림 5-17 Q 함수 시각화

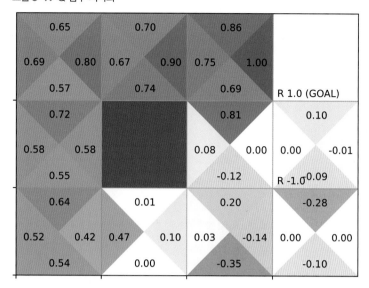

각 상태에서 취할 수 있는 행동이 4가지이므로 [그림 5-17]과 같이 각 칸을 네 개로 나누어 그렸습니다. 그림을 보면 마이너스 보상을 피하고 플러스 보상을 얻는 행동의 Q 함수가 커지는 것을 알 수 있습니다(결과는 실행할 때마다 달라집니다). 이 결과에서 탐욕 행동들만 뽑아내면 [그림 5-18]처럼 됩니다.

그림 5-18 Q 함수로부터 얻을 수 있는 탐욕 정책

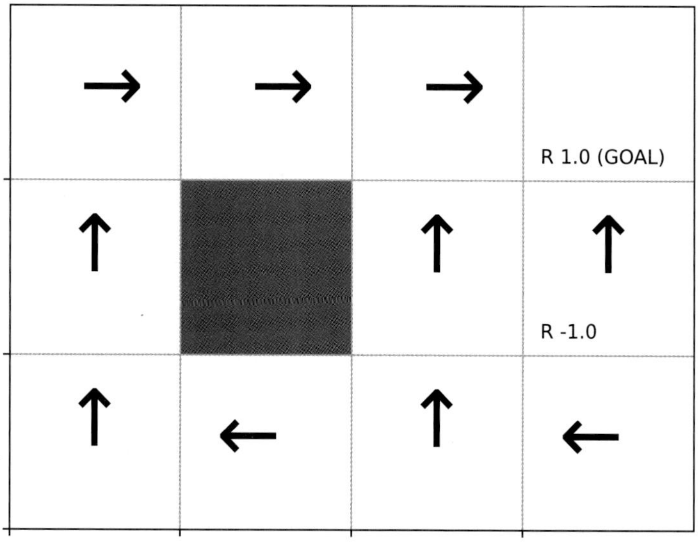

이와 같이 Q 함수로부터 얻은 탐욕 정책으로도 최적 정책과 비슷한 결과를 얻을 수 있습니다. 실제로는 에이전트가 ε-탐욕 정책에 따라 어떤 상태에서든 (낮은 확률로) 무작위로 행동하기도 합니다. 하지만 대부분은 탐욕 행동을 선택하기 때문에 대체로 좋은 결과를 얻을 수 있습니다.

지금까지 몬테카를로법으로 정책 제어를 구현해보았습니다.

5.5 오프-정책과 중요도 샘플링

앞서 몬테카를로법에 ε-탐욕 정책을 결합하여 최적에 가까운 정책을 얻었습니다. 하지만 그 결과는 완벽한 최적 정책이 아닙니다. 우리는 (할 수만 있다면) Q 함수의 값이 가장 큰 행동만을 수행하도록 하고 싶습니다. 즉, '활용'만 하고 싶은 것입니다. 하지만 그러려면 '탐색'을 포기해야 합니다. 그래서 ε이라는 작은 확률로 탐색을 수행했습니다. 말하자면, ε-탐욕 정책은 일종의 타협인 셈입니다.

이번 절에서는 몬테카를로법을 이용해 완벽한 최적 정책을 학습하는 방법을 고민해보겠습니다. 이를 위한 준비 과정으로 먼저 온-정책과 오프-정책에 대해 알아봅니다.

5.5.1 온-정책과 오프-정책

사람은 다른 사람의 행동을 관찰하여 자신의 능력을 개선할 힌트를 얻기도 합니다. 예를 들어 다른 테니스 선수가 스윙하는 모습을 보고 자신의 스윙 자세를 고치기도 하죠. 강화 학습 용어로는 '자신과 다른 환경에서 얻은 경험을 토대로 자신의 정책을 개선한다'고 표현할 수 있습니다. 이러한 접근 방식을 강화 학습에서는 **오프-정책**off-policy이라고 합니다. 반면 스스로 쌓은 경험을 토대로 자신의 정책을 개선하는 방식은 **온-정책**on-policy이라고 합니다.

지금까지 이 책에서는 '대상 정책'과 '행동 정책'을 구분하지 않았습니다. 즉, '평가와 개선의 대상인 대상 정책'과 '실제 행동을 선택하는 행동 정책'을 동일시한 것입니다. 이처럼 두 정책이 같은 경우를 온-정책, 따로 떼어서 생각하는 경우를 오프-정책이라고 합니다. 여기서 온/오프는 '연결되어 있다'와 '떨어져 있다'라는 뜻으로 해석하면 됩니다. 즉, 오프-정책은 '대상 정책과 행동 정책이 떨어져 있다'라는 의미입니다.

이번 절의 주제는 '오프-정책'입니다. 테니스 선수의 예처럼 다른 정책(행동 정책)에서 얻은 경험을 토대로 자신의 정책(대상 정책)을 평가하고 개선하는 것이죠. 오프-정책이라면 행동 정책에서는 '탐색'을, 대상 정책에서는 '활용'만을 할 수 있습니다. 다만, 행동 정책에서 얻은 샘플 데이터로부터 대상 정책과 관련된 기댓값을 계산하는 방법은 고민을 좀 해야 합니다. 이때 등장하는 것이 바로 중요도 샘플링 기법입니다.

5.5.2 중요도 샘플링

중요도 샘플링^{importance sampling}은 어떤 확률 분포의 기댓값을 다른 확률 분포에서 샘플링한 데이터를 사용하여 계산하는 기법입니다. $\mathbb{E}_{\pi}[x]$라는 기댓값 계산을 예로 중요도 샘플링을 설명해 보겠습니다. 여기서 x는 확률 변수이며 x의 확률은 $\pi(x)$로 표기합니다. 그래서 확률 분포의 기댓값은 다음 식으로 표현됩니다.

$$\mathbb{E}_{\pi}[x] = \sum x\pi(x)$$

이 기댓값을 몬테카를로법으로 근사하려면 x를 확률 분포 π에서 샘플링하여 평균을 내면 됩니다.

---

* 옮긴이_ '목표 정책'이라고도 많이 번역하지만 '대상 정책'이 본래의 의미(개선 대상)를 더 직관적으로 표현한다고 생각하여 이 책에서는 '대상 정책'으로 옮겼습니다.

$$\text{샘플링}: x^{(i)} \sim \pi \quad (i = 1, 2, \cdots, n)$$

$$\mathbb{E}_\pi[x] \simeq \frac{x^{(1)} + x^{(2)} + \cdots + x^{(n)}}{n}$$

이 수식에서 $x^{(i)} \sim \pi$ 표기는 확률 분포 π에서 i번째 데이터 $x^{(i)}$가 샘플링되었음을 나타냅니다.

이제 본론으로 들어갑시다. 지금 우리는 x가 다른 확률 분포에서 샘플링된 경우의 문제를 풀고자 합니다. 예를 들어 x가 (π가 아닌) b라는 확률 분포에서 샘플링되었다고 가정해봅시다. 이 경우에 기댓값 $\mathbb{E}_\pi[x]$는 어떻게 근사할 수 있을까요? 해결의 열쇠는 다음과 같은 식 변형에 있습니다.

$$\begin{aligned}
\mathbb{E}_\pi[x] &= \sum x\pi(x) \\
&= \sum x\frac{b(x)}{b(x)}\pi(x) \\
&= \sum x\frac{\pi(x)}{b(x)}b(x)
\end{aligned}$$

[식 5.6]

여기서 핵심은 두 번째 줄에서 $\frac{b(x)}{b(x)}$를 끼워넣는 부분입니다. $\frac{b(x)}{b(x)}$는 항상 1이므로 등식이 성립합니다. 그리고 [식 5.6]과 같이 $\sum \cdots b(x)$ 형태로 바꾸면 확률 분포 $b(x)$에서의 기댓값으로 간주할 수 있습니다. 실제로 [식 5.6]을 한 번 더 변형하면 다음 식을 얻을 수 있습니다.

$$\begin{aligned}
\mathbb{E}_\pi[x] &= \sum x\frac{\pi(x)}{b(x)}b(x) \\
&= \mathbb{E}_b\left[x\frac{\pi(x)}{b(x)}\right]
\end{aligned}$$

[식 5.7]

이 수식에서 주목할 부분은 $\mathbb{E}_b$입니다. 확률 분포 π에 대한 기댓값을 확률 분포 b에 대한 기댓값으로 표현해낸 것입니다. 또한 각각의 x에 $\frac{\pi(x)}{b(x)}$가 곱해진다는 점도 중요합니다. 여기서 $\rho(x) = \frac{\pi(x)}{b(x)}$라고 하면, 각각의 x에는 '가중치'로서 $\rho(x)$가 곱해진다고 볼 수 있습니다 (ρ는 '로우'로 읽습니다).

[식 5.7]에 근거하여 몬테카를로법을 수식으로 표현하면 다음과 같습니다.

$$샘플링 : x^{(i)} \sim b \quad (i = 1, 2, \cdots, n)$$

$$\mathbb{E}_\pi[x] \simeq \frac{\rho(x^{(1)})x^{(1)} + \rho(x^{(2)})x^{(2)} + \cdots + \rho(x^{(n)})x^{(n)}}{n}$$

이제 다른 확률 분포 b에서 샘플링한 데이터를 이용하여 $\mathbb{E}_\pi[x]$를 계산할 수 있습니다.

그럼 이어서 중요도 샘플링을 코드로 구현해봅시다. [그림 5-19]의 확률 분포를 대상으로 중요도 샘플링을 수행하겠습니다.

그림 5-19 확률 분포 π와 b

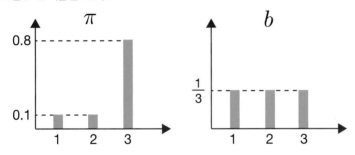

지금 목표는 기댓값 $\mathbb{E}_\pi[x]$를 구하는 것입니다. 먼저 확률 분포 π의 기댓값을 일반적인 몬테카를로법으로 구해보겠습니다.

ch05/importance_sampling.py

```python
import numpy as np

x = np.array([1, 2, 3])          # 확률 변수
pi = np.array([0.1, 0.1, 0.8])   # 확률 분포

# 기댓값의 참값 계산
e = np.sum(x * pi)
print('참값(E_pi[x]):', e)

# 몬테카를로법으로 계산
n = 100   # 샘플 개수
samples = []
for _ in range(n):
    s = np.random.choice(x, p=pi)   # pi를 이용한 샘플링
    samples.append(s)
```

```
mean = np.mean(samples)    # 샘플들의 평균
var = np.var(samples)      # 샘플들의 분산
print('몬테카를로법: {:.2f} (분산: {:.2f})'.format(mean, var))
```

출력 결과

```
참값(E_pi[x]): 2.7
몬테카를로법: 2.78 (분산: 0.27)
```

먼저 기댓값을 정의식에 맞게 구합니다. 그 결과는 2.7입니다(이 값이 참값입니다).

이어서 몬테카를로법을 이용하여 구합니다. 여기서는 확률 분포 pi에서 데이터를 100개만 샘플링하여 평균을 구했습니다(넘파이의 np.mean() 메서드 사용). 그 결과는 2.78로, 참값에 가깝게 나왔습니다. 그리고 넘파이의 np.var() 메서드를 사용하여 '분산'도 구했습니다. 분산은 0.27로 나왔네요. 이 값은 곧이어 중요도 샘플링의 결과와 비교해볼 것입니다.

참고로 분산은 데이터가 얼마나 흩어져 있는가를 나타냅니다. 기댓값과 분산의 관계를 수식으로 표현하면 다음과 같습니다.

$$\mathrm{Var}[X] = \mathbb{E}\big[(X - \mathbb{E}[X])^2\big]$$

분산은 '데이터 X'와 'X의 평균인 $\mathbb{E}[X]$'의 차이를 제곱한 값의 기댓값입니다. 직관적으로는 [그림 5-20]과 같이 데이터의 '흩어진 정도'를 나타냅니다.

그림 5-20 각 데이터가 2차원상의 점이라고 가정했을 때의 분산(원의 중심이 평균)

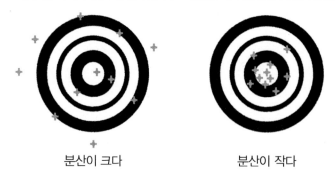

분산이 크다   분산이 작다

이어서 중요도 샘플링을 이용하여 기댓값을 구해보겠습니다.

```python
b = np.array([1/3, 1/3, 1/3])  # 확률 분포       ch05/importance_sampling.py
n = 100  # 샘플 개수
samples = []

for _ in range(n):
    idx = np.arange(len(b))        # b의 인덱스([0, 1, 2])
    i = np.random.choice(idx, p=b)  # b를 사용하여 샘플링
    s = x[i]
    rho = pi[i] / b[i]              # 가중치
    samples.append(rho * s)        # 샘플 데이터에 가중치를 곱해 저장

mean = np.mean(samples)
var = np.var(samples)
print('중요도 샘플링: {:.2f} (분산: {:.2f})'.format(mean, var))
```

출력 결과

```
중요도 샘플링: 2.95 (분산: 10.63)
```

이번에는 확률 분포 b를 사용하여 샘플링합니다. 단, 샘플링하는 대상은 'b의 인덱스([0, 1, 2])'로 설정했습니다. 가중치 rho를 계산할 때 샘플링한 인덱스를 사용하기 때문입니다.

출력 결과를 보겠습니다. 평균은 2.95입니다. 참값인 2.7과는 조금 거리가 있지만 아주 동떨어진 값은 아닙니다. 한편 분산은 10.63으로, 데이터의 '흩어진 정도'가 몬테카를로법 때의 0.27보다 훨씬 큰 것을 알 수 있습니다.

5.5.3 분산을 작게 하기

분산이 작을수록 적은 샘플로도 정확하게 근사할 수 있습니다. 반대로 분산이 클수록 샘플을 더 많이 사용해야 합니다. 그래서 이제부터 중요도 샘플링에서 분산을 줄이는 방법을 알아보겠습니다. 먼저 [그림 5-21]을 보면서 중요도 샘플링을 쓰면 분산이 커지는 이유를 설명하겠습니다.

그림 5-21 확률 분포 *b*에서 3을 샘플링한 예

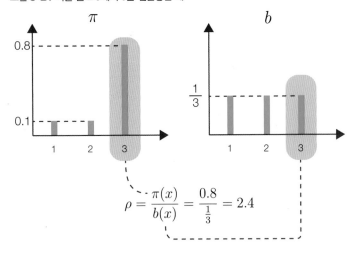

[그림 5-21]은 샘플 데이터로 3을 선택한 예를 보여줍니다. 이때 가중치 ρ는 2.4입니다. 즉, 3을 뽑았음에도 결과적으로 3 × 2.4 = 7.2를 얻는다는 뜻입니다. 뭔가 잘못됐다고 느껴질 수 있지만 말이 되는 상황입니다. 이유는 다음과 같습니다.

- 확률 분포 π를 기준으로 했을 때 3은 대표적인 값이기 때문에 (원래는) 3이 많이 샘플링되어야 한다.
- 하지만 확률 분포 *b*에서는 3이 특별히 많이 선택되지 않는다.
- 이 간극을 메우기 위해 3이 샘플링된 경우, 그 값이 커지도록 '가중치'를 곱하여 조정한다.

이처럼 확률 분포 π와 *b*의 차이를 고려하여 샘플링된 값에 가중치를 곱하여 조정하는 일 자체는 의미가 있습니다. 하지만 샘플링된 값은 3인데 7.2로 취급한다면 그리고 만약 지금이 첫 번째 샘플 데이터라면, 현시점의 추정값은 7.2가 된다는 문제가 생깁니다. 참값이 2.7이니 너무 크게 벗어나는 셈입니다. 이처럼 실제 얻은 값에 부여하는 가중치 ρ의 보정 효과가 클수록 분산(참값으로부터의 편차)이 커집니다.

그렇다면 어떻게 해야 분산을 줄일 수 있을까요? 두 확률 분포(*b*와 π)를 가깝게 만들면 됩니다. 이렇게 하면 가중치 ρ의 값을 1에 가깝게 만들 수 있습니다.

실험을 해봅시다. 직전 코드에서 확률 분포 b의 값만 바꿔보겠습니다.

```python
b = np.array([0.2, 0.2, 0.6])  # 확률 분포 변경 (앞에서는 [1/3, 1/3, 1/3]로 설정)
n = 100
samples = []

for _ in range(n):
    idx = np.arange(len(b))  # [0, 1, 2]
    i = np.random.choice(idx, p=b)
    s = x[i]
    rho = pi[i] / b[i]
    samples.append(rho * s)

mean = np.mean(samples)
var = np.var(samples)
print('중요도 샘플링: {:.2f} (분산: {:.2f})'.format(mean, var))
```

출력 결과

```
중요도 샘플링: 2.72 (분산: 2.48)
```

이와 같이 확률 분포 b를 [0.2, 0.2, 0.6]으로 변경하여 확률 분포 pi에 가깝게 만들어봅니다 (pi = [0.1, 0.1, 0.8]). 결과는 평균이 2.72로, 참값에 더 가까워졌습니다. 이때 분산은 2.48 이며 이전 결과보다 작아졌음을 알 수 있습니다.

이처럼 중요도 샘플링 시 두 확률 분포를 비슷하게 설정하면 분산을 줄일 수 있습니다. 단, 강화 학습에서 핵심은 한쪽 정책(확률 분포)은 '탐색'에, 다른 쪽 정책은 '활용'에 이용하는 것입니다. 이 조건을 염두에 둔 상태에서 두 확률 분포를 최대한 가깝게 조정하면 분산을 줄일 수 있습니다.

이것이 바로 중요도 샘플링입니다. 중요도 샘플링을 이용하면 오프-정책을 구현할 수 있습니다. 즉, 행동 정책이라는 확률 분포에서 샘플링된 데이터를 토대로 대상 정책에 대한 기댓값을 계산할 수 있습니다.

이번 장에서는 설명을 이쯤에서 마치고 더 자세한 방법은 부록 A에서 다룹니다. 한 걸음 더 들어간 주제이니 관심 있는 분은 참고하기 바랍니다.

5.6 정리

강화 학습에서는 에이전트가 주어진 환경에서 실제로 행동하고 거기서 얻은 경험을 바탕으로 더 나은 정책을 찾습니다. 환경과 에이전트의 이러한 상호작용이 강화 학습의 특징입니다. 이번 장에서 배운 기술은 몬테카를로법입니다. 몬테카를로법을 이용하면 실제로 얻은 경험 데이터로부터 가치 함수를 근사적으로 구할 수 있습니다.

몬테카를로법으로 Q 함수를 평가할 수 있다면, 이어서 Q 함수를 이용하여 정책을 개선할 수 있습니다. 이 평가와 개선을 번갈아 반복하면 더 나은 정책을 얻을 수 있죠. 다만 정책 개선 작업을 완전히 탐욕스럽게 하면 더 이상 '탐색'을 할 수 없게 됩니다. 그래서 이번 장에서는 완전한 탐욕 정책이 아닌 ε-탐욕 정책으로 갱신하여 활용과 탐색의 균형을 맞췄습니다. 강화 학습 문제에서는 활용과 탐색의 균형을 맞추면서 최선의 행동을 찾아야 합니다.

또한 에이전트의 정책은 역할 측면에서 볼 때, 대상 정책과 행동 정책으로 나뉜다고 설명했습니다. 행동 정책에 따라 실제 행동을 선택하고 그렇게 경험을 쌓아 대상 정책을 갱신합니다. 대상 정책과 행동 정책이 같은 경우를 온-정책, 둘을 분리해서 생각하는 경우를 오프-정책이라고 합니다. 오프-정책에서는 행동 정책에 따라 행동하고 그 결과를 이용하여 대상 정책에 대한 기댓값을 계산해야 합니다. 이 계산을 가능하게 하는 수단이 중요도 샘플링입니다.

## CHAPTER 6

TD법

5장에서 몬테카를로법에 대해 배웠습니다. 몬테카를로법을 이용하면 환경 모델 없이도 정책을 평가할 수 있습니다. 그리고 평가와 개선을 번갈아 반복하면서 최적 정책(또는 최적에 가까운 정책)을 얻을 수 있습니다. 하지만 몬테카를로법은 에피소드의 끝에 도달한 후에야 가치 함수를 갱신할 수 있습니다. 에피소드가 끝나야만 수익이 확정되기 때문입니다.

> NOTE_ 지속적 과제에서는 몬테카를로법을 이용할 수 없습니다. 또한 일회성 과제라도 완료까지 시간이 걸리는 에피소드에서라면 몬테카를로법으로 가치 함수를 갱신하는 데는 오랜 시간이 소요됩니다. 특히 에피소드의 초기 단계에서는 에이전트의 정책이 무작위적인 경우가 많기 때문에 시간이 더 많이 필요합니다.

이번 장에서는 환경 모델을 사용하지 않을 뿐 아니라 행동을 한 번 수행할 때마다 가치 함수를 갱신하는 **TD법**을 설명합니다. TD는 'Temporal Difference'의 약자로, '시간차'라는 뜻입니다. 에피소드가 끝날 때까지 기다리지 않고 일정 시간마다 정책을 평가하고 개선합니다.

6.1 TD법으로 정책 평가하기

TD법은 지금까지 배운 '몬테카를로법'과 '동적 프로그래밍'을 합친 기법입니다. 따라서 먼저 이 두 기법을 복습한 후 TD법을 도출하겠습니다. 이번 장에서는 편의상 몬테카를로법을 'MC법',

동적 프로그래밍을 'DP법'으로 줄여 쓰겠습니다(동적 프로그래밍은 DP로 쓰는 게 일반적이지만 TD법, MC법과 형식을 통일하고자 DP법으로 표기하겠습니다).

6.1.1 TD법 도출

먼저 '수익'에 대해 복습하겠습니다. 우리는 수익을 다음과 같이 정의했습니다.

$$G_t = R_t + \gamma R_{t+1} + \gamma^2 R_{t+2} + \cdots \qquad \text{[식 6.1]}$$

$$= R_t + \gamma G_{t+1} \qquad \text{[식 6.2]}$$

시간 t부터 시작하여 보상이 R_t, $R_{t+1}\cdots$ 식으로 주어진다면, 수익은 [식 6.1]과 같이 할인율을 적용한 보상들의 총합으로 표현됩니다. 그리고 [식 6.2]처럼 G_t를 G_{t+1}을 써서 재귀적으로 표현할 수도 있습니다.

이 수익을 적용하면 '가치 함수'는 다음과 같이 정의됩니다.

$$v_\pi(s) = \mathbb{E}_\pi[G_t \mid S_t = s] \qquad \text{[식 6.3]}$$

$$= \mathbb{E}_\pi[R_t + \gamma G_{t+1} \mid S_t = s] \qquad \text{[식 6.4]}$$

가치 함수는 이 식과 같이 기댓값으로 정의됩니다. 이번 절에서 다음의 두 가지를 보여줄 것입니다.

- [식 6.3]으로부터 MC법을 이용하는 기법 도출
- [식 6.4]로부터 DP법을 이용하는 기법 도출

'MC법'부터 살펴보겠습니다. MC법에서는 기댓값을 계산하는 대신 실제 수익의 샘플 데이터를 평균하여 [식 6.3]의 기댓값을 근사합니다. 평균에는 표본 평균과 지수 이동 평균이 있습니다. 지수 이동 평균을 이용하려면 새로운 수익이 발생할 때마다 고정된 값 α로 갱신합니다. 수식으로는 다음과 같습니다.

$$V'_\pi(S_t) = V_\pi(S_t) + \alpha\{G_t - V_\pi(S_t)\} \qquad \text{[식 6.5]}$$

여기서 V_π는 현재의 가치 함수이고 V_π'는 갱신 후의 가치 함수입니다. 그래서 [식 6.5]는 현재의 가치 함수 V_π를 G_t 쪽으로 갱신하고 있습니다. G_t 쪽으로 얼마나 갱신할지는 α로 조정합니다.

다음은 'DP법'입니다. DP법은 (MC법과 달리) [식 6.4]의 계산으로 기댓값을 구합니다. 수식으로는 다음과 같습니다.

$$v_\pi(s) = \mathbb{E}_\pi[R_t + \gamma G_{t+1} \mid S_t = s] \qquad \text{[식 6.4]}$$

$$= \sum_{a,s'} \pi(a \mid s)\, p(s' \mid s,a)\{r(s,a,s') + \gamma v_\pi(s')\} \qquad \text{[식 6.6]}$$

참고로 [식 6.6]은 벨만 방정식입니다. 즉, DP법은 벨만 방정식을 기반으로 가치 함수를 순차적으로 갱신합니다. 갱신식은 다음과 같습니다.

$$V_\pi'(s) = \sum_{a,s'} \pi(a \mid s)\, p(s' \mid s,a)\{r(s,a,s') + \gamma V_\pi(s')\} \qquad \text{[식 6.7]}$$

[식 6.7]에서 중요한 점은 '현재 상태에서의 가치 함수'를 '다음 상태에서의 가치 함수'로 갱신한다는 것입니다. 이때 모든 전이를 고려하고 있다는 게 특징입니다. MC법과 비교해보면 DP법의 이러한 특징이 더욱 도드라집니다. [그림 6-1]을 보시죠.

그림 6-1 DP법과 MC법 비교

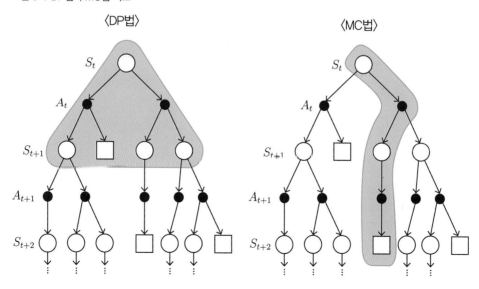

[그림 6-1]은 상태 S_t에서 시작하여 이후의 모든 전이를 표현한 모습입니다. DP법은 다음 가치 함수의 추정치를 이용하여 현재 가치 함수의 추정치를 갱신합니다. 이 원리를 '부트스트랩' 이라고 합니다. 반면, MC법은 실제로 얻은 일부 경험만을 토대로 현재의 가치 함수를 갱신합니다. 이 두 방법을 융합한 것이 [그림 6-2]의 TD법입니다.

그림 6-2 TD법 아이디어

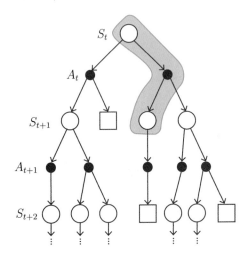

TD법은 [그림 6-2]와 같이 다음 행동과 가치 함수만을 이용하여 현재 가치 함수를 갱신합니다. 중요한 점은 다음 두 가지입니다.

- DP법처럼 부트스트랩을 통해 가치 함수를 순차적으로 갱신
- MC법처럼 환경에 대한 정보 없이 샘플링된 데이터만으로 가치 함수 갱신

이제 TD법을 수식에서 도출해보겠습니다. 먼저 [식 6.6]을 다음처럼 전개합니다.

$$v_\pi(s) = \sum_{a,s'} \pi(a \mid s) p(s' \mid s, a)\{r(s, a, s') + \gamma v_\pi(s')\} \qquad \text{[식 6.6]}$$
$$= \mathbb{E}_\pi[R_t + \gamma v_\pi(S_{t+1}) \mid S_t = s] \qquad \text{[식 6.8]}$$

[식 6.6]은 모든 후보에 대해 $r(s, a, s') + \gamma v_\pi(s')$를, 즉 보상과 다음 가치 함수를 계산합니다. 이를 기댓값 $\mathbb{E}_\pi$ 형태로 다시 쓰면 [식 6.8]이 됩니다. TD법에서는 [식 6.8]을 이용하여 가치 함수를 갱신하는데, $R_t + \gamma v_\pi(S_{t+1})$ 부분을 샘플 데이터에서 근사합니다. 그래서 TD법

갱신식을 수식으로 표현하면 다음과 같습니다.

$$V'_\pi(S_t) = V_\pi(S_t) + \alpha\{R_t + \gamma V_\pi(S_{t+1}) - V_\pi(S_t)\}$$ [식 6.9]

[식 6.9]의 V_π는 가치 함수의 추정치이고 $R_t + \gamma V_\pi(S_{t+1})$은 목적지(목표)입니다. 이 목적지를 **TD 목표**$^{\text{TD target}}$라고 하며 TD법은 $V_\pi(S_t)$를 TD 목표 방향으로 갱신합니다.

> **NOTE_** 여기서는 1단계 앞의 정보를 TD 목표로 사용했습니다. 이 아이디어를 확장하면 2단계 앞, 3단계 앞과 같이 n단계 앞의 정보를 이용하는 것도 생각할 수 있습니다. 이를 **n단계 TD법**이라고 합니다. n단계 TD법은 부록 B에서 설명하니 관심 있는 분은 참고하기 바랍니다.

6.1.2 MC법과 TD법 비교

환경 모델을 모를 때 사용할 수 있는 도구로 MC법과 TD법이 있습니다. 그렇다면 둘 중 어느 방법을 사용해야 할까요? 혹은 어느 방법이 더 나을까요? 지속적인 과제에서는 MC법을 사용할 수 없으니 TD법 외에는 대안이 없습니다. 하지만 일회성 과제라면 어떨까요? 안타깝게도 이론적으로 어느 쪽이 항상 더 나은지는 증명되지 않았습니다. 하지만 현실의 많은 문제에서는 TD법이 더 빠르게 학습합니다(가치 함수 갱신이 더 빠릅니다). MC법과 TD법이 무엇을 목표로 하는지 보면 그 이유를 알 수 있습니다.

그림 6-3 MC법과 TD법 비교

⟨MC법⟩ $\quad V'_\pi(S_t) = V_\pi(S_t) + \alpha\{G_t - V_\pi(S_t)\}$

⟨TD법⟩ $\quad V'_\pi(S_t) = V_\pi(S_t) + \alpha\{R_t + \gamma V_\pi(S_{t+1}) - V_\pi(S_t)\}$

보다시피 MC법은 G_t를 목표로 하여 그 방향으로 V_π를 갱신합니다. 여기서 G_t는 목표에 도달했을 때 얻을 수 있는 수익의 샘플 데이터입니다. 반면 TD법의 목표는 한 단계 앞의 정보를 이용해 계산합니다. 이 경우 시간이 한 단계씩 진행될 때마다 가치 함수를 갱신할 수 있기 때문에 효율적인 학습을 기대할 수 있습니다.

또한 MC법의 목표는 많은 시간을 쌓아서 얻은 결과이기 때문에 값의 '변동'이 심한 편입니다. 즉, 분산variance이 큽니다. 반면 TD법은 한 단계 앞의 데이터를 기반으로 하여 변동이 적습니다. 따라서 [그림 6-4]와 같은 상황이 됩니다.

그림 6-4 시간을 거듭할수록 '변동성'이 커진다.

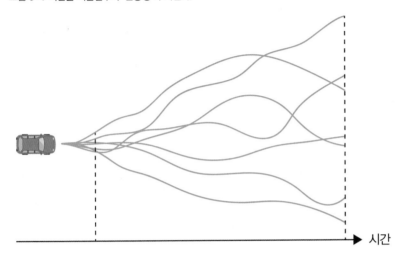

[그림 6-4]는 달리는 자동차의 움직임을 묘사하고 있습니다. 운전자는 확률적으로 핸들을 오른쪽 또는 왼쪽으로 돌리거나 그대로 둘 수 있습니다. 선이 여러 개인 이유는 여러 가지 가능성을 그렸기 때문입니다. 여기서 주목할 점은 시간이 지날수록 이동 경로의 변동이 커진다는 사실입니다. 이 그림이 MC법과 TD법의 목표에도 그대로 적용됩니다. MC법의 목표는 오랜 시간이 쌓인 결과이기 때문에 분산이 큽니다. 반면 TD법의 목표(TD 목표)는 겨우 한 단계 앞의 시간이기 때문에 분산이 작습니다.

TD 목표는 $R_t + \gamma V_\pi(S_{t+1})$인데, 잘 보면 추정치인 V_π가 사용되고 있습니다. 즉 TD법은 '추정치로 추정치를 갱신'하는 부트스트래핑입니다. 이처럼 TD 목표는 추정치를 포함하기 때문에 정확한 값이 아닙니다. 학문적으로는 '편향이 있다'라고 합니다. 하지만 편향은 갱신이 반복될 때마다 점점 작아져 결국에는 0으로 수렴합니다.

반면, MC법의 목표에는 추정치가 포함되지 않기 때문에 '편향이 없다'라고 할 수 있습니다.

6.1.3 TD법 구현

TD법을 구현해보겠습니다. 여기서 보여드릴 TdAgent 클래스는 무작위 정책에 따라 행동하는 에이전트이며 TD법으로 정책을 평가합니다. 코드는 다음과 같습니다.

```python
class TdAgent:                                              # ch06/td_eval.py
    def __init__(self):
        self.gamma = 0.9
        self.alpha = 0.01
        self.action_size = 4

        random_actions = {0: 0.25, 1: 0.25, 2: 0.25, 3: 0.25}
        self.pi = defaultdict(lambda: random_actions)
        self.V = defaultdict(lambda: 0)

    def get_action(self, state):
        action_probs = self.pi[state]
        actions = list(action_probs.keys())
        probs = list(action_probs.values())
        return np.random.choice(actions, p=probs)

    def eval(self, state, reward, next_state, done):
        next_V = 0 if done else self.V[next_state]  # 목표 지점의 가치 함수는 0
        target = reward + self.gamma * next_V

        self.V[state] += (target - self.V[state]) * self.alpha
```

TdAgent 클래스는 지금까지 구현한 에이전트 클래스들(5장에서 구현한 McAgent 등)과 공통점이 많습니다. 그래서 다른 코드는 생략하고 TD법을 이용하여 정책을 평가하는 eval() 메서드만 설명하겠습니다.

eval() 메서드를 매개변수까지 표기하면 eval(self, state, reward, next_state, done)입니다. 이 메서드는 상태 state에서 행동 action을 수행하고, 보상 reward를 받고, 다음 상태 next_state로 넘어갔을 때 호출됩니다. 또한 에피소드가 끝났는지 여부(next_state가 목표인지 여부)를 나타내는 플래그 done도 매개변수로 받습니다.

이제 에이전트를 실제로 행동하도록 시켜 정책을 평가해봅시다. 총 1000번의 에피소드를 실행하겠습니다.

```
ch06/td_eval.py

env = GridWorld()
agent = TdAgent()

episodes = 1000
for episode in range(episodes):
    state = env.reset()

    while True:
        action = agent.get_action(state)
        next_state, reward, done = env.step(action)

        agent.eval(state, reward, next_state, done)  # 매번 호출
        if done:
            break
        state = next_state

env.render_v(agent.V)
```

5장에서 본 MC법 코드와 거의 같습니다(ch05/mc_eval.py). 가장 큰 차이는 에이전트의 eval() 메서드를 매번 호출한다는 점인데, TD법은 시간이 한 단계씩 진행될 때마다 갱신하기 때문입니다. 반면 MC법에서는 목표에 도달해야만 eval() 메서드를 호출합니다.

그럼 코드를 실행해봅시다. 결과는 다음과 같습니다.

그림 6-5 TD법으로 얻은 가치 함수

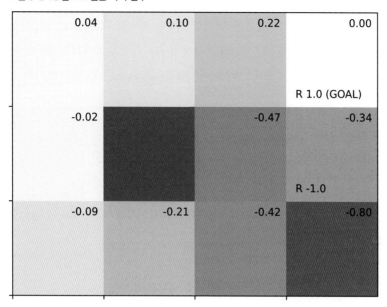

그림과 같이 무작위 정책을 따르는 에이전트의 가치 함수를 평가했습니다. 무작위 정책이므로 실행할 때마다 달라지지만 대략적으로 올바른 결과를 얻을 수 있습니다.

이상으로 TD법을 사용해 정책 평가를 성공적으로 마쳤습니다.

6.2 SARSA

앞 절에서는 TD법으로 정책을 평가했습니다. 정책 평가가 끝나면 다음 단계는 정책 제어입니다. 이미 익숙해진 흐름일 겁니다. 이번 절에서도 평가와 개선을 반복하여 최적 정책에 가까워지는 과정을 거칩니다. 특히 이번에는 '온-정책'에 속하는 SARSA 기법을 소개합니다.

> NOTE_ 5.5절에서 설명한 것처럼 정책 제어 방식에는 대상 정책과 행동 정책이 같은 온-정책과 둘이 서로 다른 오프-정책이 있습니다. 이번 절에서는 온-정책 방식을, 다음 절부터는 오프-정책 방식을 다루겠습니다.

6.2.1 온-정책 SARSA

앞 절에서는 가치 함수 $V_\pi(s)$를 평가했습니다. 하지만 정책을 제어할 때는 상태 가치 함수 $V_\pi(s)$가 아닌 행동 가치 함수(Q 함수) $Q_\pi(s, a)$가 대상입니다. 개선 단계에서는 정책을 탐욕화해야 하며, $V_\pi(s)$의 경우 환경 모델이 필요합니다. 반면, $Q_\pi(s, a)$라면 다음 식처럼 계산할 수 있습니다.

$$\mu(s) = \underset{a}{\mathrm{argmax}}\, Q_\pi(s, a)$$

보다시피 환경 모델이 필요하지 않습니다. 왜 그런지는 5.4.1절에서 설명했습니다.

앞 절에서 도출한 상태 가치 함수 $V_\pi(s)$를 이용하는 TD법의 갱신식은 [식 6.9]로 나타낼 수 있습니다.

$$V'_\pi(S_t) = V_\pi(S_t) + \alpha\{R_t + \gamma V_\pi(S_{t+1}) - V_\pi(S_t)\} \qquad \text{[식 6.9]}$$

여기서 상태 가치 함수를 Q 함수로 바꿔봅시다. $V_\pi(S_{t+1})$을 $Q_\pi(S_{t+1}, A_{t+1})$로 대체하고, $V_\pi(S_t)$를 $Q_\pi(S_t, A_t)$로 대체하면 다음처럼 됩니다.

$$Q'_\pi(S_t, A_t) = Q_\pi(S_t, A_t) + \alpha\{R_t + \gamma Q_\pi(S_{t+1}, A_{t+1}) - Q_\pi(S_t, A_t)\} \qquad \text{[식 6.10]}$$

[식 6.10]이 Q 함수를 대상으로 한 TD법의 갱신식입니다.

다음으로 온-정책 형태의 정책 제어 방식에 대해 설명하겠습니다. 온-정책에서 에이전트는 정책을 하나만 가지고 있습니다. 실제로 행동을 선택하는 정책(행동 정책)과 평가 및 개선할 정책(대상 정책)이 일치하는 것이죠.

> NOTE_ 온-정책의 경우 행동 정책과 대상 정책이 같으므로 개선 단계에서는 완벽하게 탐욕화할 수 없습니다. 완벽하게 탐욕화하면 '탐색'을 포기해야 하기 때문이죠. 그래서 (타협하여) ε-탐욕 정책을 이용합니다. 그렇게 하면 이따금 탐색을 하면서도 대부분의 경우에는 탐욕스럽게 행동할 수 있습니다.

에이전트가 정책 π에 따라 행동한다고 합시다. 구체적으로 시간 t와 $t + 1$에서 [그림 6-6]처럼 행동했다고 가정해보죠.

그림 6-6 시간 t와 $t+1$에서의 상태와 행동 전이

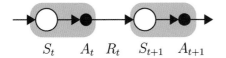

$$S_t \quad A_t \quad R_t \quad S_{t+1} \quad A_{t+1}$$

Q 함수는 상태와 행동을 묶은 데이터를 하나의 단위로 삼습니다. 따라서 [그림 6-6]에서는 시간 t에서의 상태와 행동 데이터를 (S_t, A_t), 한 단계 다음 시간의 데이터를 (S_{t+1}, A_{t+1})로 묶어줬습니다. [그림 6-6]과 같은 데이터, 즉 $(S_t, A_t, R_t, S_{t+1}, A_{t+1})$을 얻었다면 [식 6.10]에 대입하여 $Q_\pi(S_t, A_t)$를 즉시 갱신할 수 있습니다. 그리고 이 갱신이 끝나면 바로 '개선' 단계로 넘어갈 수 있습니다. 지금 예에서는 $Q_\pi(S_t, A_t)$가 갱신되기 때문에 상태 S_t에서의 정책이 바뀔 수 있습니다. 구체적으로 알아보면, 상태 S_t에서의 정책은 다음과 같이 갱신될 수 있습니다.

$$\pi'(a \mid S_t) = \begin{cases} \operatorname*{argmax}_a Q_\pi(S_t, a) & (1 - \varepsilon \text{의 확률}) \\ \text{무작위 행동} & (\varepsilon \text{의 확률}) \end{cases}$$

[식 6.11]

[식 6.11]과 같이 ε의 확률로 무작위 행동을 선택하고, 그 외에는 탐욕 행동을 선택합니다. 탐욕 행동으로 정책을 개선하고 무작위 행동으로 탐색이 수행하는 것이죠. 이러한 ε-탐욕 정책에 따라 상태 S_t에서 행동을 선택하는 방법을 갱신합니다.

이렇게 [식 6.10]에 따른 평가와 [식 6.11]에 따른 갱신을 번갈아 반복하면 최적에 가까운 정책을 얻을 수 있습니다. 이 알고리즘이 바로 SARSA입니다. 참고로 SARSA라는 이름은 TD법에서 사용하는 데이터 $(S_t, A_t, R_t, S_{t+1}, A_{t+1})$에서 따온 것입니다.

6.2.2 SARSA 구현

이제 SARSA 기법으로 정책을 개선하는 에이전트를 구현해봅시다.

ch06/sarsa.py

```python
from collections import defaultdict, deque
import numpy as np
from common.utils import greedy_probs

class SarsaAgent:
```

```python
    def __init__(self):
        self.gamma = 0.9
        self.alpha = 0.8
        self.epsilon = 0.1
        self.action_size = 4

        random_actions = {0: 0.25, 1: 0.25, 2: 0.25, 3: 0.25}
        self.pi = defaultdict(lambda: random_actions)
        self.Q = defaultdict(lambda: 0)
        self.memory = deque(maxlen=2)  # ❶ deque 사용

    def get_action(self, state):
        action_probs = self.pi[state]  # ❷ pi에서 선택
        actions = list(action_probs.keys())
        probs = list(action_probs.values())
        return np.random.choice(actions, p=probs)

    def reset(self):
        self.memory.clear()

    def update(self, state, action, reward, done):
        self.memory.append((state, action, reward, done))
        if len(self.memory) < 2:
            return

        state, action, reward, done = self.memory[0]
        next_state, next_action, _, _ = self.memory[1]
        # ❸ 다음 Q 함수
        next_q = 0 if done else self.Q[next_state, next_action]

        # ❹ TD법으로 self.Q 갱신
        target = reward + self.gamma * next_q
        self.Q[state, action] += (target - self.Q[state, action]) * self.alpha

        # ❺ 정책 개선
        self.pi[state] = greedy_probs(self.Q, state, self.epsilon)
```

SarsaAgent 클래스도 지금까지 구현한 에이전트 클래스들과 매우 비슷합니다. 그럼 코드의 ❶~❺ 부분을 순서대로 살펴봅시다.

❶에서는 파이썬 표준 라이브러리인 collections.deque를 사용합니다. deque는 리스트와

비슷하게 사용할 수 있습니다. 하지만 지정된 최대 원소 수(maxlen)를 초과하여 원소가 추가되면 선입선출^{first in, first out} 원칙에 따라 가장 오래된 원소를 삭제합니다. 이 특성을 이용하여 가장 최근의 경험 데이터만 보관할 수 있습니다(지금 코드에서는 최대 2개).

❷ SarsaAgent 클래스는 온−정책 방식이므로 정책을 하나만 사용합니다. get_action(self, state) 메서드는 state에서 행동을 하나 선택해주는데, 이때 유일한 정책인 self.pi에서 행동을 선택합니다.

❸ done 플래그가 True면 목표에 도달했음을 뜻합니다. 목표에서의 Q 함수는 항상 0입니다. Q 함수는 미래에 얻을 수 있는 보상의 총합인데, 이미 목표에 도달했으므로 앞으로 더 받을 게 없기 때문입니다.

❹ SARSA 알고리즘의 [식 6.10]에 따라 self.Q를 갱신합니다.

❺ 정책을 개선하기 위해 앞 장에서 구현한 greedy_probs() 함수를 사용합니다. 이제 정책 self.pi의 상태 state에서의 행동은 ε−탐욕 정책에 따라 결정됩니다.

이제 SarsaAgent 클래스를 실행해봅시다. 이번에도 '3×4 그리드 월드' 과제를 풀어보죠. 총 1만 번의 에피소드로 학습하고 마지막에 env.render_q(agent.Q)를 호출하여 Q 함수를 시각화하겠습니다.

```
env = GridWorld()                                          ch06/sarsa.py
agent = SarsaAgent()

episodes = 10000
for episode in range(episodes):
    state = env.reset()
    agent.reset()

    while True:
        action = agent.get_action(state)
        next_state, reward, done = env.step(action)

        agent.update(state, action, reward, done)  # ❶ 매번 호출

        if done:
            # ❷ 목표에 도달했을 때도 호출
            agent.update(next_state, None, None, None)
```

```
                break
        state = next_state

  env.render_q(agent.Q)  # Q 함수 시각화
```

여기서 주목할 점은 agent.update() 메서드를 호출하는 시점입니다. ❶ 우선 while 순환문 안에서 매번 호출합니다. 그런데 agent.update() 메서드는 두 번의 호출을 한 세트로 정책을 갱신합니다. ❷ 그래서 목표에 도달하면 agent.update(next_state, None, None, None, None) 형태로 한 번 더 호출합니다.

코드를 실행해보면 결과는 다음과 같습니다.

[그림 6-7] SARSA로 얻은 결과

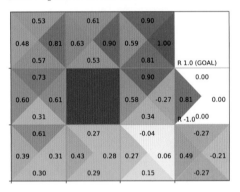
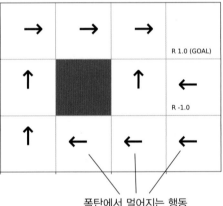

폭탄에서 멀어지는 행동

결과는 실행할 때마다 다르지만 대체로 좋은 결과를 얻을 수 있습니다. [그림 6-7]의 정책에는 탐욕 행동만 화살표로 그려지지만, ε만큼의 무작위 행동이 포함됩니다. 정책에 무작위성이 있기 때문에 폭탄에서 가능한 한 멀어지도록 움직이는 걸 볼 수 있습니다.

이상으로 온–정책 SARSA 구현을 마칩니다.

6.3 오프-정책 SARSA

이번에는 오프-정책 SARSA를 구현할 차례입니다. 보통 이쯤에서 'Q 러닝'이 등장하지만 이 책에서는 '오프-정책 SARSA'부터 도출하고 'Q 러닝'은 그 후에 살펴보겠습니다.

6.3.1 오프-정책과 중요도 샘플링

오프-정책에서는 에이전트가 행동 정책과 대상 정책을 따로 가지고 있습니다. 행동 정책에서는 다양한 행동을 시도하며 샘플 데이터를 폭넓게 수집합니다. 그리고 이 샘플 데이터를 이용하여 대상 정책을 탐욕스럽게 갱신합니다. 이때 주의할 점이 두 가지 있습니다.

- 행동 정책과 대상 정책의 확률 분포가 비슷할수록 결과가 안정적이다. 이 점을 고려하여 현재의 Q 함수에 대해 행동 정책은 ε-탐욕 정책으로 갱신하고, 대상 정책은 탐욕 정책으로 갱신한다.
- 두 정책이 서로 다르기 때문에 중요도 샘플링을 활용하여 가중치 ρ로 보정한다.

더 구체적으로 살펴보겠습니다. $Q_\pi(S_t, A_t)$를 갱신하는 경우를 생각해보죠. 이때 SARSA의 갱신식은 다음과 같습니다.

$$Q'_\pi(S_t, A_t) = Q_\pi(S_t, A_t) + \alpha\{R_t + \gamma Q_\pi(S_{t+1}, A_{t+1}) - Q_\pi(S_t, A_t)\} \qquad \text{[식 6.10]}$$

이 갱신식에 대응하는 백업 다이어그램도 살펴보죠.

그림 6-8 SARSA 갱신식에 대응하는 백업 다이어그램

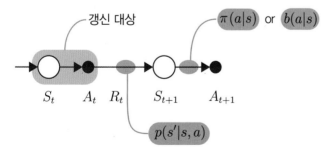

[그림 6-8]에서 보듯 상태와 행동을 묶은 (S_t, A_t)가 갱신 대상입니다. 이 (S_t, A_t)라는 갱신 대상은 임의로 선택할 수 있습니다. 선택된 대상이 다음 시간 $t + 1$에 어떻게 전이될지를 고려

하는 것이죠. 이때 다음 상태 S_{t+1}은 환경의 상태 전이 확률 $p(s'|s,a)$에 따라 샘플링됩니다. 그리고 상태 S_{t+1}에서 선택되는 행동은 대상 정책 π(또는 행동 정책 b)에 따라 샘플링됩니다. 이렇게 얻은 샘플 데이터를 [식 6.10]에 대입하여 $Q_\pi(S_t, A_t)$를 갱신합니다. 이때 행동이 정책 π에 따라 선택됨을 명시하면 SARSA의 갱신식을 다음처럼 작성할 수 있습니다.

$$샘플링: A_{t+1} \sim \pi$$
$$Q'_\pi(S_t, A_t) = Q_\pi(S_t, A_t) + \alpha \{ R_t + \gamma Q_\pi(S_{t+1}, A_{t+1}) - Q_\pi(S_t, A_t) \} \qquad \text{[식 6.12]}$$

[식 6.12]는 $Q_\pi(S_t, A_t)$를 $R_t + \gamma Q_\pi(S_{t+1}, A_{t+1})$ 방향으로 갱신함을 나타냅니다. 즉, $R_t + \gamma Q_\pi(S_{t+1}, A_{t+1})$이 'TD 목표'인 것입니다.

다음으로 행동 A_{t+1}이 정책 b에 따라 샘플링된 경우를 생각해보죠. 이 경우 가중치 ρ로 TD 목표를 보정합니다(중요도 샘플링). 가중치 ρ는 '정책이 π일 때 TD 목표를 얻을 확률'과 '정책이 b일 때 TD 목표를 얻을 확률'의 비율입니다. 수식으로는 다음처럼 표현됩니다.

$$\rho = \frac{\pi(A_{t+1} | S_{t+1})}{b(A_{t+1} | S_{t+1})}$$

따라서 오프-정책 SARSA의 갱신식은 다음과 같습니다.

$$샘플링: A_{t+1} \sim b$$
$$Q'_\pi(S_t, A_t) = Q_\pi(S_t, A_t) + \alpha \{ \rho(R_t + \gamma Q_\pi(S_{t+1}, A_{t+1})) - Q_\pi(S_t, A_t) \} \qquad \text{[식 6.13]}$$

이 식과 같이 행동은 정책 b에 따라 샘플링되고 가중치 ρ로 TD 목표가 보정됩니다.

6.3.2 오프-정책 SARSA 구현

오프-정책 SARSA를 구현해보겠습니다.

ch06/sarsa_off_policy.py

```python
class SarsaOffPolicyAgent:
    def __init__(self):
```

```python
        self.gamma = 0.9
        self.alpha = 0.8
        self.epsilon = 0.1
        self.action_size = 4

        random_actions = {0: 0.25, 1: 0.25, 2: 0.25, 3: 0.25}
        self.pi = defaultdict(lambda: random_actions)
        self.b = defaultdict(lambda: random_actions)
        self.Q = defaultdict(lambda: 0)
        self.memory = deque(maxlen=2)

    def get_action(self, state):
        action_probs = self.b[state]  # ❶ 행동 정책에서 가져옴
        actions = list(action_probs.keys())
        probs = list(action_probs.values())
        return np.random.choice(actions, p=probs)

    def reset(self):
        self.memory.clear()

    def update(self, state, action, reward, done):
        self.memory.append((state, action, reward, done))
        if len(self.memory) < 2:
            return

        state, action, reward, done = self.memory[0]
        next_state, next_action, _, _ = self.memory[1]

        if done:
            next_q = 0
            rho = 1
        else:
            next_q = self.Q[next_state, next_action]
            # ❷ 가중치 rho 계산
            rho = self.pi[next_state][next_action] / self.b[next_state][next_action]

        # ❸ rho로 TD 목표 보정
        target = rho * (reward + self.gamma * next_q)
        self.Q[state, action] += (target - self.Q[state, action]) * self.alpha

        # ❹ 각각의 정책 개선
        self.pi[state] = greedy_probs(self.Q, state, 0)
        self.b[state] = greedy_probs(self.Q, state, self.epsilon)
```

코드의 ❶~❹를 차례로 살펴보죠.

❶ 행동을 추출하는 get_action() 메서드에서는 self.b의 확률 분포에서 행동을 선택합니다.

❷ 중요도 샘플링으로 가중치 rho를 구합니다. 이 가중치는 대상 정책 self.pi와 행동 정책 self.b의 확률 비율입니다.

❸ 함수의 갱신 대상인 TD 목표(target)에 가중치 rho를 곱합니다.

❹ 대상 정책 self.pi는 탐욕 정책으로 개선하고, 행동 정책 self.b는 ε-탐욕 정책으로 개선합니다.

이제 SarsaOffPolicyAgent 클래스를 사용하여 그리드 월드 문제를 풀어보죠. 에이전트를 구동하는 코드는 앞 절과 같으니 여기서는 결과를 바로 보겠습니다.

그림 6-9 오프-정책 SARSA로 얻은 결과

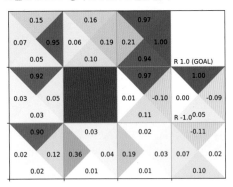
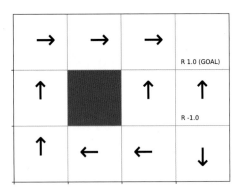

결과는 실행할 때마다 달라집니다. [그림 6-9]의 결과를 보면 아직 개선할 여지가 있어 보입니다. 다음 절에서는 어떻게 개선할지를 고민해보겠습니다.

6.4 Q 러닝

앞서 오프-정책 SARSA를 구현했습니다. 오프-정책 방식에서는 에이전트가 행동 정책과 대상 정책을 따로 가지고 있었습니다. 두 정책이 역할을 분담하여 행동 정책으로는 '탐색'을, 대상 정책으로는 '활용'을 수행하도록 하는 것이죠. 이렇게 하면 (바라건대) 최적의 정책을 얻을 수 있습니다. 하지만 오프-정책 SARSA에서는 중요도 샘플링을 이용해야 합니다. 그런데 중요도 샘플링은 가급적이면 피하고 싶은 기법입니다. 왜일까요?

중요도 샘플링은 결과가 불안정하기 쉽다는 문제를 안고 있습니다. 특히 두 정책의 확률 분포가 다를수록 중요도 샘플링에서 사용하는 가중치 ρ도 변동성이 커집니다. 이에 따라 SARSA의 갱신식에 등장하는 목표도 변동되기 때문에 Q 함수의 갱신 역시 불안정해집니다.

이 문제를 해결해주는 것이 바로 **Q 러닝**$^{\text{Q-learning}}$입니다. Q 러닝의 대표적인 특징은 다음 세 가지로 요약할 수 있습니다.

1 TD법
2 오프-정책
3 중요도 샘플링을 사용하지 않음

Q 러닝을 도출하기 위해 먼저 벨만 방정식과 SARSA의 관계부터 확인하겠습니다. 그런 다음 벨만 최적 방정식과 연관된 형태로 Q 러닝을 도출합니다. 즉, 벨만 방정식에서 SARSA를 도출하고, 벨만 최적 방정식에서 Q 러닝을 도출하겠습니다.

그림 6-10 벨만 방정식과 SARSA, 벨만 최적 방정식과 Q 러닝의 관계

벨만 방정식 ⟶ SARSA

벨만 최적 방정식 ⟶ Q 러닝

6.4.1 벨만 방정식과 SARSA

먼저 벨만 방정식과 SARSA의 관계부터 보겠습니다. 앞에서 봤다시피 정책 π에서의 Q 함수를 $q_\pi(s,a)$라고 했을 때 벨만 방정식은 다음 식으로 표현됩니다.

$$q_\pi(s,a) = \sum_{s'} p(s' \mid s,a)\left\{ r(s,a,s') + \gamma \sum_{a'} \pi(a' \mid s')q_\pi(s',a') \right\}$$

이 벨만 방정식에서 중요한 점은 다음 두 가지입니다.

- 환경의 상태 전이 확률 $p(s'|s,a)$에 따른 다음 단계의 '모든' 상태 전이를 고려한다.
- 에이전트의 정책 π에 따른 다음 단계의 '모든' 행동을 고려한다.

백업 다이어그램을 보면 무슨 뜻인지 더 명확하게 이해될 것입니다. 먼저 벨만 방정식의 백업 다이어그램을 보겠습니다.

그림 6-11 Q 함수에서 벨만 방정식의 백업 다이어그램

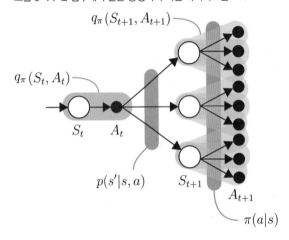

[그림 6-11]과 같이 벨만 방정식은 다음 상태와 다음 행동의 '모든' 후보를 고려합니다. 따라서 SARSA는 벨만 방정식의 '샘플링 버전'으로 볼 수 있습니다. '샘플링 버전'이란 모든 전이가 아닌 '샘플링된 데이터'를 사용한다는 뜻입니다. SARSA의 백업 다이어그램은 [그림 6-12]와 같습니다.

그림 6-12 SARSA의 백업 다이어그램

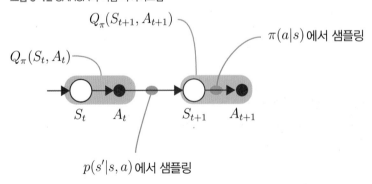

[그림 6-12]와 같이 SARSA에서 다음 상태 S_{t+1}은 $p(s'|s, a)$로부터 샘플링합니다. 그리고 다음 행동 A_{t+1}은 정책 $\pi(a|s)$로부터 샘플링합니다. 이때 SARSA의 TD 목표는 $R_t + \gamma Q_\pi(S_{t+1}, A_{t+1})$이 됩니다. 이 목표 방향으로 Q 함수를 조금만 갱신하면 됩니다.

자, 이제부터 본론입니다. 벨만 방정식이 SARSA에 대응한다면, 벨만 최적 방정식에 대응하는 개념도 생각할 수 있을 것입니다. 바로 Q 러닝입니다!

6.4.2 벨만 최적 방정식과 Q 러닝

앞서 4.5절에서 가치 반복법을 배웠습니다. 가치 반복법은 최적 정책을 얻기 위한 '평가'와 '개선'이라는 두 과정을 하나로 묶은 기법입니다. 가치 반복법의 중요한 점은 벨만 최적 방정식에 기반하여 '단 하나의 갱신식을 반복'함으로써 최적 정책을 얻을 수 있다는 사실입니다. 이번 절에서는 벨만 최적 방정식에 의한 갱신인 동시에 이를 '샘플링 버전'으로 만든 방법을 알아보겠습니다.

먼저 Q 함수의 벨만 최적 방정식을 보겠습니다. 벨만 최적 방정식은 다음 식으로 표현됩니다.

$$q_*(s,a) = \sum_{s'} p(s'|s,a)\left\{r(s,a,s') + \gamma \max_{a'} q_*(s',a')\right\}$$

여기서 $q_*(s, a)$는 최적 정책 π_*에서의 Q 함수를 뜻합니다. 벨만 방정식과 달리 벨만 최적 방정식은 max 연산자를 사용합니다. 벨만 최적 방정식을 백업 다이어그램으로 표현하면 다음과 같습니다.

그림 6-13 Q 함수에서 벨만 최적 방정식의 백업 다이어그램

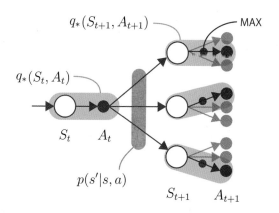

[그림 6-13]과 같이 행동 A_{t+1}은 Q 함수가 가장 큰 행동입니다. 이제 [그림 6-13]을 '샘플링 버전'으로 다시 작성해보죠.

그림 6-14 샘플링 버전 벨만 최적 방정식의 백업 다이어그램

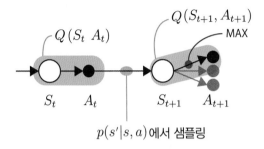

[그림 6-14]에 기반한 방법이 **Q 러닝**입니다. Q 러닝에서 추정치 $Q(S_t, A_t)$의 목표는 $R_t + \gamma\max_a Q(S_{t+1}, a)$가 됩니다. 이 목표 방향으로 Q 함수를 갱신하죠. 수식으로는 다음과 같습니다.

$$Q'(S_t, A_t) = Q(S_t, A_t) + \alpha \left\{ R_t + \gamma \max_a Q(S_{t+1}, a) - Q(S_t, A_t) \right\} \quad \text{[식 6.14]}$$

[식 6.14]에 따라 Q 함수를 반복해서 갱신하면 최적 정책의 Q 함수에 가까워집니다.

[그림 6-14]에서 중요한 점은 (다시 한번 강조하지만) Q 함수가 가장 큰 행동으로 A_{t+1}을 선택한다는 것입니다. 특별한 정책에 따라 샘플링하지 않고 max 연산자로 선택합니다. 따라서 (오프-정책 기법임에도) 중요도 샘플링을 이용한 보정이 필요 없습니다.

이쯤에서 Q 러닝에 대해 정리해보죠. Q 러닝은 오프-정책 기법입니다. 대상 정책과 행동 정책을 따로 가지며 행동 정책으로는 '탐색'을 수행합니다. 흔히 사용되는 행동 정책은 현재 추정치인 Q 함수를 ε-탐욕화한 정책입니다. 행동 정책이 결정되면 그에 따라 행동을 선택하여 샘플 데이터를 수집합니다. 그리고 에이전트가 행동할 때마다 [식 6.14]로 Q 함수를 갱신합니다. 이상이 Q 러닝입니다.

6.4.3 Q 러닝 구현

Q 러닝을 구현해봅시다.

```python
from collections import defaultdict
import numpy as np
from common.gridworld import GridWorld
from common.utils import greedy_probs

class QLearningAgent:
    def __init__(self):
        self.gamma = 0.9
        self.alpha = 0.8
        self.epsilon = 0.1
        self.action_size = 4

        random_actions = {0: 0.25, 1: 0.25, 2: 0.25, 3: 0.25}
        self.pi = defaultdict(lambda: random_actions)
        self.b = defaultdict(lambda: random_actions)  # 행동 정책
        self.Q = defaultdict(lambda: 0)

    def get_action(self, state):
        action_probs = self.b[state]  # 행동 정책에서 가져옴
        actions = list(action_probs.keys())
        probs = list(action_probs.values())
        return np.random.choice(actions, p=probs)

    def update(self, state, action, reward, next_state, done):
        if done:  # 목표에 도달
            next_q_max = 0
        else:       # 그 외에는 다음 상태에서 Q 함수의 최댓값 계산
            next_qs = [self.Q[next_state, a] for a in range(self.action_size)]
            next_q_max = max(next_qs)

        # Q 함수 갱신
        target = reward + self.gamma * next_q_max
        self.Q[state, action] += (target - self.Q[state, action]) * self.alpha

        # 행동 정책과 대상 정책 갱신
        self.pi[state] = greedy_probs(self.Q, state, epsilon=0)
        self.b[state] = greedy_probs(self.Q, state, self.epsilon)
```

여기서 주목할 부분은 update(self, state, action, reward, next_state, done)의 매개변수입니다. Q 러닝에서는 state, action, reward, next_state, done이라는 다섯 가지 정보만으로 Q 함수를 갱신합니다. update() 메서드는 다음 상태에서 Q 함수의 최댓값을 찾습니

다. 그런 다음 벨만 최적 방정식을 기반으로 [식 6.14]에 따라 Q 함수를 갱신합니다. 마지막으로 행동 정책 self.b는 ε−탐욕 정책으로 갱신하고, 대상 정책 self.pi는 탐욕 정책으로 갱신합니다.

이제 QLearningAgent 클래스를 실행해봅시다.

```python
env = GridWorld()
agent = QLearningAgent()

episodes = 10000
for episode in range(episodes):
    state = env.reset()

    while True:
        action = agent.get_action(state)
        next_state, reward, done = env.step(action)

        agent.update(state, action, reward, next_state, done)
        if done:
            break
        state = next_state

env.render_q(agent.Q)
```

이 코드를 실행하면 Q 함수의 값과 에이전트의 대상 정책이 그려집니다. 결과는 다음과 같습니다.

그림 6-15 Q 러닝으로 얻은 Q 함수와 정책

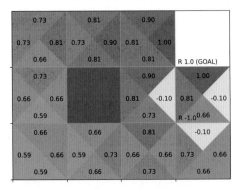
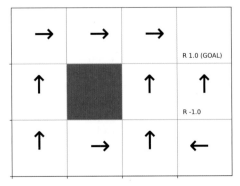

결과는 매번 다르지만 대부분의 경우 최적 정책을 얻을 수 있습니다. [그림 6-15]의 결과도 최적 정책입니다. 이것으로 Q 러닝 구현을 마칩니다.

6.5 분포 모델과 샘플 모델

지금까지는 TD법에 대해 배웠습니다. 구체적인 알고리즘으로는 SARSA와 Q 러닝을 공부했습니다. 6장에서 배우는 강화 학습 알고리즘은 여기까지이고, 이번 절에서는 에이전트를 구현하는 방법에 대해 보충하겠습니다. 에이전트 구현 방법에는 '분포 모델'과 '샘플 모델'이 있습니다. 지금까지 구현한 방식은 분포 모델에 해당합니다. 그런데 샘플 모델을 이용하면 더 간단하게 구현할 수 있습니다.

6.5.1 분포 모델과 샘플 모델

확률적 행동을 구현하는 방법에는 '분포 모델'과 '샘플 모델'이 있습니다. 5.1절에서 환경과 관련하여 분포 모델과 샘플 모델이 있다고 설명했는데 에이전트도 마찬가지입니다. 에이전트의 행동을 결정하는 방법도 '분포 모델'과 '샘플 모델' 중 선택하여 구현할 수 있는 것이죠.

분포 모델은 확률 분포를 명시적으로 유지하는 모델입니다. 그래서 무작위로 행동하는 에이전트라면 분포 모델로 다음처럼 구현할 수 있습니다.

```python
from collections import defaultdict
import numpy as np

class RandomAgent:
    def __init__(self):
        random_actions = {0: 0.25, 1: 0.25, 2: 0.25, 3: 0.25}  # 확률 분포
        self.pi = defaultdict(lambda: random_actions)

    def get_action(self, state):
        action_probs = self.pi[state]
        actions = list(action_probs.keys())
        probs = list(action_probs.values())
        return np.random.choice(actions, p=probs)  # 샘플링
```

이와 같이 각 상태에서의 행동 확률 분포를 self.pi 변수에 유지합니다. 그리고 실제 행동을 할 때는 이 확률 분포를 토대로 샘플링합니다. 이것이 에이전트를 분포 모델로 구현하는 방법이며, 이처럼 확률 분포를 명시적으로 유지한다는 점이 분포 모델의 특징입니다.

바로 이어서 샘플 모델을 보겠습니다. 샘플 모델은 '샘플링이 가능하다'라는 조건만 만족하면 되는 모델입니다. 확률 분포를 유지할 필요가 없기 때문에 분포 모델보다 간단하게 구현할 수 있죠. 똑같이 무작위로 행동하는 에이전트를 샘플 모델로는 다음처럼 구현할 수 있습니다.

```python
import numpy as np

class RandomAgent:
    def get_action(self, state):
        return np.random.choice(4)
```

확률 분포 없이 단순히 네 가지 행동 중 하나를 무작위로 선택하도록 구현했습니다. 보다시피 코드의 양이 훨씬 적습니다.

6.5.2 샘플 모델 버전의 Q 러닝

그렇다면 샘플 모델 버전의 Q 러닝은 어떤 모습일까요? 먼저 앞에서 구현한 Q 러닝을 복습해 보죠. 앞에서는 에이전트를 분포 모델로 구현했습니다. 코드를 다시 한번 보겠습니다.

```python
from collections import defaultdict
import numpy as np
from common.utils import greedy_probs

class QLearningAgent:
    def __init__(self):
        self.gamma = 0.9
        self.alpha = 0.8
        self.epsilon = 0.1
        self.action_size = 4

        random_actions = {0: 0.25, 1: 0.25, 2: 0.25, 3: 0.25}
        self.pi = defaultdict(lambda: random_actions)  # 대상 정책
        self.b = defaultdict(lambda: random_actions)   # 행동 정책
```

```
        self.Q = defaultdict(lambda: 0)

    def get_action(self, state):
        action_probs = self.b[state]
        actions = list(action_probs.keys())
        probs = list(action_probs.values())
        return np.random.choice(actions, p=probs)

    def update(self, state, action, reward, next_state, done):
        if done:
            next_q_max = 0
        else:
            next_qs = [self.Q[next_state, a] for a in range(self.action_size)]
            next_q_max = max(next_qs)

        target = reward + self.gamma * next_q_max
        self.Q[state, action] += (target - self.Q[state, action]) * self.alpha

        # pi는 탐욕화, b는 ε-탐욕화
        self.pi[state] = greedy_probs(self.Q, state, epsilon=0)
        self.b[state] = greedy_probs(self.Q, state, self.epsilon)
```

이 코드에서 주목할 부분은 self.pi와 self.b라는 두 가지 정책입니다. 두 정책 모두 확률 분포로 유지되고 있습니다. 따라서 이 코드는 분포 모델입니다. 또한 self.pi와 self.b가 갱신되는 위치가 update() 메서드라는 점에도 주목해야 합니다.

> NOTE_ update() 메서드에서는 정책의 state에 대한 확률 분포를 갱신합니다. 이때 Q 함수(self.Q)를 탐욕스럽게 갱신한 정책이 self.pi가 되고 ε-탐욕 방식으로 갱신한 정책이 self.b가 됩니다.

샘플 모델을 구현하기에 앞서 이 코드를 단순화하겠습니다. 변경 사항은 다음 두 가지입니다.

- self.pi 삭제
- self.b 갱신을 get_action() 메서드에서 수행

코드부터 보겠습니다.

```
class QLearningAgent:
    def __init__(self):
```

```
        self.gamma = 0.9
        self.alpha = 0.8
        self.epsilon = 0.1
        self.action_size = 4

        random_actions = {0: 0.25, 1: 0.25, 2: 0.25, 3: 0.25}
        # self.pi = ...  # self.pi는 사용하지 않음
        self.b = defaultdict(lambda: random_actions)
        self.Q = defaultdict(lambda: 0)

    def get_action(self, state):
        # 이때 바로 ε-탐욕화
        self.b[state] = greedy_probs(self.Q, state, self.epsilon)

        action_probs = self.b[state]
        actions = list(action_probs.keys())
        probs = list(action_probs.values())
        return np.random.choice(actions, p=probs)

    def update(self, state, action, reward, next_state, done):
        if done:
            next_q_max = 0
        else:
            next_qs = [self.Q[next_state, a] for a in range(self.action_size)]
            next_q_max = max(next_qs)

        target = self.gamma * next_q_max + reward
        self.Q[state, action] += (target - self.Q[state, action]) * self.alpha
```

우선 대상 정책인 self.pi를 지웠습니다. self.pi는 Q 함수(self.Q)를 탐욕화하여 갱신한 정책으로, 지금까지는 update() 메서드가 호출될 때마다 갱신했습니다. 하지만 현재 self.pi를 이용하는 코드가 없기 때문에 지워도 무방합니다. 만약 대상 정책이 필요하다면 필요한 시점에 Q 함수를 탐욕화하여 언제든 만들어낼 수 있습니다.

다음으로 행동 정책인 self.b를 보겠습니다. 이전 코드에서는 update() 메서드에서 갱신했으나 여기서는 get_action() 메서드가 호출되는 시점에 갱신하도록 수정했습니다. self.b는 Q 함수를 ε-탐욕화한 정책이므로 Q 함수만 있으면 언제든지 만들 수 있습니다.

이제 앞의 코드를 '샘플 모델'로 변경합니다.

```python
class QLearningAgent:
    def __init__(self):
        self.gamma = 0.9
        self.alpha = 0.8
        self.epsilon = 0.1
        self.action_size = 4
        self.Q = defaultdict(lambda: 0)

    def get_action(self, state):
        if np.random.rand() < self.epsilon:  # ❶ epsilon의 확률로 무작위 행동
            return np.random.choice(self.action_size)
        else:                                 # ❷ (1 - epsilon)의 확률로 탐욕 행동
            qs = [self.Q[state, a] for a in range(self.action_size)]
            return np.argmax(qs)

    def update(self, state, action, reward, next_state, done):
        if done:
            next_q_max = 0
        else:
            next_qs = [self.Q[next_state, a] for a in range(self.action_size)]
            next_q_max = max(next_qs)

        target = self.gamma * next_q_max + reward
        self.Q[state, action] += (target - self.Q[state, action]) * self.alpha
```

지난번과 달라진 점은 행동 정책인 self.b마저 삭제했다는 것입니다. get_action() 메서드에서는 self.b를 사용하지 않고 대신 Q 함수를 이용하여 ε-탐욕 정책에 따른 행동 선택을 직접 구현했습니다. 구체적으로는 ❶ self.epsilon의 확률로 무작위 행동을 선택하고 ❷ 그 외에는 Q 함수의 값이 가장 큰 행동을 선택합니다. ε-탐욕 정책을 그대로 코드로 표현한 것이죠.

보다시피 이번 코드에서는 정책을 확률 분포로 유지하지 않습니다. 더 정확히 말하면 정책 자체를 유지하지 않습니다. 이것이 샘플 모델 방식의 구현입니다. 확률 분포를 유지할 필요가 없어서 코드가 훨씬 간결하죠. 다음 장부터는 신경망을 이용하여 Q 러닝을 확장할 예정인데, 방금 제시한 샘플 모델 방식의 구현을 기반으로 진행할 것입니다.

6.6 정리

이번 장에서는 TD법을 알아보았습니다. TD법은 (몬테카를로법과 마찬가지로) 에이전트가 실제로 행동한 결과를 이용하여 가치 함수를 평가합니다. TD법의 특징은 '지금'과 '다음'의 정보만으로 가치 함수를 갱신한다는 점입니다. 반면 몬테카를로법은 에이전트가 목표에 도달해야만 가치 함수를 갱신했습니다. 따라서 TD법이 가치 함수를 더 빠르게 갱신하리라 기대할 수 있습니다.

TD법으로 정책을 제어하는 알고리즘은 대표적으로 두 가지가 있습니다. 하나는 SARSA이고 다른 하나는 Q 러닝입니다. SARSA는 (일반적으로) 온-정책 방식입니다. TD법으로 Q 함수를 평가하고 ε-탐욕화를 통해 정책을 개선합니다. 이 ε-탐욕화를 통해 정책에서 '탐색'과 '활용'의 균형을 맞출 수 있습니다. 또한 SARSA는 오프-정책으로 확장할 수도 있음을 보여주었습니다.

마지막으로 벨만 최적 방정식을 기반으로 Q 러닝을 도출했습니다. Q 러닝은 오프-정책 방식이지만, 중요도 샘플링을 사용하지 않으면서 Q 함수를 갱신하는 방법입니다. Q 러닝을 통해 Q 함수를 효율적이고 안정적으로 갱신할 수 있습니다. 강화 학습에서 Q 러닝은 특히 중요한 알고리즘입니다. 우리는 드디어 Q 러닝이라는 중요한 무기를 손에 넣었습니다.

## CHAPTER 7

신경망과 Q 러닝

지금까지는 상태와 행동의 가짓수가 적은 문제만 다뤘습니다. 예를 들어 '3×4 그리드 월드' 문제에서는 상태 후보가 12개이고 행동 후보는 4개뿐이라서 Q 함수 후보는 총 12 × 4 = 48개였습니다. 이 정도 크기라면 Q 함수를 테이블로 (파이썬 코드에서는 딕셔너리로) 관리하는 데 아무런 문제가 없습니다. 하지만 현실은 훨씬 복잡하죠. 상태와 행동의 후보가 엄청나게 많을 수 있습니다. 이러한 문제에서는 Q 함수를 테이블로 관리하도록 구현하는 건 현실적이지 못합니다.

예를 들어 체스는 보드의 배열 패턴이 10^{123}개나 될 만큼 다양합니다. 즉, 상태가 이 수만큼 존재한다는 뜻입니다. 이 많은 상태를 테이블로 관리하는 건 현실적이지 못합니다. 문제는 여기서 끝이 아닙니다. 더 큰 문제는 테이블의 원소 하나하나를 독립적으로 평가하고 개선해야 한다는 점입니다. 이만큼 막대한 수를 모두 경험해보는 건 현실적으로 불가능합니다.

해결책은 무엇일까요? Q 함수를 더 가벼운 함수로 근사하는 방법을 생각해볼 수 있습니다. 이 방식에서 가장 유력한 후보가 바로 딥러닝입니다. 실제로 강화 학습에 딥러닝을 결합하여 지금끼지 많은 혁신을 이루어왔습니다. 이제 우리도 드디어 심층 강화 학습 세계에 첫발을 내딛게 되었습니다.

이번 장에서는 먼저 DeZero라는 딥러닝 프레임워크의 사용법을 설명합니다. 그런 다음 DeZero를 이용하여 신경망의 기초를 배우고 마지막으로 앞 장에서 구현한 Q 러닝을 신경망을 사용하여 구현해보겠습니다.

7.1 DeZero 기초

앞으로 몇 개 절에 걸쳐 코드와 함께 신경망(딥러닝)을 설명할 것입니다. 먼저 딥러닝 프레임워크에 대해 알아봅니다. 그런 다음 기초적인 머신러닝 문제(선형 회귀)를 풀고, 마지막으로 신경망을 구현하는 순서로 진행합니다.

이 책에서는 DeZero라는 딥러닝 프레임워크를 사용합니다. DeZero는 이 책의 시리즈 3권 『밑바닥부터 시작하는 딥러닝 3』에서 만든 프레임워크입니다.

그림 7-1 『밑바닥부터 시작하는 딥러닝 3』과 DeZero

DeZero는 파이토치^{PyTorch}를 기반으로 '알기 쉽게' 설계된 프레임워크입니다. 그래서 파이토치나 텐서플로^{TensorFlow} 같은 최신 딥러닝 프레임워크를 사용해봤다면 DeZero에도 금방 익숙해질 겁니다. 이번 절에서는 DeZero의 사용법을 간략히 설명합니다.

7.1.1 DeZero 사용법

먼저 DeZero를 설치합니다. 다음과 같이 pip로 간단하게 설치할 수 있습니다.

```
$ pip install dezero
```

설치가 끝나면 DeZero를 사용해봅시다. 먼저 Variable 클래스부터 살펴보겠습니다. Variable은 넘파이의 다차원 배열(np.ndarray)을 감싸는 클래스입니다. 다음과 같이 사용합니다.

```python
import numpy as np
from dezero import Variable  # ❶ dezero 모듈에서 Variable 임포트

x_np = np.array(5.0)
x = Variable(x_np)  # ❷ Variable 인스턴스 생성

y = 3 * x ** 2  # ❸ 넘파이 다차원 배열처럼 사용
print(y)
```

출력 결과

```
variable(75.0)
```

❶ dezero 모듈에서 Variable 클래스를 가져왔고 ❷ x = Variable(x_np) 코드로 Variable 인스턴스를 생성했습니다. 이후로는 마치 넘파이 다차원 배열(np.ndarray)을 다루듯이 계산식에 바로 쓸 수 있습니다. ❸ 그래서 y = 3 * x ** 2 코드가 실행되면 바로 75.0이라는 결과를 얻을 수 있습니다.

이제 미분을 구해보겠습니다. Variable 변수에는 미분을 수행하는 backward() 메서드가 준비되어 있습니다. 앞의 코드에 이어서 다음 코드를 실행하면 됩니다.

```
y.backward()
print(x.grad)
```

출력 결과

```
variable(30.0)
```

이 코드에서 y는 Variable 인스턴스입니다. Variable 인스턴스에서 backward() 메서드를 호출하면 **역전파**backpropagation가 수행되어 각 변수의 미분을 구할 수 있습니다.

참고로 앞의 코드 ❸에서 y = 3 * x ** 2 계산을 하였는데 수식으로는 $y = 3x^2$에 해당합니다. 이를 미분하면 $\dfrac{dy}{dx} = 6x$ 이므로 여기에 $x = 5$를 대입하면 30이 됩니다. 지금의 출력 결과와 똑같은 것을 알 수 있습니다.

7.1.2 다차원 배열(텐서)과 함수

머신러닝에서는 일반적으로 다차원 배열(텐서)을 다룹니다. 다차원 배열은 여러 개의 숫자(원소)를 한꺼번에 다루기 위한 데이터 구조입니다. 원소의 배열에는 '방향'이 있으며 그 방향을 '차원dimension' 또는 '축axis'이라고 합니다. [그림 7-2]는 다차원 배열의 예입니다.

그림 7-2 다차원 배열의 예

스칼라	벡터	행렬
1	1 2 3	1 2 3 / 4 5 6

그림에서 왼쪽부터 0차원 배열, 1차원 배열, 2차원 배열입니다. 각각 스칼라, 벡터, 행렬이라고 하죠. **스칼라**scala는 단순히 하나의 숫자를 나타냅니다. **벡터**vector는 하나의 축을 따라 숫자들이 나열되어 있고, **행렬**matrix은 축이 두 개로 늘어납니다. 참고로 다차원 배열은 **텐서**tensor라고도 합니다. 그래서 [그림 7-2]의 예는 왼쪽부터 차례로 0층 텐서, 1층 텐서, 2층 텐서입니다.

다음으로 **벡터의 내적**을 알아보겠습니다. 두 개의 벡터 $a = (a_1, \cdots, a_n)$과 $b = (b_1, \cdots, b_n)$이 있다고 해보죠. 이때 벡터의 내적은 [식 7.1]과 같이 정의됩니다.

$$\mathbf{a} \cdot \mathbf{b} = a_1 b_1 + a_2 b_2 + \cdots + a_n b_n$$

[식 7.1]

이 식과 같이 두 벡터에서 '대응하는 원소의 곱을 모두 더한 것'이 벡터의 내적입니다.

> **NOTE_** 수식에서 기호를 표기할 때 스칼라는 a, b처럼 표기합니다. 반면 벡터나 행렬은 **a**, **b**처럼 굵게 표기합니다.

마지막으로 **행렬의 곱**에 대해 설명하겠습니다. 행렬 곱은 [그림 7-3]과 같은 절차대로 계산합니다.

그림 7-3 행렬 곱 계산 방법

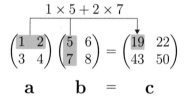

그림과 같이 행렬 곱에서는 왼쪽 행렬의 '가로 벡터'와 오른쪽 행렬의 '세로 벡터' 사이의 내적을 계산합니다. 그리고 그 결과가 새로운 행렬의 해당 원소가 됩니다. 예를 들어 **a**의 1행과 **b**의 1열의 내적이 **c**의 1행 1열 원소가 되고, **a**의 2행과 **b**의 1열의 내적이 **c**의 2행 1열 원소가 되는 식입니다.

이제 DeZero를 사용하여 벡터의 내적과 행렬 곱을 계산해보죠. 이 계산에는 dezero.functions 패키지의 matmul() 함수를 사용합니다.

```
import numpy as np
from dezero import Variable
import dezero.functions as F  # ❶
```

ch07/dezero1.py

```
# 벡터의 내적
```

```
a = np.array([1, 2, 3])
b = np.array([4, 5, 6])
a, b = Variable(a), Variable(b)  # 생략 가능
c = F.matmul(a, b)  # ❷
print(c)

# 행렬 곱
a = np.array([[1, 2], [3, 4]])
b = np.array([[5, 6], [7, 8]])
c = F.matmul(a, b)  # ❸
print(c)
```

출력 결과

```
variable(32)
variable([[19 22]
         [43 50]])
```

❶ 가장 먼저 dezero.functions 패키지를 F라는 이름으로 임포트했습니다. 그러면 DeZero
의 함수를 F.matmul() 형태로 사용할 수 있죠. 코드에서 보듯이 ❷ 벡터의 내적과 ❸ 행렬 곱
모두 F.matmul() 함수로 계산합니다.

> NOTE_ DeZero의 함수들은 np.ndarray 인스턴스를 직접 처리할 수 있습니다(DeZero 내부에서
> Variable 인스턴스로 변환). 따라서 앞의 코드에서 넘파이 배열인 a와 b를 명시적으로 Variable 인스턴스로
> 변환하지 않고도 F.matmul()에 직접 입력할 수 있습니다.

참고로 행렬이나 벡터를 이용한 계산에서는 '형상shape'에 주의해야 합니다. 예를 들어 행렬 곱
계산에서는 행렬들 사이에 [그림 7-4]와 같은 관계가 성립합니다.

그림 7-4 행렬 곱에서는 해당 차원(축)의 원소 개수를 일치시켜야 한다.

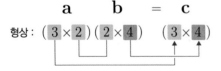

3×2 행렬 **a**와 2×4 행렬 **b**를 곱해 3×4 행렬 **c**가 만들어졌습니다. 그림과 같이 행렬 **a**와 **b**

에 해당하는 차원(축)의 원소 수가 일치해야 계산이 이루어질 수 있습니다.

7.1.3 최적화

이번에는 DeZero를 이용하여 간단한 문제를 풀어보죠. 다음 함수의 최솟값을 구해보겠습니다.

$$y = 100\left(x_1 - x_0^2\right)^2 + (x_0 - 1)^2$$

이 함수를 **로젠브록 함수**$^{\text{rosenbrock function}}$라고 합니다. 로젠브록 함수는 진정한 최솟값을 찾기가 어렵고, 함수의 형태가 특징적이기 때문에 최적화 벤치마크 용도로 널리 쓰입니다. 목표는 로젠브록 함수의 출력이 최소가 되는 x_0과 x_1 찾기입니다. 정답부터 말하자면 로젠브록 함수의 최솟값은 $(x_0, x_1) = (1, 1)$에 있습니다. 이제부터 DeZero로도 이 최솟값을 찾을 수 있는지 확인해보겠습니다.

> **NOTE_** 함수가 최솟값(또는 최댓값)이 되게 하는 '인수(입력)'를 찾는 작업을 **최적화**라고 합니다. 지금 우리의 목표는 DeZero를 사용하여 최적화 문제를 푸는 것입니다.

우선 로젠브록 함수 $(x_0, x_1) = (0.0, 2.0)$의 미분을 구하겠습니다(수식으로는 $\dfrac{\partial y}{\partial x_0}$와 $\dfrac{\partial y}{\partial x_1}$).

```python
import numpy as np
from dezero import Variable

def rosenbrock(x0, x1):
    y = 100 * (x1 - x0 ** 2) ** 2 + (x0 - 1) ** 2
    return y

x0 = Variable(np.array(0.0))
x1 = Variable(np.array(2.0))

y = rosenbrock(x0, x1)
y.backward()
print(x0.grad, x1.grad)
```

```
variable(-2.0) variable(400.0)
```

이와 같이 먼저 Variable로 수치 데이터(np.ndarray 인스턴스)를 감싸주면, 그다음은 수식에 맞게 코딩만 하면 됩니다. 이후 y.backward()를 호출하면 미분이 자동으로 계산됩니다.

이 코드를 실행하면 x0과 x1의 미분, 즉 $\dfrac{\partial y}{\partial x_0}$와 $\dfrac{\partial y}{\partial x_1}$는 각각 −2.0과 400.0이라고 나옵니다. 이때 두 미분값(−2.0, 400.0)을 모아 만든 벡터를 **기울기**gradient 또는 **기울기 벡터**gradient vector 라고 합니다. 기울기는 각 지점에서 함수의 출력을 가장 크게 증가시키는 방향을 가리킵니다. 지금 예에서 (x0, x1) = (0.0, 2.0) 위치에서 y의 값을 가장 크게 증가시키는 방향이 (−2.0, 400.0)이라는 뜻입니다. 반대로, 기울기에 마이너스를 곱한 (2.0, −400.0) 방향은 y의 값을 가장 크게 '감소'시키는 방향이라는 뜻이기도 합니다.

> **NOTE_** 형태가 복잡한 함수라면 기울기가 가리키는 방향에 최댓값이 없을 때도 많습니다. 마찬가지로 기울기의 반대 방향에 최솟값이 없을 수 있습니다. 하지만 좁은 범위로 한정하면 기울기는 함수의 출력을 가장 크게 만드는 방향을 가리킵니다. 따라서 기울기 방향으로 일정 거리만큼 이동하고, 그 지점에서 다시 기울기를 구하는 일을 반복하면 점차 원하는 지점(최댓값이나 최솟값)에 가까워지리라 기대할 수 있습니다. 이것이 바로 **경사 하강법**gradient descent입니다.

이제 경사 하강법을 우리 문제에 적용해봅시다. 지금 우리는 로젠브록 함수의 '최솟값'을 찾는 중입니다. 따라서 기울기에 마이너스를 곱한 방향으로 진행해야 합니다. 이 점만 주의하면 다음과 같이 간단하게 구현할 수 있습니다.

ch07/dezero2.py

```
X0 = Variable(np.array(0.0))
X1 = Variable(np.array(2.0))

Iters = 10000  # 반복 횟수
Lr = 0.001      # 학습률

For i in range(iters):  # 갱신 반복
    Print(x0, x1)
    Y = rosenbrock(x0, x1)
```

```
# 이전 반복에서 더해진 미분 초기화
X0.cleargrad()
X1.cleargrad()

# 미분(역전파)
Y.backward()

# 변수 갱신
X0.data -= lr * x0.grad.data
X1.data -= lr * x1.grad.data

Print(x0, x1)
```

먼저 갱신을 반복할 횟수(iters)와 기울기에 곱할 학습률(lr)을 미리 설정해둡니다. iters는 iterations를 줄인 단어이고 lr은 learning rate(학습률)의 머리글자를 조합한 것입니다.

실제 변수 갱신은 x0.data −= lr * x0.grad.data 코드에서 수행합니다. 여기서 x0과 x0.grad 는 모두 Variable 인스턴스라는 점에 주목합시다. 실제 데이터(np.ndarray)는 x0.data와 x0.grad.data처럼 .data 속성에 저장되어 있습니다. 그리고 지금은 단순히 데이터를 갱신할 뿐이므로 .data 속성으로 직접 계산했습니다. 만약 (.data 속성이 아닌) Variable 인스턴스에 대해 계산하면 나중에 역전파를 하기 위한 계산을 추가로 해줘야 합니다.

> NOTE_ 지금 코드의 for문에서는 Variable 인스턴스인 x0과 x1을 반복해서 사용하며 미분을 구합니다. 이 반복 과정에서 x0.grad와 x1.grad에 미분값이 계속 더해지기 때문에, 새로운 미분을 구할 때는 기존에 추가 된 미분을 초기화해야 합니다. 그래서 역전파 전에 각 변수의 cleargrad() 메서드를 호출하여 미분을 초기화 하고 있습니다.

이제 코드를 실행해봅시다. 그러면 (x0, x1)의 값이 갱신되어 최종적으로 다음의 결과를 얻을 수 있습니다.

출력 결과

```
variable(0.9944984367782456)
variable(0.9890050527419593)
```

이번 문제의 정답은 (1.0, 1.0)입니다. 출력 결과가 완벽히 정확하지는 않지만 대략적으로 가까운 값을 얻을 수 있었습니다.

이것으로 DeZero의 기초를 알아보았습니다. 다음 절에서는 DeZero를 사용하여 머신러닝 문제를 풀어보겠습니다.

7.2 선형 회귀

머신러닝은 '데이터'를 이용해 문제를 해결합니다. 문제 해결 방법을 사람이 생각하는 게 아니라, 수집된 '데이터'를 보고 컴퓨터가 발견(학습)해내는 것입니다. 이처럼 '데이터'에서 해결책을 찾는 것이 머신러닝의 본질입니다. 이번 절에서는 DeZero를 이용해 머신러닝 문제를 풀어보겠습니다. 그 첫걸음으로 머신러닝에서 가장 기본이 되는 '선형 회귀'를 구현해보겠습니다.

7.2.1 토이 데이터셋

먼저 실험용으로 작은 데이터셋을 만들겠습니다. 실험용의 작은 데이터셋을 **토이 데이터셋**[toy dataset]이라고 합니다. 그리고 문제를 언제든 똑같이 재현할 수 있도록 데이터 생성용 난수 발생기의 시드를 고정하겠습니다.

```
import numpy as np

np.random.seed(0)  # 시드 고정
x = np.random.rand(100, 1)
y = 5 + 2 * x + np.random.rand(100, 1)
```

이와 같이 x와 y, 두 개의 변수로 구성된 데이터셋을 만들었습니다. x와 y를 2차원상의 점 위치라고 해보죠. 그러면 데이터셋을 구성하는 점들은 직선상에 있되 y에는 난수가 노이즈로 추가된 형태가 됩니다(그림 7-5).

그림 7-5 노이즈가 포함된 데이터셋

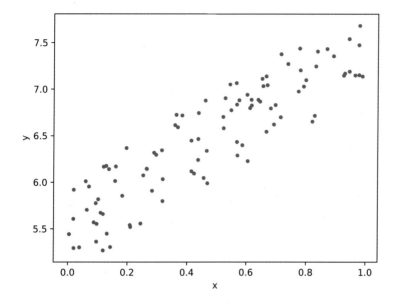

그림과 같이 x와 y는 '선형' 관계지만 노이즈가 껴 있습니다. 이번 절의 목표는 x의 값을 보고 y의 값을 예측하는 모델(수식)을 만드는 것입니다.

> NOTE_ x값에서 실숫값인 y를 예측하는 일을 **회귀**^{regression}라고 합니다. 또한 예측 모델이 '선형(직선)'이라고 가정할 때 이를 **선형 회귀**$^{linear\ regression}$라고 합니다.

7.2.2 선형 회귀 이론

지금 목표는 주어진 데이터로부터 결과를 잘 맞히는 함수를 찾는 것입니다. 여기서는 y와 x가 선형 관계라고 가정하기 때문에 그 함수를 식 $y = Wx + b$로 표현할 수 있습니다(W는 스칼라). 식 $y = Wx + b$는 직선이며 [그림 7-6]처럼 표현됩니다.

그림 7-6 선형 회귀의 예

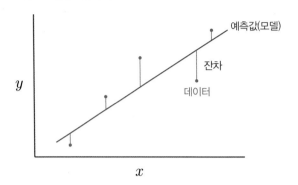

우리는 토이 데이터셋에 잘 부합하는 직선 $y = Wx + b$를 찾으려 합니다. 그러려면 데이터와 예측값의 차이, 즉 **잔차**^{residual}를 최소로 줄여야 합니다. 그래서 모델의 예측값과 실제 데이터가 얼마나 잘 맞지 '않는지'를 나타내는 지표를 다음 식으로 정의합니다.

$$L = \frac{1}{N} \sum_{i=1}^{N} (Wx_i + b - y_i)^2$$

[식 7.2]

총 N개의 점이 있다고 가정하고 각각의 점 (x_i, y_i)에서 제곱 오차를 구해 모두 더했습니다. 그런 다음 N으로 나눠 평균을 구했습니다. 이 식을 **평균 제곱 오차**$^{mean\ squared\ error}$라고 합니다. [식 7.2]는 $\frac{1}{N} \cdots$ 형태지만 $\frac{1}{2N} \cdots$로 정의하는 경우도 있습니다. 어떻게 정의하든 경사 하강법으로 풀 때는 학습률의 값만 달라질 뿐, 결국 똑같은 문제를 정의합니다.

> NOTE_ 모델의 '나쁨'을 평가하는 함수를 **손실 함수**$^{loss\ function}$라고 합니다. 따라서 선형 회귀는 '손실 함수로 평균 제곱 오차를 사용한다'라고 말할 수 있습니다.

우리의 목표는 [식 7.2]로 표현되는 손실 함수가 '최소가 되는' W와 b를 찾는 것입니다. 즉, 함수 최적화에 관한 문제입니다. 앞 절에서는 이러한 문제를 경사 하강법으로 풀었습니다. 이번에도 경사 하강법을 사용하여 [식 7.2]를 최소화하는 매개변수를 찾겠습니다.

7.2.3 선형 회귀 구현

이제 DeZero를 사용하여 선형 회귀를 구현하겠습니다. 먼저 전반부의 코드를 보시죠.

```
                                                          ch07/dezero3.py
import numpy as np
from dezero import Variable
import dezero.functions as F

# 토이 데이터셋
np.random.seed(0)
x = np.random.rand(100, 1)
y = 5 + 2 * x + np.random.rand(100, 1)
x, y = Variable(x), Variable(y)  # 생략 가능

# 매개변수 정의
W = Variable(np.zeros((1, 1)))
b = Variable(np.zeros(1))

# 예측 함수
def predict(x):
    y = F.matmul(x, W) + b  # 행렬 곱으로 여러 데이터 일괄 계산
    return y
```

매개변수인 W와 b를 Variable 인스턴스로 생성합니다(W는 대문자). W의 형상은 (1, 1)이고 b의 형상은 (1,)입니다. 또한 이 코드에서는 predict() 함수를 정의했습니다. 여기서 행렬을 곱해주는 matmul() 함수를 사용하여 계산을 수행합니다. 행렬 곱을 이용하면 여러 데이터를(예제 코드에서는 100개의 데이터) 일괄로 계산할 수 있습니다. 일괄 계산 시 형상은 [그림 7-7]처럼 변화됩니다.

그림 7-7 행렬 곱 연산 시 형상 변화(b는 생략)

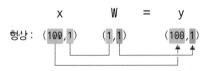

[그림 7-7]과 같이 대응하는 차원의 원소 수가 일치함을 알 수 있습니다. 그리고 결과인 y의 형상은 (100, 1)이 됩니다. 즉, 데이터가 100개인 x의 원소 각각에 W를 곱한 것입니다. 이런 식으로 단 한 번의 계산으로 모든 데이터의 예측값을 구할 수 있습니다. 지금 예에서의 x는

1차원 데이터입니다. 만약 차원 수가 D인 경우에도 W의 형상을 (D, 1)로 바꿔주기만 하면 됩니다. 예를 들어 D=4라면 [그림 7-8]과 같은 계산이 이루어집니다.

그림 7-8 행렬 곱의 형상 변화(x가 4차원 데이터인 경우)

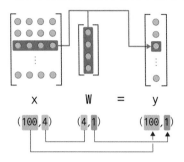

[그림 7-8]과 같이 x.shape[1]과 W.shape[0]의 원소 수를 일치시키면 행렬 곱이 올바르게 계산됩니다. 즉, 100개의 데이터 각각에 대해 W와의 '내적' 계산이 이루어집니다.

다음은 후반부 코드입니다.

```
# 평균 제곱 오차(식 7.2) 계산 함수
def mean_squared_error(x0, x1):
    diff = x0 - x1
    return F.sum(diff ** 2) / len(diff)

# 경사 하강법으로 매개변수 갱신
lr = 0.1
iters = 100

for i in range(iters):
    y_pred = predict(x)
    loss = mean_squared_error(y, y_pred)
    # 또는 loss = F.mean_squared_error(y, y_pred)
    W.cleargrad()
    b.cleargrad()
    loss.backward()

    W.data -= lr * W.grad.data
    b.data -= lr * b.grad.data

    if i % 10 == 0:  # 10회 반복마다 출력
```

ch07/dezero3.py

```
        print(loss.data)

print('====')
print('W =', W.data)
print('b =', b.data)
```

출력 결과

```
42.296340129442335
0.24915731977561134
0.10078974954301652
0.09461859803040694
0.0902667138137311
0.08694585483964615
0.08441084206493275
0.08247571022229121
0.08099850454041051
0.07987086218625004
====
W = [[2.11807369]]
b = [5.46608905]
```

mean_squared_error(x0, x1)은 평균 제곱 오차를 구하는 함수로, DeZero의 함수를 이용하여 [식 7.2]를 구현했습니다.

그리고 경사 하강법으로 매개변수를 갱신했습니다. 참고로 DeZero가 제공하는 평균 제곱 오차 함수인 F.mean_squared_error()를 사용해도 됩니다.

이제 코드를 실행해봅시다. 그러면 손실 함수의 출력값이 줄어드는 모습을 볼 수 있습니다. 그리고 최종적으로 W = [[2.11807369]], b = [5.46608905]라는 값을 얻을 수 있습니다. 참고로 W와 b를 이 값으로 설정한 직선 그래프는 [그림 7-9]와 같습니다.

그림 7-9 학습 후 모델

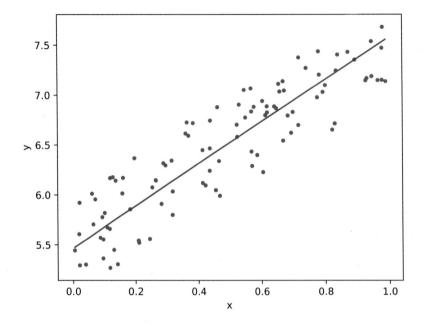

그림과 같이 데이터에 부합하는 모델을 얻었습니다. 지금까지 DeZero를 사용하여 선형 회귀를 구현하는 법을 알아봤습니다.

7.3 신경망

앞에서 DeZero를 사용하여 선형 회귀를 구현하고 올바르게 동작함을 확인했습니다. 선형 회귀를 구현할 수 있다면 이를 신경망으로 확장하는 일은 간단합니다. 이번에는 7.2절의 코드를 수정하여 DeZero를 이용한 신경망을 구현하겠습니다.

7.3.1 비선형 데이터셋

앞에서는 선형으로 정렬된 데이터셋을 사용했습니다. 이번에는 다음 코드를 실행하여 조금 더 복잡한 데이터셋을 만들겠습니다.

```python
import numpy as np

np.random.seed(0)
x = np.random.rand(100, 1)
y = np.sin(2 * np.pi * x) + np.random.rand(100, 1)
```

데이터 생성에 sin() 함수를 사용했습니다. [그림 7-10]은 이렇게 만든 (x, y) 점들을 2차원 좌표계에 나타낸 모습입니다.

그림 7-10 이번 절에서 사용할 데이터셋

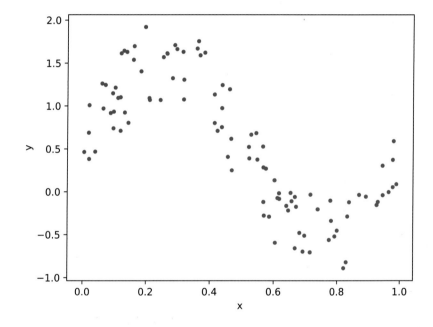

그림에서 볼 수 있듯이 x와 y는 선형 관계가 아닙니다. 이러한 비선형 데이터셋은 당연히 선형 회귀로는 대응할 수 없습니다. 신경망이 등장할 시간입니다.

7.3.2 선형 변환과 활성화 함수

앞에서는 간단한 데이터셋을 대상으로 선형 회귀를 구현했습니다. 선형 회귀에서 수행한 계산은 (손실 함수를 제외하면) '행렬 곱'과 '덧셈'뿐이었습니다. 해당 부분 코드를 발췌하면 다음과 같습니다.

```
y = F.matmul(x, W) + b
```

입력 매개변수 x와 W 사이의 행렬 곱을 구한 다음 b를 더했습니다. 이 변환을 **선형 변환**linear transformation 또는 **어파인 변환**affine transformation이라고 합니다. 참고로 DeZero에서 선형 변환은 F.linear() 함수로 제공됩니다. 사용법은 다음과 같습니다.

```
y = F.linear(x, W, b)
```

> **NOTE_** 선형 변환은 엄밀히 말하면 y = F.matmul(x, W)까지로, b를 더하지는 않습니다. 하지만 신경망 분야에서는 b를 더하는 연산까지 포함해 선형 변환이라고 부르는 게 보통입니다(이 책도 마찬가지입니다). 또한 선형 변환은 신경망에서 **완전 연결 계층**fully connected layer에 대응합니다. 매개변수 W는 **가중치**weight, 매개변수 b는 **편향**bias이라고 합니다.

선형 변환은 입력 데이터에 대해 선형적인 변환을 수행합니다. 반면 신경망은 선형 변환의 출력을 비선형으로 변환합니다. 이때 비선형 변환을 수행하는 함수를 **활성화 함수**activation function라고 합니다. 대표적인 예로는 시그모이드 함수와 ReLU 함수 등이 있습니다.

그림 7-11 시그모이드 함수(왼쪽)와 ReLU 함수(오른쪽)

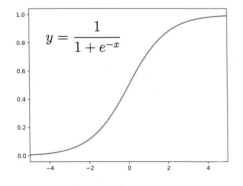 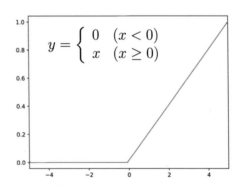

[그림 7-11]에서 볼 수 있듯이 시그모이드 함수와 ReLU 함수는 비선형 함수, 즉 결과가 '직선'이 아닌 함수입니다. 신경망에서는 이 그림과 같은 비선형 변환이 텐서의 원소마다 적용됩니다. DeZero는 시그모이드 함수를 F.sigmoid() 함수로, ReLU 함수를 F.relu() 함수로 제공합니다.

7.3.3 신경망 구현

일반적인 신경망은 '선형 변환'과 '활성화 함수'를 번갈아 사용합니다. 예를 들어 2층 신경망은 다음과 같이 구현할 수 있습니다(매개변수 생성 코드는 생략).

```python
W1, b1 = Variable(...), Variable(...)
W2, b2 = Variable(...), Variable(...)

def predict(x):
    y = F.linear(x, W1, b1)  # 선형 변환
    y = F.sigmoid(y)         # 활성화 함수(시그모이드 함수 사용)
    y = F.linear(y, W2, b2)  # 선형 변환
    return y
```

이와 같이 '선형 변환'과 '활성화 함수'를 순서대로 적용합니다. 이것이 바로 신경망 추론^{predict}을 위한 코드입니다. 물론 추론을 제대로 하려면 학습^{train}이 선행되어야 합니다. 신경망 학습에서는 추론 처리 후에 손실 함수를 추가합니다. 그리고 그 손실 함수의 출력을 최소화하는 매개변수를 찾습니다.

그럼 이제 실제 데이터셋을 사용하여 신경망을 학습시키겠습니다.

```python
import numpy as np
from dezero import Variable
import dezero.functions as F

# 데이터셋
np.random.seed(0)
x = np.random.rand(100, 1)
y = np.sin(2 * np.pi * x) + np.random.rand(100, 1)

# ❶ 매개변수 초기화
```

```python
I, H, O = 1, 10, 1  # I=입력층 차원 수, H=은닉층 차원 수, O=출력층 차원 수
W1 = Variable(0.01 * np.random.randn(I, H))  # 첫 번째 층의 가중치
b1 = Variable(np.zeros(H))                    # 첫 번째 층의 편향
W2 = Variable(0.01 * np.random.randn(H, O))  # 두 번째 층의 가중치
b2 = Variable(np.zeros(O))                    # 두 번째 층의 편향

# ❷ 신경망 추론
def predict(x):
    y = F.linear(x, W1, b1)
    y = F.sigmoid(y)
    y = F.linear(y, W2, b2)
    return y

lr = 0.2
iters = 10000

# ❸ 신경망 학습(매개변수 갱신)
for i in range(iters):
    y_pred = predict(x)
    loss = F.mean_squared_error(y, y_pred)

    W1.cleargrad()
    b1.cleargrad()
    W2.cleargrad()
    b2.cleargrad()

    loss.backward()

    W1.data -= lr * W1.grad.data
    b1.data -= lr * b1.grad.data
    W2.data -= lr * W2.grad.data
    b2.data -= lr * b2.grad.data

    if i % 1000 == 0:  # 1000회마다 출력
        print(loss.data)
```

출력 결과

```
0.8165178492839196
0.24990280802148895
...
0.07618764131185574
```

먼저 ❶에서 매개변수를 초기화합니다. I(=1)은 입력층$^{input\ layer}$의 차원 수, H(=10)는 은닉층$^{hidden\ layer}$(중간층)의 차원 수, O(=1)는 출력층$^{output\ layer}$의 차원 수에 해당합니다. 이때 I와 O의 값은 1인데, 이번 문제 설정에서 자동으로 결정된 값입니다(입력 데이터와 출력 데이터 모두 1차원). H는 하이퍼파라미터입니다. 1 이상의 임의 정수로 설정할 수 있습니다. 편향은 0 벡터로 초기화하고(np.zeros(...)), 가중치는 작은 무작위 값으로 초기화합니다(0.01 * np.random.randn(...)).

NOTE_ 신경망은 가중치 초깃값을 무작위로 설정하는 게 좋습니다. 그 이유는 『밑바닥부터 시작하는 딥러닝』 1권의 '6.2.1 초깃값을 0으로 하면?'을 참고하기 바랍니다.

❷는 신경망 추론을 진행하는 함수이고 ❸에서 학습을 진행하면서 매개변수를 갱신합니다. 특히 ❸은 매개변수가 늘어났다는 점을 제외하면 앞 절의 코드와 똑같습니다.

이 코드를 실행하면 신경망이 학습하기 시작합니다. 그리고 학습을 끝마친 신경망은 [그림 7-12]의 곡선을 예측해냅니다.

그림 7-12 학습이 끝난 신경망으로 예측한 곡선

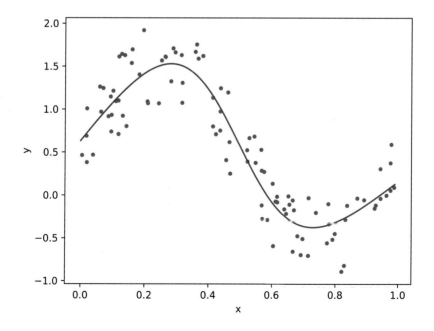

그림과 같이 sin 함수의 곡선을 잘 표현하고 있습니다. 이처럼 활성화 함수와 선형 변환을 반복하니 비선형 관계도 올바르게 학습할 수 있었습니다. 이것이 바로 신경망입니다.

다음 절에서는 방금 구현한 코드를 더 쉽게 작성하도록 도와주는 DeZero 모듈들을 소개하겠습니다. 첫 번째로 '계층'과 '모델'을 알아보죠.

7.3.4 계층과 모델

DeZero는 신경망을 쉽게 구현할 수 있도록 편리한 클래스들을 제공합니다. 먼저 dezero. layers 패키지에 있는 '계층'에 대해 알아보겠습니다. 계층 클래스는 매개변수 관리, 초기화 등의 기능을 제공합니다. 이번 절에서는 그중 선형 변환을 수행하는 Linear 클래스를 사용해보겠습니다. Linear 클래스는 다음과 같은 매개변수를 받아 초기화됩니다.

```
Linear(out_size, nobias=False, dtype=np.float32, in_size=None)
```

out_size는 출력 크기(출력 데이터의 차원 수), nobias는 편향 사용 여부, dtype은 입력 데이터 유형, in_size는 입력 크기(입력 데이터의 차원 수)입니다.

> **NOTE _** Linear 클래스 내부에서는 선형 변환에 사용되는 가중치와 편향을 초기화하여 실제 선형 변환 계산에 사용합니다. 이 가중치와 편향은 Linear 클래스 초기화 시 전달되는 in_size와 out_size를 기반으로 생성되죠. in_size가 None이면 입력 데이터 크기는 데이터를 실제로 흘려보낼 때 정해집니다. 가중치와 편향도 이 시점에 자동으로 초기화됩니다.

그럼 Linear 계층을 사용하는 코드를 보겠습니다.

```python
import numpy as np
import dezero.layers as L

linear = L.Linear(10)  # 출력 크기만 지정하여 Linear 계층 생성

batch_size, input_size = 100, 5
x = np.random.randn(batch_size, input_size)
y = linear(x)  # 입력 데이터 x에 대해 선형 변환 수행
```

```
print('y shape:', y.shape)
print('params shape:', linear.W.shape, linear.b.shape)

for param in linear.params():  # 매개변수들에 접근
    print(param.name, param.shape)
```

출력 결과

```
y shape: (100, 10)
params shape: (5, 10) (10,)
W (5, 10)
b (10,)
```

이와 같이 linear = L.Linear(10)으로 생성하면 y = linear(x) 형태로 선형 변환을 계산할 수 있습니다. 가중치와 편향은 linear 인스턴스 안에 담겨 있으며, 필요하면 linear.W와 linear.b로 가져올 수 있습니다. linear.params() 메서드로는 모든 매개변수를 가져올 수 있습니다.

이처럼 DeZero에서는 계층들을 마치 '레고 블록'처럼 조합하여 신경망을 구축할 수 있습니다.

또한 다음과 같이 신경망을 클래스 하나로 정의할 수도 있습니다(파이토치에도 도입된 방식입니다).

```
from dezero import Model
import dezero.layers as L
import dezero.functions as F

class TwoLayerNet(Model):
    def __init__(self, hidden_size, out_size):
        super().__init__()
        self.l1 = L.Linear(hidden_size)
        self.l2 = L.Linear(out_size)

    def forward(self, x):
        y = F.relu(self.l1(x))
        y = self.l2(y)
        return y
```

이와 같이 Model 클래스를 상속받아 모델을 구현합니다. 초기화 시에는 필요한 계층을 생성하고, 실제 처리(신경망 순전파)는 forward() 메서드에 작성합니다. Model 클래스를 상속하면 모델이 가지고 있는 모든 매개변수를 손쉽게 관리할 수 있습니다. 예를 들어 다음과 같이 사용할 수 있습니다.

```python
model = TwoLayerNet(10, 1)

# 모든 매개변수에 접근
for param in model.params():
    print(param)

# 모든 매개변수의 기울기 초기화
model.cleargrads()
```

이와 같이 model.params()로 모든 매개변수에 순서대로 접근할 수 있습니다. 모든 매개변수의 기울기를 한꺼번에 초기화하는 model.cleargrads() 메서드도 준비되어 있습니다.

이쯤에서 sin 함수의 비선형 데이터를 이번에는 dezero.Model과 dezero.layers를 사용하여 학습해봅시다.

```python
import numpy as np
from dezero import Model
import dezero.layers as L
import dezero.functions as F

# 데이터셋 생성
np.random.seed(0)
x = np.random.rand(100, 1)
y = np.sin(2 * np.pi * x) + np.random.rand(100, 1)

lr = 0.2
iters = 10000

class TwoLayerNet(Model):  # 2층 신경망
    def __init__(self, hidden_size, out_size):
        super().__init__()
        self.l1 = L.Linear(hidden_size)
        self.l2 = L.Linear(out_size)
```

```
    def forward(self, x):
        y = F.sigmoid(self.l1(x))
        y = self.l2(y)
        return y

model = TwoLayerNet(10, 1)  # 신경망 모델 생성

for i in range(iters):
    y_pred = model.forward(x)  # 또는 y_pred = model(x)
    loss = F.mean_squared_error(y, y_pred)

    model.cleargrads()
    loss.backward()

    for p in model.params():
        p.data -= lr * p.grad.data

    if i % 1000 == 0:
        print(loss)
```

결과는 지난번과 같습니다. 다만 이번에는 신경망이 하나의 클래스로 구현되어 매개변수를 갱신하고 기울기를 초기화하는 코드가 깔끔하게 정리되었습니다.

7.3.5 옵티마이저(최적화 기법)

마지막으로 모델의 매개변수를 갱신하는 클래스인 옵티마이저를 소개합니다. 앞서 구현한 코드에 옵티마이저를 적용하면 다음과 같이 됩니다.

ch07/dezero4.py
```
import numpy as np
from dezero import Model
from dezero import optimizers  # ❶ 옵티마이저들이 들어 있는 패키지 임포트
import dezero.layers as L
import dezero.functions as F

# 데이터셋 생성
np.random.seed(0)
x = np.random.rand(100, 1)
y = np.sin(2 * np.pi * x) + np.random.rand(100, 1)
```

```
lr = 0.2
iters = 10000

class TwoLayerNet(Model):
    def __init__(self, hidden_size, out_size):
        super().__init__()
        self.l1 = L.Linear(hidden_size)
        self.l2 = L.Linear(out_size)

    def forward(self, x):
        y = F.sigmoid(self.l1(x))
        y = self.l2(y)
        return y

model = TwoLayerNet(10, 1)
optimizer = optimizers.SGD(lr)  # ❷ 옵티마이저 생성
optimizer.setup(model)          # ❸ 최적화할 모델을 옵티마이저에 등록

for i in range(iters):
    y_pred = model(x)
    loss = F.mean_squared_error(y, y_pred)

    model.cleargrads()
    loss.backward()

    optimizer.update()  # ❹ 옵티마이저로 매개변수 갱신
    if i % 1000 == 0:
        print(loss)
```

이전 코드와의 차이점만 설명하겠습니다. ❶ 먼저 optimizers 패키지를 가져옵니다. 이 패키지에는 다양한 옵티마이저가 담겨 있습니다. ❷ 그런 다음 옵티마이저 중 하나인 SGD를 생성합니다. SGD는 '확률적 경사 하강법'이라는 최적화 기법을 구현한 옵티마이저입니다. SGD는 지금까지 해왔던 것처럼 매개변수를 기울기 방향으로 lr배만큼 갱신합니다.

> **NOTE_ 확률적 경사 하강법**stochastic gradient descent에서 말하는 '확률적stochastic'이란 대상 데이터 중에서 무작위(확률적)로 데이터를 선택한다는 뜻입니다. 이렇게 선택된 데이터에 경사 하강법을 수행하는 기법이 바로 확률적 경사 하강법이죠. 딥러닝에서 매우 흔하게 쓰이는 최적화 기법입니다.

❸ 바로 이어서 옵티마이저에 모델을 등록합니다. 여기까지 마치면 옵티마이저에 매개변수를 갱신하도록 시킬 수 있습니다. ❹ 매개변수 갱신은 optimizer.update()를 (매번) 호출하여 이루어집니다.

기울기를 이용한 최적화에는 다양한 기법이 있습니다. 대표적으로 Momentum, AdaGrad[6], AdaDelta[7], Adam[8] 등이 있죠. dezero.optimizers 패키지에도 이러한 기법들이 구현되어 있어서 쉽게 원하는 기법으로 변경할 수 있습니다. 예를 들어, 지금 코드에서 Adam 기법을 사용하고 싶다면 다음처럼 한 줄만 바꿔주면 됩니다.

```
# optimizer = optimizers.SGD(lr)
optimizer = optimizers.Adam(lr)
```

이렇게 옵티마이저를 사용하면 최적화 기법을 쉽게 전환할 수 있습니다.

이상으로 DeZero와 신경망에 대한 설명을 마칩니다.

7.4 Q 러닝과 신경망

6장에서 TD법을 배웠습니다. 그중에서도 Q 러닝이라는, 강화 학습에서 가장 유명한 알고리즘을 배웠습니다. 이번 절의 주제는 Q 러닝과 신경망의 '결합'입니다. 강화 학습과 딥러닝의 결합은 지금까지 많은 혁신을 가져왔습니다. 드디어 우리도 강화 학습과 딥러닝이 만나는 세계로 발을 디딜 차례입니다. 먼저 신경망의 전처리에 대해 설명하겠습니다.

7.4.1 신경망의 전처리

신경망에서 '범주형 데이터'를 다룰 때는 원-핫 벡터로 변환하는 것이 일반적입니다. 범주형 데이터는 예컨대 옷 사이즈(S/M/L)나 혈액형(A/B/O/AB)처럼 범주로 묶을 수 있는 데이터입니다. 이러한 범주형 데이터는 전처리 과정에서 원-핫 벡터로 만듭니다. **원-핫 벡터**one-hot vector 란 여러 원소 중 '하나만 1'이고 다른 원소는 모두 0인 벡터를 말합니다. 예를 들어 옷 사이즈 S, M, L을 차례대로 (1, 0, 0), (0, 1, 0), (0, 0, 1)과 같이 표현합니다.

'3×4 그리드 월드' 문제에서는 상태를 (0, 0) 또는 (2, 2) 형태로 표현합니다. 즉 에이전트의 위치를 (y, x) 형태로 표현하며, 총 12가지 좌표 중 하나에 해당하므로 '범주형 데이터'라고 할 수 있습니다. 따라서 '3×4 그리드 월드'의 상태를 전처리의 일환으로 원-핫 벡터로 변환하겠습니다. 코드는 다음과 같습니다.

```python
import numpy as np

def one_hot(state):
    # ❶ 벡터 준비
    HEIGHT, WIDTH = 3, 4
    vec = np.zeros(HEIGHT * WIDTH, dtype=np.float32)

    # ❷ state에 해당하는 원소만 1.0으로 설정
    y, x = state
    idx = WIDTH * y + x
    vec[idx] = 1.0

    # ❸ 배치 처리를 위해 새로운 축 추가
    return vec[np.newaxis, :]

state = (2, 0)
x = one_hot(state)

print(x.shape)  # [출력 결과] (1, 12)
print(x)        # [출력 결과] [[0. 0. 0. 0. 0. 0. 0. 0. 1. 0. 0. 0.]]
```

one_hot() 함수는 state를 받아 원-핫 벡터로 변환합니다. 원리는 간단합니다. ❶ 먼저 각각의 원소를 담을 벡터를 준비합니다(모든 값을 0으로 초기화). ❷ 그런 다음 주어진 state에 해당하는 원소만 1.0으로 설정합니다. ❸ 또한 배치 처리(일괄 처리)를 가정하여 vec[np.newaxis, :] 코드로 새로운 축을 추가합니다. 이렇게 하면 one_hot() 함수가 반환하는 텐서의 형상이 (1, 12)가 됩니다(원래 vec의 형상은 (12,)였습니다).

> NOTE_ 신경망에서는 데이터를 모아서 '배치'로 처리합니다. 예를 들어 100개의 데이터를 한꺼번에 처리하려면 형상이 (100, 12)인 데이터를 입력합니다.

7.4.2 Q 함수를 표현하는 신경망

앞에서 이야기했듯이 지금까지는 Q 함수를 테이블로 구현했습니다(파이썬 코드에서는 딕셔너리(defaultdict)로). 예를 들어 다음과 같은 코드입니다.

```python
from collections import defaultdict

Q = defaultdict(lambda: 0)
state = (2, 0)
action = 0

print(Q[state, action])  # [출력 결과] 0.0
```

Q는 (state, action) 쌍의 데이터를 입력받아 Q 함수의 값을 출력합니다. 즉 (state, action) 쌍의 데이터 하나하나에 대해 Q 함수의 값이 개별적으로 저장되어 있습니다.

이제 테이블로 표현된 Q 함수를 신경망으로 '변신'시켜보죠. 그러려면 먼저 신경망의 입력과 출력을 명확하게 규정해야 합니다. 후보가 몇 가지 있는데, 대표적으로 [그림 7-13]과 같은 두 가지 신경망 구조를 생각해볼 수 있습니다.

그림 7-13 두 가지 신경망 구조

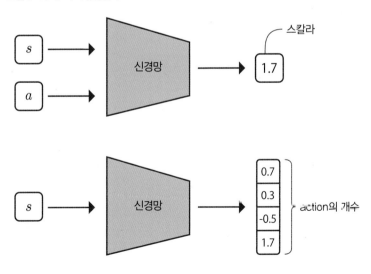

첫 번째 구조는 상태와 행동 두 가지를 입력으로 받는 신경망입니다. 출력으로는 Q 함수의 값을 하나만 내보냅니다(일단 배치는 고려하지 않고 데이터를 하나씩만 입력하는 경우를 생각해보죠).

두 번째 구조는 상태만을 입력받아, 가능한 행동의 개수만큼 Q 함수의 값을 출력하는 신경망입니다. 예를 들어 행동의 가짓수가 4개라면 원소 4개짜리 벡터를 출력합니다.

그런데 첫 번째 구조는 계산 비용 측면에서 문제가 있습니다. 어떤 상태에서 Q 함수의 최댓값을 구하는 계산 비용, 즉 수식으로 표현하면 $\max_a Q(s,a)$의 계산 비용이 커집니다.

> NOTE_ Q 러닝에서는 $\max_a Q(s,a)$를 계산해야 합니다. 상태 s에서 Q 함수가 최대가 되는 행동을 찾는 계산이죠. 이 계산을 첫 번째 신경망 구조에서 수행하려면 행동 후보의 수만큼 신경망을 순전파하여 Q 함수의 값을 구해야 합니다. 행동의 수가 4개라면 순전파를 총 4번 수행하여 가능한 행동 각각에 대한 Q 함수를 구해야 하는 것이죠. 반면, 두 번째 신경망 구조에서는 모든 행동에 대한 Q 함수를 순전파 한 번으로 구할 수 있습니다.

그럼 (상태만을 입력받는) 두 번째 구조를 구현해봅시다. 2계층의 완전 연결 형태로 구성된 신경망으로 구현하겠습니다.

```python
from dezero import Model
import dezero.functions as F
import dezero.layers as L

class QNet(Model):
    def __init__(self):
        super().__init__()
        self.l1 = L.Linear(100)  # 중간층의 크기
        self.l2 = L.Linear(4)    # 행동의 크기(가능한 행동의 개수)

    def forward(self, x):
        x = F.relu(self.l1(x))
        x = self.l2(x)
        return x

qnet = QNet()

state = (2, 0)
```

```
state = one_hot(state)  # 원-핫 벡터로 변환

qs = qnet(state)
print(qs.shape)  # [출력 결과] (1, 4)
```

DeZero의 방식을 따라 Model 클래스를 상속받아 신경망 모델을 구현했습니다. 초기화 시에는 필요한 계층을 생성합니다. DeZero에서는 계층 생성 시 출력 크기만 지정하면 됩니다. 지금 코드에서는 출력 크기가 각각 100과 4인 선형 변환 계층을 두 개 생성했습니다. 그리고 순전파에서 수행할 처리를 forward() 메서드에 작성하는데, 신경망의 주요 처리가 여기서 이루어집니다.

이것으로 Q 함수를 신경망으로 대체할 수 있게 되었습니다. 계속해서 방금 작성한 신경망을 이용하여 Q 러닝 알고리즘을 구현해보겠습니다.

7.4.3 신경망과 Q 러닝

먼저 Q 러닝에 대해 가볍게 복습해봅시다. 6장에서 배운 것처럼 Q 러닝에서는 다음 식을 통해 Q 함수를 갱신합니다.

$$Q'(S_t, A_t) = Q(S_t, A_t) + \alpha \left\{ R_t + \gamma \max_a Q(S_{t+1}, a) - Q(S_t, A_t) \right\} \qquad \text{[식 7.3]}$$

이 식에 의해 $Q(S_t, A_t)$의 값은 목표인 $R_t + \gamma \max_a Q(S_{t+1}, a)$ 방향으로 갱신됩니다. 이때 α는 목표 방향으로 얼마나 나아갈 것인지를 조정합니다.

여기서 목표인 $R_t + \gamma \max_a Q(S_{t+1}, a)$를 T로 간소화해보죠.

$$Q'(S_t, A_t) = Q(S_t, A_t) + \alpha \{ T - Q(S_t, A_t) \} \qquad \text{[식 7.4]}$$

[식 7.4]는 입력이 S_t, A_t일 때 출력이 T가 되도록 Q 함수를 갱신하는 것으로 해석할 수 있습니다. 신경망 맥락에 대입하여 표현하자면, 입력이 S_t, A_t일 때 출력이 T가 되도록 학습시킨다는 뜻입니다. 즉, T를 정답 레이블로 볼 수 있습니다. 또한 T는 스칼라값이기 때문에 회귀 문제로 생각할 수 있습니다.

이상을 바탕으로 Q 러닝을 수행하는 에이전트를 QLearningAgent라는 이름으로 구현하겠습니다. 먼저 전반부의 코드를 보시죠.

ch07/q_learning_nn.py

```python
class QLearningAgent:
    def __init__(self):
        self.gamma = 0.9
        self.lr = 0.01
        self.epsilon = 0.1
        self.action_size = 4

        self.qnet = QNet()                            # 신경망 초기화
        self.optimizer = optimizers.SGD(self.lr)      # 옵티마이저 생성
        self.optimizer.setup(self.qnet)               # 옵티마이저에 신경망 등록

    def get_action(self, state):
        if np.random.rand() < self.epsilon:
            return np.random.choice(self.action_size)
        else:
            qs = self.qnet(state)
            return qs.data.argmax()
```

먼저 클래스를 초기화할 때 신경망과 옵티마이저를 초기화합니다. 그리고 옵티마이저에 신경망을 연결합니다.

get_action() 메서드에서는 ε-탐욕 정책에 따라 행동을 선택합니다. 즉 ε의 확률로 무작위 행동을 선택하고, 그 외에는 Q 함수가 최대가 되는 행동을 선택합니다. 참고로 get_action(self, state)의 state로는 원-핫 벡터로 변환된 상태가 입력된다고 가정합니다.

다음은 QLearningAgent의 나머지 코드입니다.

ch07/q_learning_nn.py

```python
class QLearningAgent:
    ...

    def update(self, state, action, reward, next_state, done):
        # ❶ 다음 상태에서 최대가 되는 Q 함수의 값(next_q) 계산
        if done:  # ❷ 목표 상태에 도달
            next_q = np.zeros(1)  # ❸ [0.] (목표 상태에서의 Q 함수는 항상 0)
        else:     # 그 외 상태
            next_qs = self.qnet(next_state)
            next_q = next_qs.max(axis=1)
```

```
    next_q.unchain()  # ❹ next_q를 역전파 대상에서 제외

    # ❺ 목표
    target = self.gamma * next_q + reward
    # ❻ 현재 상태에서의 Q 함수 값(q) 계산
    qs = self.qnet(state)
    q = qs[:, action]
    # ❼ 목표(target)와 q의 오차 계산
    loss = F.mean_squared_error(target, q)

    # ❽ 역전파 → 매개변수 갱신
    self.qnet.cleargrads()
    loss.backward()
    self.optimizer.update()

    return loss.data
```

update() 메서드에서는 Q 함수를 갱신합니다. ❶ 먼저 다음 상태에서 최대가 되는 Q 함수의 값(next_q)을 구합니다. ❷ 다만 done = True일 경우, 즉 next_state가 목표 상태라면 next_state에서의 Q 함수는 항상 0입니다. ❸ 그래서 next_q를 0으로 설정합니다(정확히는 np.zeros(1)로 설정).

> **NOTE_** next_q는 정답 레이블을 만들기 위해 사용됩니다. 지도 학습에서는 정답 레이블에 대한 기울기는 필요 없기 때문에 ❹ next_q.unchain()을 수행하여 역전파의 대상에서 next_q를 제외합니다(unchain은 '사슬을 풀다'라는 뜻입니다). 이렇게 하면 next_q는 단순한 숫자 타입이 됩니다. 그래서 나중에 역전파를 수행해도 next_q와 관련된 기울기 계산이 이루어지지 않습니다. 불필요한 계산을 생략하는 것이죠.

이어서 ❺ 목표(target)를 구하고 ❻ 현재 상태에서의 Q 함수(q)를 구합니다. ❼ 그리고 손실 함수로 target과 q의 평균 제곱 오차를 구합니다. 마지막으로 DeZero의 방식에 따라 ❽ 역전파를 수행하여 매개변수를 갱신합니다.

참고로 앞의 코드에서는 target 계산에 쓰이는 next_q의 값을 if문에서 실정했습니다. 그런데 if문을 사용하지 않고 다음처럼 구현할 수도 있습니다.

```
class QLearningAgent:
    ...
```

```
    def update(self, state, action, reward, next_state, done):
        done = int(done)  # ❶ 0 or 1
        next_qs = self.qnet(next_state)
        next_q = next_qs.max(axis=1)
        next_q.unchain()
        # 기존 코드: target = self.gamma * next_q + reward
        target = reward + (1 - done) * self.gamma * next_q  # ❷

        ...
```

파이썬에서 bool 타입을 int 타입으로 변환하면 True는 1로, False는 0으로 바뀝니다. ❶ 그래서 done = int(done) 코드를 써서 숫자 타입으로 변환한 다음 ❷ (1 − done) 형태로 계산식에 바로 응용할 수 있습니다. 이 코드는 다음 장에서 미니배치로 학습할 때 유용하게 활용됩니다.

이상이 QLearningAgent 클래스의 코드입니다. 이제 에이전트를 실행해봅시다.

ch07/q_learning_nn.py

```
env = GridWorld()
agent = QLearningAgent()

episodes = 1000  # 에피소드 수
loss_history = []

for episode in range(episodes):
    state = env.reset()
    state = one_hot(state)
    total_loss, cnt = 0, 0
    done = False

    while not done:
        action = agent.get_action(state)
        next_state, reward, done = env.step(action)
        next_state = one_hot(next_state)

        loss = agent.update(state, action, reward, next_state, done)
        total_loss += loss
        cnt += 1
        state = next_state

    average_loss = total_loss / cnt
    loss_history.append(average_loss)
```

에피소드 수를 1000회로 설정하고 에피소드별 평균 손실을 기록했습니다. 결과는 [그림 7-14]와 같습니다.

그림 7-14 에피소드별 손실 추이

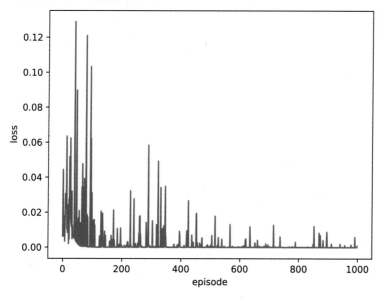

신경망을 이용한 강화 학습에서는 학습 시 손실이 안정되게 나오지 않는 경우가 많습니다. [그림 7-14]도 변화의 폭이 큽니다. 그렇더라도 큰 틀에서 보면 에피소드를 거듭할수록 손실이 작아지고 있음을 알 수 있습니다.

앞의 코드에서 최종적으로 얻을 수 있는 Q 함수와 Q 함수를 탐욕화한 정책은 다음과 같습니다.

그림 7-15 신경망을 이용한 Q 러닝으로 얻은 Q 함수와 정책

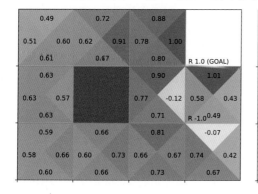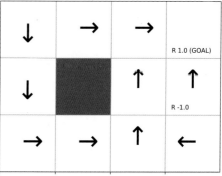

실행할 때마다 다르지만 대체로 좋은 결과를 얻을 수 있습니다. [그림 7-15]는 완전한 최적 정책은 아니지만 에피소드 횟수를 늘리면 최적 정책에 가까운 정책을 안정적으로 얻을 수 있습니다.

이상으로 신경망을 이용한 Q 러닝 구현을 마칩니다.

7.5 정리

이번 장에서는 먼저 DeZero 프레임워크의 사용법을 배웠습니다. DeZero는 파이토치와 같은 최신 딥러닝 프레임워크와 똑같은 개념으로 설계된 프레임워크입니다. 데이터를 마치 넘파이의 ndarray처럼 다룰 수 있으며 역전파를 통해 미분을 구할 수 있습니다. 덕분에 미분을 이용해 매개변수를 갱신하는 경사 하강법 등을 쉽게 구현할 수 있습니다.

그런 다음 DeZero를 사용하여 기초적인 머신러닝 문제인 선형 회귀를 풀었습니다. 또한 비선형 데이터셋을 처리하는 신경망을 구현하고 올바르게 학습할 수 있음을 확인했습니다. DeZero에는 계층, 모델, 옵티마이저 등, 신경망 구현에 도움이 되는 클래스들이 다양하게 준비되어 있습니다. 이를 이용하면 신경망을 쉽게 구현할 수 있습니다.

마지막으로 신경망을 이용한 Q 러닝을 구현했습니다. 기본 원리는 앞 장에서 배운 Q 러닝과 같습니다. Q 러닝의 원리를 이해했다면 신경망을 적용하는 일은 그리 어렵지 않습니다.

우리는 드디어 강화 학습과 딥러닝이 결합된 심층 강화 학습의 세계로 들어섰습니다. 이제 상태나 행동의 크기가 커져도 걱정할 게 없습니다.

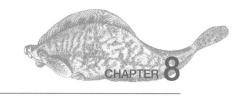

DQN

이번 장의 주제는 DQN입니다. DQN$^{\text{Deep Q Network}}$은 Q 러닝과 신경망을 이용한 기법입니다. 지난 7장에서 Q 러닝과 신경망을 결합하는 방법을 배웠는데, DQN은 여기에 새로운 기술인 '경험 재생'과 '목표 신경망'을 더한 것입니다. 이번 장에서는 이 기술들에 대해 알아본 다음, 코드로 구현하여 효과까지 검증해보겠습니다. 나아가 DQN을 확장한 기법인 'Double DQN', '우선순위 경험 재생', 'Dueling DQN'도 소개합니다.

DQN은 비디오 게임과 같은 복잡한 문제도 훌륭하게 해결합니다. 그 덕분에 지금의 딥러닝 붐이 시작되었죠. 이런 점에서 DQN은 딥러닝 분야의 기념비적인 연구라고 할 수 있습니다. DQN이 처음 발표된 건 2013년입니다. 벌써 세월이 꽤 흘렀지만 지금도 DQN을 기반으로 한 방법론이 활발하게 제안되고 있을 만큼 DQN은 여전히 중요한 알고리즘입니다.

또한 이번 장부터는 이전까지의 '그리드 월드'에서 벗어나 좀 더 실용적인 문제를 다룹니다. OpenAI Gym 라이브러리가 제공하는 〈카트 폴$^{\text{Cart Pole}}$〉이 그 주인공입니다.

8.1 OpenAI Gym

OpenAI Gym은 오픈소스 라이브러리입니다. [그림 8-1]과 같이 다양한 강화 학습 문제(환경)를 제공합니다.

그림 8-1 OpenAI Gym[9]의 문제 목록 화면

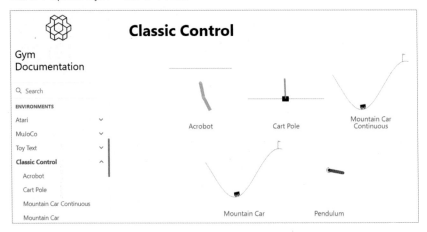

그림 8-1 OpenAI Gym[9]의 문제 목록 화면

OpenAI Gym이 제공하는 문제들은 대부분 인터페이스가 일관됩니다. 따라서 다른 강화 학습 문제로 손쉽게 전환할 수 있습니다. 그뿐만 아니라 강화 학습 관련 논문들에서 OpenAI Gym을 벤치마크로 많이 사용합니다. 특히 〈아타리^Atari〉 게임이 많이 이용됩니다.

그럼 OpenAI Gym의 기본적인 사용법을 알아보겠습니다.

8.1.1 OpenAI Gym 기초 지식

먼저 OpenAI Gym의 gym 모듈을 설치합니다.

```
$ pip install gym[classic_control]
```

터미널에서 이 한 줄만 실행하면 설치가 완료됩니다. 이제 gym 모듈을 사용해보겠습니다. OpenAI Gym에는 다양한 환경이 제공되지만 여기서는 CartPole-v0로 생성하겠습니다.*

```
import gym

env = gym.make('CartPole-v0', render_mode='human')
```

---

* 옮긴이_ 현재 v0 버전은 out-of-date라며 경고 메시지를 출력하지만 실행에는 문제가 없습니다. 혹시 지원이 중단되더라도 v0를 v1으로만 바꿔 실행하면 되도록 예제 코드를 모두 수정해뒀습니다. v1으로 바꾸면 예제 실행 시간이 다소 길어질 수 있습니다.

〈카트 폴〉이라는 문제 환경이 생성되었습니다. 환경 생성 시 render_mode를 'human'으로 설정하면 [그림 8-2]와 같은 플레이 화면을 보여줍니다(화면 출력을 원하지 않으면 'rgb_array'로 설정).

그림 8-2 〈카트 폴〉 화면 구성

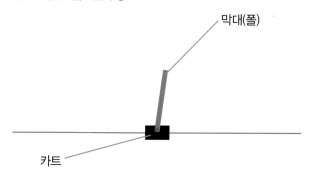

막대(폴)

카트

그림과 같이 카트를 좌우로 움직여 막대(폴)의 균형을 잡는 '균형 잡기' 게임입니다. 막대가 넘어지거나(일정 각도 이상 기울어지거나) 카트가 정해진 범위를 벗어나면 실패입니다.

> NOTE_ 〈카트 폴〉에는 버전 0(CartPole-v0)과 버전 1(CartPole-v1)이 있습니다. 버전 0은 200단계 동안 균형을 유지하면 성공이고 버전 1은 500단계까지 버텨야 합니다.

앞의 코드에 이어서 다음 코드를 실행해보죠.

```
state = env.reset()[0]   # 상태 초기화
print('상태:', state)

action_space = env.action_space
print('행동의 차원 수:', action_space)
```

출력 결과
```
상태: [ 0.03454657 -0.01361909 -0.02143636  0.02152179]
행동의 차원 수: Discrete(2)
```

state = env.reset()[0] 코드로 초기 '상태'를 얻습니다. env.reset() 메서드는 환경을 초기화한 후 상태와 기타 정보를 담은 배열을 반환합니다. 이 배열의 0번째 원소가 상태 정보입니다. 출력 결과를 보면 state는 원소가 네 개인 배열임을 알 수 있습니다. 참고로 각 원소는 차례대로 다음을 뜻합니다.

- 카트의 위치
- 카트의 속도
- 막대의 각도
- 막대의 각속도(회전 속도)

또한 행동 공간의 크기(취할 수 있는 행동의 개수)는 env.action_space를 보면 알 수 있습니다. 이를 출력해보면 Discrete(2)라는 클래스의 인스턴스입니다. 출력 결과로부터 행동의 후보가 두 가지임을 알 수 있습니다. 0은 카트를 왼쪽으로, 1은 오른쪽으로 움직이는 행동을 뜻합니다.

이제 실제로 카트를 움직여 시간을 한 단계만큼 보내겠습니다.

```
action = 0  # 혹은 1
next_state, reward, terminated, truncated, info = env.step(action)
print(next_state)
```

출력 결과

```
[ 0.03454657 -0.01361909 -0.02143636  0.02152179]
```

이와 같이 env.step(action) 메서드로 행동을 취합니다. 결과로는 다음 다섯 가지 정보를 얻습니다.

- next_state: 다음 상태(OpenAI Gym 문서에서는 'observation')
- reward: 보상
- terminated: 목표 상태 도달 여부
- truncated: MDP 범위 밖의 종료 조건 충족 여부(시간 초과 등)
- info: 추가 정보

보상 reward는 float 타입의 스칼라값입니다. 〈카트 폴〉에서는 균형이 유지되는 동안에는 보상이 항상 1입니다.

terminated는 목표 상태에 도달했는지 여부를, truncated는 시간 초과처럼 MDP에서 정의하지 않은, 이번 문제만의 특수한 종료 조건이 충족됐는지 여부를 알려줍니다. 〈카트 폴〉에서는 정확하게 다음 상황에서 True를 반환합니다.

- terminated: 막대 각도가 12도 초과(균형 잃음) 혹은 카트가 화면을 벗어남
- truncated: 행동 200회 초과(CartPole-v1에서는 500회)

마지막으로 info에는 디버깅에 유용한 정보가 담겨 있습니다(환경 모델 등). 강화 학습 알고리즘을 구현하고 평가할 때는 기본적으로 info는 사용하지 않습니다.

이상으로 OpenAI Gym을 다루는 데 필요한 지식은 모두 정리했습니다.

8.1.2 랜덤 에이전트

이제 코드를 하나로 묶어 움직여봅시다. 먼저 무작위로 행동하는 에이전트를 가정하여 1회분의 에피소드를 구동해보겠습니다.

```
import numpy as np                          ch08/gym_play.py
import gym

env = gym.make('CartPole-v0', render_mode='human')
state = env.reset()[0]
done = False

while not done:  # 에피소드가 끝날 때까지 반복
    env.render()  # 진행 과정 시각화
    action = np.random.choice([0, 1])  # 행동 선택(무작위)
    next_state, reward, terminated, truncated, info = env.step(action)
    done = terminated | truncated      # 둘 중 하나만 True면 에피소드 종료
env.close()
```

while문을 사용하여 에피소드가 끝날 때까지 행동을 계속하며, 행동은 0 또는 1을 무작위로 선택합니다. 또한 OpenAI Gym에서는 env.render()를 호출하여 문제의 진행 과정을 시각화할 수 있습니다. 〈카트 폴〉은 다음과 같은 창이 생성됩니다.

그림 8-3 ⟨카트 폴⟩ 렌더링(시각화)

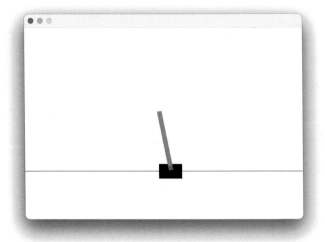

이번에는 행동을 무작위로 수행하기 때문에 오래 버티지 못하고 곧바로 균형이 무너질 것입니다. 다음 절에서는 DQN을 사용하여 제대로 도전하겠습니다.

상태와 관찰

OpenAI Gym 문서에서는 '상태(state)' 대신 '관찰(observation)'이라는 용어를 사용합니다. API에서도 'observation'을 씁니다(env.observation_space 등).

상태와 관찰은 다릅니다. 상태는 환경에 대한 '완전한 정보'입니다. 상태를 알면 마르코프 결정 과정을 통해 다음 상태와 보상의 확률 분포가 완벽하게 결정됩니다. 반면, 관찰은 환경에 대한 '부분적 정보'입니다. 예를 들어 포커나 고스톱에서는 상대의 패를 알 수 없습니다. 이처럼 에이전트가 환경의 일부만 볼 수 있는 문제를 상상하면 쉽게 이해될 것입니다.

문제에 따라서는 상태와 관찰이 동일시되는 경우도 있지만, 다양한 강화 학습 문제를 고려하면 '상태'보다는 '관찰'이 적절한 용어입니다. 그래서 OpenAI Gym에서는 '관찰'로 쓰고 있습니다. 다만 이 책에서는 상태와 관찰이 똑같은 문제만 다루기 때문에 지금까지와 마찬가지로 '상태'로 쓰겠습니다.

8.2 DQN의 핵심 기술

Q 러닝에서는 추정치를 사용하여 추정치를 갱신합니다(이 원리를 '부트스트래핑'이라고 했죠). 아직 정확하지 않은 추정치를 사용하여 현재의 추정치를 갱신하기 때문에 Q 러닝(넓게 보면 TD법)은 불안정해지기 쉽다는 성질이 있습니다. 여기에 신경망처럼 표현력이 높은 함수 근사화 기법이 더해지면 결과는 더욱 불안정해집니다.

> NOTE_ 신경망은 표현력이 높다는 게 장점이지만 단점도 될 수 있습니다. 대표적인 예가 학습 데이터에 지나치게 잘 맞춰질 수 있다는 점이며 이를 **과대적합** overfitting; 과적합이라고 합니다.

DQN은 Q 러닝과 신경망을 결합한 기법으로, 신경망의 학습을 안정화하기 위해 '경험 재생'과 '목표 신경망' 기술을 사용한다는 점이 특징입니다(다른 기법도 쓰지만, 그 부분은 나중에 설명하겠습니다). 이러한 기술을 통해 DQN은 처음으로 비디오 게임과 같은 복잡한 문제를 성공적으로 풀어내는 데 성공했습니다. 이번 절에서는 DQN의 핵심 기술 두 가지를 순서대로 설명하겠습니다. 경험 재생부터 만나보죠.

8.2.1 경험 재생

신경망으로 '지도 학습'을 성공적으로 해결한 사례는 많습니다. 하지만 2013년 DQN이 발표되기 전까지 신경망으로 '강화 학습' 문제를 성공적으로 해결한 사례는 거의 없었습니다(주사위 놀이 사례가 유일했습니다[10]). 강화 학습 알고리즘에, 특히 Q 러닝에 신경망을 적용하기 어려운 이유는 무엇일까요? 어떻게 하면 Q 러닝과 신경망을 말끔하게 결합할 수 있을까요? 그 해답은 '지도 학습'과 'Q 러닝'의 차이에서 찾을 수 있습니다.

먼저 지도 학습에 대해 복습해보죠. 손글씨 숫자 이미지 모음인 MNIST를 예로 들어 설명하겠습니다. 이 데이터셋에는 이미지 데이터와 정답 레이블이 쌍으로 주어집니다. MNIST를 신경망으로 학습하는 일반적인 흐름은 [그림 8-4]와 같습니다.

그림 8-4 지도 학습의 흐름

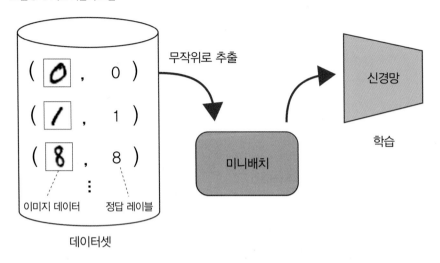

데이터셋

그림과 같이 훈련용 데이터셋에서 일부 데이터를 무작위로 추출합니다. 이렇게 추출한 데이터를 **미니배치**^mini-batch라고 합니다. 이 미니배치를 이용해 신경망의 매개변수를 갱신합니다. 한편, 미니배치를 만들 때는 데이터가 편향되지 않도록 주의해야 합니다(예컨대 '2' 이미지만 뽑아내지 않도록 방지). 신경망 학습에서는 데이터셋으로부터 데이터를 무작위로 추출하는 게 일반적인데, 바로 데이터 편향을 막기 위해서입니다.

다음은 Q 러닝 차례입니다. Q 러닝은 에이전트가 환경 속에서 어떤 행동을 취할 때마다 데이터를 생성합니다. 어떤 시간 t에서 얻은 $E_t = (S_t, A_t, R_t, S_{t+1})$을 이용해 Q 함수를 갱신합니다. 여기서 E_t를 **경험 데이터**라고 합니다. 경험 데이터는 시간이 흐름에 따라 얻어지며, 경험 데이터 사이에는 강한 상관관계가 있습니다(예컨대 E_t와 E_{t+1} 사이에는 강한 상관관계가 있습니다). 다르게 표현하면, Q 러닝에서는 상관관계가 높은(편향된) 데이터를 사용하여 학습한다는 뜻입니다. 이 점이 지도 학습과 Q 러닝의 첫 번째 차이입니다. 이 차이를 메우는 기법으로 경험 재생이 있습니다.

경험 재생^experience replay의 아이디어는 아주 간단합니다. 우선 에이전트가 경험한 데이터 $E_t = (S_t, A_t, R_t, S_{t+1})$을 '버퍼'에 저장합니다(버퍼란 데이터를 일시적으로 보관하는 저장소입니다). 그리고 Q 함수를 갱신할 때는 이 버퍼로부터 경험 데이터를 무작위로 꺼내 사용합니다(그림 8-5).

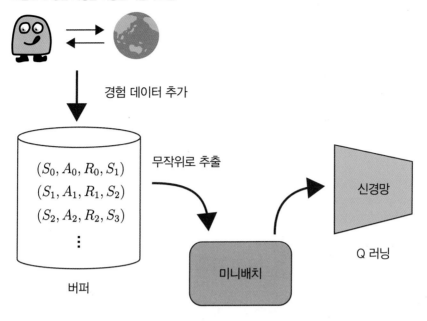

그림 8-5 경험 재생을 이용한 학습의 흐름

경험 데이터 추가

(S_0, A_0, R_0, S_1)
(S_1, A_1, R_1, S_2)
(S_2, A_2, R_2, S_3)
⋮

버퍼

무작위로 추출

미니배치

신경망

Q 러닝

경험 재생 기법으로 경험 데이터 사이의 상관관계를 약화시켜 결국 편향이 적은 데이터를 얻을 수 있습니다. 또한 경험 데이터를 반복해서 사용할 수 있기 때문에 데이터 효율도 높아집니다.

> **NOTE_** 경험 재생은 Q 러닝뿐 아니라 다른 강화 학습 알고리즘에서도 사용합니다. 단, 오프–정책 알고리즘 한정입니다. 온–정책 방식은 현재 정책에서 얻은 데이터만 사용할 수 있습니다. 과거에 수집한 경험 데이터는 사용할 수 없기 때문에 경험 재생을 적용할 수 없습니다.

8.2.2 경험 재생 구현

경험 재생 버퍼에는 현실적으로 데이터를 무한정 저장할 수 없습니다. 따라서 최대 크기를 미리 정해놓습니다. 예를 들어 최대 5만 개의 경험 데이터를 저장할 수 있도록 하는 식입니다. 그리고 최대 크기를 초과하여 데이터가 추가되면 오래된 데이터부터 삭제합니다. 이렇게 하면 버퍼에는 최신 데이터만 담기게 되겠죠. 이러한 선입선출 방식의 데이터 저장소로는 파이썬 표준 라이브러리의 collections.deque가 적격입니다.

이제 경험 재생 메커니즘을 ReplayBuffer라는 클래스로 구현해보겠습니다.

ch08/replay_buffer.py

```python
from collections import deque
import random
import numpy as np


class ReplayBuffer:
    def __init__(self, buffer_size, batch_size):
        self.buffer = deque(maxlen=buffer_size)
        self.batch_size = batch_size

    def add(self, state, action, reward, next_state, done):
        data = (state, action, reward, next_state, done)
        self.buffer.append(data)

    def __len__(self):
        return len(self.buffer)

    def get_batch(self):
        data = random.sample(self.buffer, self.batch_size)

        state = np.stack([x[0] for x in data])
        action = np.array([x[1] for x in data])
        reward = np.array([x[2] for x in data])
        next_state = np.stack([x[3] for x in data])
        done = np.array([x[4] for x in data]).astype(np.int32)
        return state, action, reward, next_state, done
```

먼저 초기화 매개변수로 buffer_size와 batch_size를 받습니다. buffer_size는 버퍼의 크기, batch_size는 미니배치의 크기입니다. 버퍼는 self.buffer = deque(maxlen=buffer_size) 코드로 초기화했습니다. deque는 리스트처럼 쓸 수 있고 최대 크기를 넘어서면 오래된 데이터부터 삭제해줍니다.

add()는 경험 데이터를 추가하는 메서드입니다. 버퍼에 추가되는 데이터는 (state, action, reward, next_state, done) 묶음을 하나의 단위로 처리합니다.

__len__() 메서드는 len() 함수를 사용하여 버퍼의 크기를 알려줍니다. 예를 들어 replay_buffer = ReplayBuffer(50000, 32) 코드로 만든 버퍼에 현재 들어 있는 데이터 크기를 알고 싶다면 len(replay_buffer) 형태로 호출하면 됩니다.

마지막은 get_batch() 메서드입니다. 버퍼에 담긴 데이터에서 미니배치를 생성해주는 메서드죠. self.buffer에서 데이터를 무작위로 가져와 신경망이 처리하기 쉽도록 np.ndarray 인스턴스로 변환합니다. 본문 코드는 [그림 8-6]을 참고하면 쉽게 이해될 것입니다.

그림 8-6 미니배치 원소를 np.ndarray로 변환하는 코드 예제

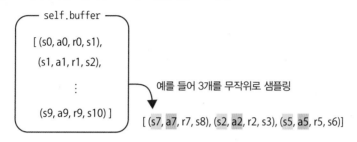

이제 〈카트 폴〉 환경에서 경험 재생을 사용해봅시다. 코드는 다음과 같습니다.

ch08/replay_buffer.py

```python
import gym

env = gym.make('CartPole-v0', render_mode='human')
replay_buffer = ReplayBuffer(buffer_size=10000, batch_size=32)

for episode in range(10):  # ❶ 에피소드 10회 수행
    state = env.reset()[0]
    done = False

    while not done:
        action = 0  # ❷ 항상 0번째 행동만 수행
        # ❸ 경험 데이터 획득
        next_state, reward, terminated, truncated, info = env.step(action)
        done = terminated | truncated

        replay_buffer.add(state, action, reward, next_state, done)  # ❹ 버퍼에 추가
        state = next_state
```

```
# ❺ 경험 데이터 버퍼로부터 미니배치 생성
state, action, reward, next_state, done = replay_buffer.get_batch()

print(state.shape)        # [출력 결과] (32, 4)
print(action.shape)       # [출력 결과] (32,)
print(reward.shape)       # [출력 결과] (32,)
print(next_state.shape)   # [출력 결과] (32, 4)
print(done.shape)         # [출력 결과] (32,)
```

❶ 에피소드를 10회 수행했습니다. 각 에피소드에서는 ❷ 항상 0번째 행동만 수행하고 ❸ 얻은 데이터를 ❹ replay_buffer에 추가합니다. 그리고 마지막으로 ❺ replay_buffer.get_batch()로 미니배치를 가져옵니다.

출력 결과에서 알 수 있듯이 배치 크기(여기서는 32)만큼의 데이터가 np.ndarray 인스턴스로 추출됐음을 확인할 수 있습니다.

이상으로 경험 재생 구현을 마칩니다. 다음 절에서는 Q 러닝에 사용되는 또 다른 핵심 기술인 '목표 신경망'을 알아보겠습니다.

8.2.3 목표 신경망

이번에도 지도 학습과 Q 러닝을 비교해서 생각해보겠습니다. 지도 학습에서는 학습 데이터에 정답 레이블이 부여됩니다. 이때 각 입력에 대한 정답 레이블이 변할 일은 없습니다. 예를 들어 MNIST의 입력 이미지가 있고 정답 레이블은 7이라고 해보죠. 그러면 이 레이블은 영원히 7입니다. 신경망의 학습 과정에서 4로 바뀌는 일은 절대로 없습니다.

그렇다면 Q 러닝은 어떨까요? Q 러닝에서는 $Q(S_t, A_t)$의 값이 $R_t + \gamma \max_a Q(S_{t+1}, a)$가 되도록 Q 함수를 갱신합니다. TD 목표는 지도 학습에서의 정답 레이블에 해당합니다. 하지만 TD 목표의 값은 Q 함수가 갱신될 때마다 달라집니다. 이것이 바로 지도 학습과 Q 러닝의 차이입니다. 그리고 이 차이를 메우기 위해 'TD 목표를 고정'하는 기술인 **목표 신경망**target network을 사용합니다.

목표 신경망은 어떻게 구현할까요? 먼저 Q 함수를 나타내는 원본 신경망(qnet)을 준비합니다. 그리고 구조가 같은 신경망(qnet_target)을 하나 더 준비합니다. qnet은 일반적인 Q 러닝으로 갱신합니다. 반면 qnet_target은 주기적으로 qnet의 가중치와 동기화시키고, 그 외에는 가중치 매개변수를 고정된 상태로 둡니다. 이후 qnet_target을 사용하여 TD 목표의 값을 계산하면 정답 레이블인 TD 목표가 바뀌는 일을 억제할 수 있습니다. 즉, 정답 레이블인 TD 목표가 달라지지 않기 때문에 신경망 학습이 안정화될 것이라고 기대할 수 있습니다.

> **NOTE_** 목표 신경망은 TD 목표의 값을 고정하기 위한 기법입니다. 단, TD 목표가 전혀 갱신되지 않으면 Q 함수의 학습이 진행되지 않으므로 주기적으로(예컨대 100 에피소드마다) 목표 신경망을 갱신합니다.

8.2.4 목표 신경망 구현

목표 신경망을 코드로 구현해보겠습니다. 여기서는 다음 절에서 다룰 DQN 전체 구현을 염두에 두고 DQNAgent 코드의 일부를 보여드리겠습니다.

ch08/dqn.py

```python
import copy
from dezero import Model
from dezero import optimizers
import dezero.functions as F
import dezero.layers as L

class QNet(Model):  # ❶ 신경망 클래스
    def __init__(self, action_size):
        super().__init__()
        self.l1 = L.Linear(128)
        self.l2 = L.Linear(128)
        self.l3 = L.Linear(action_size)

    def forward(self, x):
        x = F.relu(self.l1(x))
        x = F.relu(self.l2(x))
        x = self.l3(x)
        return x

class DQNAgent:  # 에이전트 클래스
    def __init__(self):
        self.gamma = 0.98
        self.lr = 0.0005
        self.epsilon = 0.1
        self.buffer_size = 10000  # 경험 재생 버퍼 크기
```

```python
        self.batch_size = 32        # 미니배치 크기
        self.action_size = 2

        self.replay_buffer = ReplayBuffer(self.buffer_size, self.batch_size)
        self.qnet = QNet(self.action_size)            # ❷ 원본 신경망
        self.qnet_target = QNet(self.action_size)     # ❷ 목표 신경망
        self.optimizer = optimizers.Adam(self.lr)
        self.optimizer.setup(self.qnet)                # ❸ 옵티마이저에 qnet 등록

    def sync_qnet(self):  # ❹ 두 신경망 동기화
        self.qnet_target = copy.deepcopy(self.qnet)

    def get_action(self, state):
        if np.random.rand() < self.epsilon:
            return np.random.choice(self.action_size)
        else:
            state = state[np.newaxis, :]  # 배치 처리용 차원 추가
            qs = self.qnet(state)
            return qs.data.argmax()
```

❶ 먼저 신경망인 QNet 클래스를 준비합니다. ❷ 그리고 이 클래스를 이용하여 에이전트인 DQNAgent 클래스가 self.qnet과 self.qnet_target이라는 두 벌의 신경망을 갖도록 구성합니다(둘 다 같은 구조의 신경망입니다). ❸ 그리고 옵티마이저에는 self.qnet만 등록합니다. 그래서 가중치 매개변수 갱신은 self.qnet에서만 이루어집니다(옵티마이저가 self.qnet_target의 가중치 매개변수는 갱신하지 않습니다).

❹ 다음으로 sync_qnet()은 두 신경망을 동기화하는 메서드입니다. 동기화에는 파이썬 표준 라이브러리의 copy.deepcopy() 메서드를 사용했습니다. deepcopy는 '깊은 복사'라는 뜻으로, 모든 데이터를 완벽하게 복제하고 싶을 때 사용합니다. 여기서는 self.qnet의 완전한 복사본을 만들고 이를 self.qnet_target으로 설정했습니다.

> NOTE_ copy 모듈에는 '얕은 복사(copy.copy)'와 '깊은 복사(copy.deepcopy)'가 있습니다. 얕은 복사는 객체를 구성하는 데이터의 '참조'만 복사합니다. 만약 지금 코드에서 얕은 복사를 사용하면 두 신경망은 '물리적으로 하나인' 가중치 매개변수를 '공유'하게 됩니다.

마지막으로 DQNAgent 클래스에서 가중치 매개변수를 갱신하는 메서드를 보겠습니다.

```
class DQNAgent:
    ...

    def update(self, state, action, reward, next_state, done):
        # ❶ 경험 재생 버퍼에 경험 데이터 추가
        self.replay_buffer.add(state, action, reward, next_state, done)
        if len(self.replay_buffer) < self.batch_size:
            return  # 데이터가 미니배치 크기만큼 쌓이지 않았다면 여기서 끝

        # ❷ 미니배치 크기 이상이 쌓이면 미니배치 생성
        state, action, reward, next_state, done = self.replay_buffer.get_batch()

        qs = self.qnet(state)  # ❸
        q = qs[np.arange(self.batch_size), action]  # ❹

        next_qs = self.qnet_target(next_state)  # ❺
        next_q = next_qs.max(axis=1)
        next_q.unchain()
        target = reward + (1 - done) * self.gamma * next_q  # ❻

        loss = F.mean_squared_error(q, target)

        self.qnet.cleargrads()
        loss.backward()
        self.optimizer.update()
```

update() 메서드가 호출되면 ❶ 먼저 버퍼(self.replay_buffer)에 경험 데이터를 추가합니다. ❷ 그리고 미니배치 크기 이상의 경험 데이터가 저장되면 버퍼에서 미니배치로 데이터를 가져옵니다.

❸에서 32개 분량의 데이터를 모아 신경망(self.qnet)에 제공합니다. 배치 크기가 32이고 상태 크기가 4이므로 state는 (32, 4) 형상의 np.ndarray입니다. 그래서 출력 qs의 형상은 (32, 2)가 됩니다. 〈카트 폴〉 문제에서는 행동의 크기가 2이므로 각 행동에 대한 Q 함수가 출력된 것입니다.

❹에서 action은 (32,) 형상의 np.ndarray입니다. action에는 에이전트가 수행한 행동이 저장됩니다. 예를 들어 [0, 1, 0, 0, …, 1]과 같은 데이터가 저장되죠. 그래서 q = qs[np.range(self.batch_size), action] 코드는 [그림 8-7]과 같이 qs에서 action에 해당하는 원소를 가져오는 일을 합니다.

그림 8-7 q = qs[np.range(self.batch_size), action] 코드가 수행하는 작업

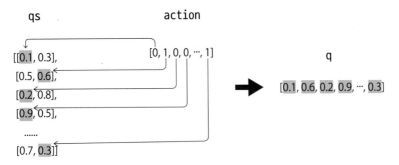

❺에서는 다음 상태의 Q 함수 값을 구합니다. 주목할 점은 self.qnet이 아닌 self.qnet_target을 사용하여 계산한다는 점입니다. 이어서 다음 줄의 next_q = next_qs.max(axis=1) 코드로 다음 상태의 Q 함수를 구하는데, 이때 axis=1로 설정하여 배치 데이터마다 최댓값을 구합니다.

마지막으로 ❻에서는 (1 − done)을 마스크^{mask}로 사용하여 TD 목표를 계산합니다. 여기서 done은 종료 여부를 나타내는 플래그입니다. 그래서 에피소드가 끝나면 (1 − done)의 값은 0, 진행 중이라면 1이 됩니다(7.4.3절 참고).

이상으로 DQN에서 사용되는 핵심 기술을 모두 설명했습니다. 이제 〈카트 폴〉 문제에 적용하여 DQN을 실제로 구동해보겠습니다.

8.2.5 DQN 실행

DQNAgent 클래스를 사용하여 〈카트 폴〉 문제에 도전해봅시다.

ch08/dqn.py

```python
episodes = 300      # 에피소드 수
sync_interval = 20  # 신경망 동기화 주기(20번째 에피소드마다 동기화)
env = gym.make('CartPole-v0', render_mode='rgb_array')
agent = DQNAgent()
reward_history = [] # 에피소드별 보상 기록

for episode in range(episodes):
    state = env.reset()[0]
    done = False
```

```
    total_reward = 0

    while not done:
        action = agent.get_action(state)
        next_state, reward, terminated, truncated, info = env.step(action)
        done = terminated | truncated

        agent.update(state, action, reward, next_state, done)
        state = next_state
        total_reward += reward

    if episode % sync_interval == 0:
        agent.sync_qnet()

    reward_history.append(total_reward)
```

에피소드를 총 300번 실행했습니다. 또한 20번째 에피소드마다 agent.sync_qnet()을 호출하여 목표 신경망을 동기화합니다. 그 외에는 지금까지 살펴본 코드와 거의 같습니다.

이 코드는 완료까지 시간이 살짝 걸립니다. 모든 에피소드가 끝나면 reward_history에는 에피소드별로 얻은 보상의 총합이 기록되어 있습니다. [그림 8-8]은 이 기록을 시각화한 그래프입니다(실행할 때마다 달라집니다).

그림 8-8 〈카트 폴〉에서 에피소드별 보상 총합의 추이

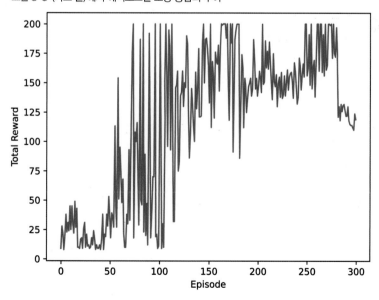

그래프의 가로축은 에피소드 수, 세로축은 보상 합계입니다. 이번 문제의 경우 보상 총합은 막대가 균형을 유지한 시간(타임 스텝)입니다. 에피소드가 거듭될수록 전반적으로 보상의 총합이 커지는 듯 보입니다. 다만 변동폭이 커서 섣불리 판단하기 어렵습니다. 이처럼 강화 학습 알고리즘을 평가할 때 한 번의 실험 결과만으로 판단하는 것은 위험합니다. 그래서 같은 실험을 반복 수행하여 얻은 결과를 평균하여 평가하는 게 좋습니다. [그림 8-9]는 같은 실험을 100번 반복하여 결과를 평균한 그래프입니다.

그림 8-9 100번 실험 후 평균한 결과

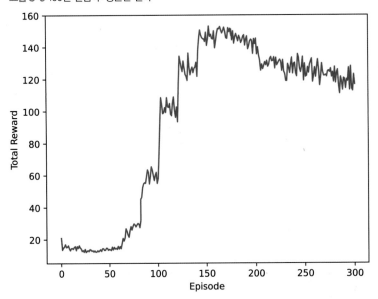

[그림 8-9]를 보면 초기에는 균형을 제대로 잡지 못하고 금방 실패합니다. 하지만 50회를 지나면서부터 서서히 '요령'을 익히기 시작하며, 150회 정도까지는 순조롭게 학습이 진행됩니다. 그러다가 이후부터는 다소 하락하는 모습을 보입니다. 어쨌든 전체적으로 보면 좋은 방향으로 학습이 진행되는 것으로 보입니다.

참고로 학습 중인 에이전트는 ε-탐욕 정책에 따라 행동합니다. 즉, ε의 확률로 무작위로 행동합니다. 이제 학습이 끝난 에이전트에게 탐욕 행동을 선택하도록 해봅시다.

ch08/dqn.py

```
agent.epsilon = 0  # 탐욕 정책(무작위로 행동할 확률 ε을 0으로 설정)
state = env.reset()[0]
```

```python
    done = False
    total_reward = 0

    while not done:
        action = agent.get_action(state)
        next_state, reward, terminated, truncated, info = env.step(action)
        done = terminated | truncated
        state = next_state
        total_reward += reward
        env.render()
    print('Total Reward:', total_reward)
```

출력 결과

```
Total Reward: 116
```

이번 결과에서 학습을 마친 에이전트는 탐욕 행동을 통해 116단계까지 균형을 잡을 수 있었습니다. 결과는 매번 달라지지만(〈카트 폴〉의 초기 상태가 매번 조금씩 달라짐), 대체로 100을 넘는 결과를 얻게 됩니다. 아직 균형을 완벽하게 잡지는 못하지만 그래도 올바른 방향으로 학습하고 있습니다. 여기서 하이퍼파라미터를 조정하면(특히 에피소드 수를 늘리면) 결과가 더 나아질 것입니다.

> NOTE_ **하이퍼파라미터**hyperparameter는 사람이 미리 설정한 값입니다. 이번 코드에서는 다음 항목들이 하이퍼파라미터에 해당합니다.
>
> - 할인율 (gamma = 0.98)
> - 학습률 (lr = 0.0005)
> - ε-탐욕 확률 (epsilon = 0.05)
> - 경험 재생 버퍼 크기 (buffer_size = 100000)
> - 미니배치 크기 (batch_size = 32)
> - 에피소드 수 (episodes = 300)
> - 동기화 주기 (sync_interval = 20)
> - 신경망 구조 (계층 수, Linear 계층의 노드 수 등)

8.3 DQN과 아타리

DQN은 「Playing Atari with Deep Reinforcement Learning」 논문[11]에서 제안한 기법입니다. 제목에 있는 'Atari아타리'는 게임 회사의 이름입니다. 강화 학습 분야에서는 이 회사가 제작한 옛날 게임들을 가리켜 '아타리'라고 부르고 있습니다.

> NOTE_ DQN이 2013년에 발표된 후 2015년 과학 잡지 「네이처Nature」에 DQN 논문[12]이 실렸습니다. 제목은 「Human-level control through deep reinforcement learning」이었죠. 이 논문에서는 DQN이 게임을 사람과 동등한 수준으로 플레이할 수 있음을 보여주었습니다.

앞 절에서는 DQN을 이용해 〈카트 폴〉을 학습시켰습니다. 그렇다면 더 어려운 문제인 '아타리'와 같은 게임이라면 어떨까요? 좋은 소식과 나쁜 소식이 있습니다. 좋은 소식은 방금 구현한 DQN 코드를 조금만 수정하면 아타리도 잘 학습시킬 수 있다는 것입니다. 나쁜 소식은 아타리를 학습하는 데는 시간이 너무 오래 걸린다는 것입니다. GPU를 사용하면 많이 단축되지만 그래도 하루는 걸립니다. 그래서 이 책에서는 아타리용 DQN 코드를 따로 제공하지 않고 앞 절에서 보여드린 DQN과의 차이점을 중심으로 설명하겠습니다.

8.3.1 아타리 게임 환경

OpenAI Gym은 아타리 게임용 환경도 제공합니다(자세한 설치 방법은 OpenAI Gym의 문서를 참고하세요). 아타리 환경에는 다양한 게임이 준비되어 있습니다. 이번 절에서는 그중 〈퐁Pong〉이라는 게임을 대상으로 설명하겠습니다(그림 8-10).

그림 8-10 게임 〈퐁〉의 화면

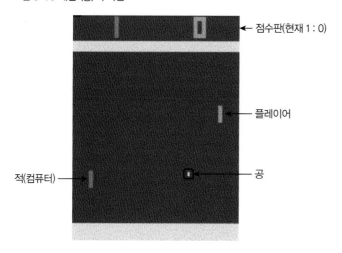

〈퐁〉은 [그림 8-10]과 같이 공을 주고받는 게임입니다. 탁구 경기를 하늘에서 내려다본다고 상상하면 쉽게 이해될 것입니다. 적은 왼쪽의 보드(판)를, 플레이어는 오른쪽의 보드를 위아래로 움직여 공을 쳐내고 공이 상대편 진지를 넘어가면 점수를 얻습니다. 에이전트는 '가로 210, 세로 160, RGB 3 채널'의 게임 화면 이미지를 상태로 부여받습니다.

〈퐁〉 게임도 앞 절의 DQN을 이용해 비슷하게 풀 수 있습니다. 다만 〈카트 폴〉보다 복잡한 문제이기 때문에 더 많은 노력이 필요합니다. 지금부터 그 부분을 설명하겠습니다.

8.3.2 전처리

이 책에서 지금까지 설명한 강화 학습 이론은 마르코프 결정 과정(MDP)을 전제로 했습니다. MDP에서는 최적 행동을 결정하는 데 필요한 정보가 '현재 상태'에 모두 담겨 있습니다. 하지만 안타깝게도 〈퐁〉은 MDP의 요건을 충족하지 못합니다. 예를 들어 [그림 8-10]의 이미지만으로는 공이 어느 방향으로 움직이고 있는지 알 수 없고, 공의 진행 방향을 모르는 상태에서는 최적 행동을 알아낼 수 없습니다. 이런 문제를 **부분 관찰 마르코프 결정 과정** Partially Observable Markov Decision Process (POMDP)이라고 합니다.

〈퐁〉 형태의 비디오 게임이라면 POMDP를 MDP로 간단하게 변환할 수 있습니다. DQN 논문[12]에서는 네 개의 프레임이 연속된 이미지를 겹쳐서 하나의 '상태'로 취급합니다. 연속된 이미지를 이용하면 상태가 어떻게 전이되는지를 알 수 있기 때문입니다(공의 움직임도 알 수 있습니다). 그러면 기존처럼 MDP로 취급할 수 있게 됩니다.

> **NOTE_** POMDP용 강화 학습도 활발히 연구되고 있습니다. POMDP에서는 현재의 관찰만으로는 충분하지 않기 때문에 과거의 관찰도 고려하여 행동을 결정해야 합니다. 그래서 흔히 **순환 신경망**Recurrent Neural Network(RNN)을 이용합니다. RNN을 이용하면 과거에 입력된 데이터를 이어받아 계산할 수 있기 때문입니다.

또한 DQN 논문에서는 프레임을 중첩하기 전에 다음과 같은 작업들을 처리합니다.

- 이미지 주변 자르기(이미지 주변의 불필요한 요소 제거)
- 그레이 스케일(회색조 이미지로 변환)
- 이미지 크기 조정
- 정규화(이미지의 원솟값을 0.0에서 1.0 사이로 변환)

이러한 전처리 후 4개의 프레임을 중첩시킵니다.

8.3.3 CNN

앞 절의 〈카트 폴〉에서는 완전 연결 계층으로 구성된 신경망을 이용했습니다. 반면, 아타리와 같은 이미지 데이터를 다룰 때는 **합성곱 신경망**Convolutional Neural Network (CNN)이 효과적입니다. CNN은 합성곱 연산(합성곱 계층)을 이용한 신경망입니다. DQN 논문에서는 [그림 8-11]과 같은 구조의 CNN을 사용했습니다.

그림 8-11 DQN에서 사용한 CNN

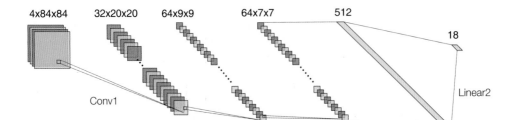

그림에서 볼 수 있듯이 입력에 가까운 층에서는 합성곱 계층을 사용하고, 출력에 가까운 층에서는 완전 연결 계층을 사용합니다. 마지막 출력층은 문제에서의 행동 후보 개수만큼을 출력합니다. 활성화 함수로는 ReLU를 썼습니다.

8.3.4 기타 아이디어

지금까지 설명한 방법 외에도 DQN 논문에서는 다음과 같은 기법도 사용했습니다. 이 기법들은 DQN뿐 아니라 다른 강화 학습 알고리즘에서도 많이 쓰입니다.

GPU 사용

아타리와 같은 게임에서는 이미지를 다루기 때문에 데이터가 매우 큽니다. 자연스럽게 학습에 필요한 계산량도 많아지죠. 이 계산을 빠르게 하기 위해서는 GPU(또는 TPU) 등의 가속 하드웨어를 이용해 병렬로 계산하는 게 효과적입니다. 참고로 DeZero에도 GPU로 계산하는 기능이 있습니다.

ε값 조정

강화 학습에서는 활용과 탐색의 균형이 중요합니다. 에이전트의 경험이 늘어날수록 가치 함수의 신뢰도가 높아진다는 점을 고려하면, 에피소드 수에 비례하여 탐색의 비율을 줄이는 편이 합리적입니다. 즉, 초기 단계에서는 탐색을 많이 시도하고 학습이 진행될수록 활용의 비중을 늘리는 전략이죠. ε-탐욕 정책에 이 아이디어를 적용하려면 에이전트가 행동을 거듭할수록 ε값을 줄이면 됩니다. DQN 논문에서는 처음 100만 단계까지는 ε을 1.0에서 0.1까지 선형으로 감소시키고 이후에는 0.1로 고정하는 방식을 택했습니다.

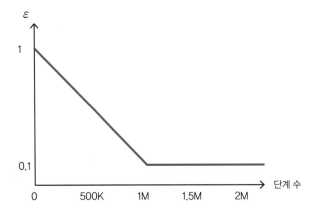

그림 8-12 DQN에서의 ε값 변경 추이

보상 클리핑(Reward Clipping)

DQN 논문에서는 보상을 −1.0에서 1.0 사이로 조정하고 보상 스케일을 맞춰 학습을 촉진합니다. 하지만 〈퐁〉에서의 보상은 −1, 0, 1 중 하나입니다. 보상의 스케일이 이미 −1.0 ~ 1.0 사이라서 클리핑을 따로 하지 않아도 성능에 영향을 주지 않습니다.

이상의 기법들을 모두 적용하여 DQN은 〈퐁〉을 훌륭하게 마스터했습니다. 논문에서는 컴퓨터를 가지고 놀 정도로 성장합니다. 게다가 코드를 거의 바꾸지 않고도 〈Breakout〉과 〈Pac-Man〉 같은 다른 게임도 훌륭하게 플레이해냅니다. 이런 부분에서도 DQN의 다재다능함을 엿볼 수 있습니다.

8.4 DQN 확장

DQN은 딥러닝에서 가장 유명한 알고리즘에 속합니다. 그래서 DQN을 발전시킨 기법도 수없이 연구되고 제안되었죠. 이번 절에서는 그중 유명한 기법 세 가지를 소개하겠습니다.

8.4.1 Double DQN

첫 번째 기법은 Double DQN[13]입니다. 설명에 앞서 DQN을 잠시 복습해보죠. DQN에서는 '목표 신경망'이라는 기법을 사용합니다. 원본 신경망 외에 매개변수가 다른 신경망(목표 신경망)을 하나 더 사용하는 것이죠. 두 신경망의 매개변수를 각각 θ와 θ'라고 하고, 두 신경망에 의해 표현되는 Q 함수를 $Q_\theta(s, a)$와 $Q_{\theta'}(s, a)$라고 합시다. 이때 Q 함수 갱신에 사용하는 목표는 다음 식으로 표현됩니다.

$$R_t + \gamma \max_a Q_{\theta'}(S_{t+1}, a)$$

DQN에서는 $Q_\theta(s, a)$의 값을 이 식의 값과 가까워지게 학습하는데 이를 'TD 목표'라고 합니다. 여기서 문제가 되는 부분은 $\max_a Q_{\theta'}(S_{t+1}, a)$입니다. 즉, 오차가 포함된 추정치($Q_{\theta'}$)에 max 연산을 수행하면 실제 Q 함수를 사용해 계산할 때보다 과대적합되는 문제가 생깁니다. 이 문제를 해결한 것이 Double DQN입니다. Double DQN에서는 다음 식을 TD 목표로 삼습니다.

$$R_t + \gamma Q_{\theta'}(S_{t+1}, \underset{a}{\mathrm{argmax}}\, Q_\theta(S_{t+1}, a))$$

핵심은 $Q_\theta(s, a)$를 사용하여 최대가 되는 행동을 선택하고 실제 값은 $Q_{\theta'}(s, a)$에서 구하는 것입니다. 이렇게 두 개의 Q 함수를 구분하여 사용하기 때문에 과대적합이 사라지고 학습이 더 안정적으로 이루어집니다. 과대적합이 구체적으로 무엇인지, 어떤 원리로 해소되는지는 부록 C에서 설명하고 있으니 관심 있는 분은 참고하기 바랍니다.

8.4.2 우선순위 경험 재생(PER)

DQN에서 사용되는 경험 재생은 경험 $E_t = (S_t, A_t, R_t, S_{t+1})$을 버퍼에 저장하고, 학습 시 버퍼에서 경험 데이터를 무작위로 추출하여 사용합니다. 이를 더욱 발전시킨 것이 **우선순위 경험 재생** prioritized experience replay [14](PER)입니다. 경험 데이터를 무작위로 선택하는 대신 이름 그대로 우선순위에 따라 선택되도록 한 기법입니다.

그렇다면 경험 데이터의 우선순위는 어떻게 정할까요? 자연스럽게 떠올릴 수 있는 방식은 다음 공식입니다.

$$\delta_t = \left| R_t + \gamma \max_a Q_{\theta'}(S_{t+1}, a) - Q_\theta(S_t, A_t) \right|$$

이 식과 같이 TD 목표인 $R_t + \gamma \max_a Q_{\theta'}(S_{t+1}, a)$와 $Q_\theta(S_t, A_t)$의 차이를 구하여 그 절댓값을 δ_t로 합니다(δ는 '델타'로 발음합니다). 이때 δ_t가 크면 그만큼 수정할 것이 많다는, 즉 배워야 할 게 많다는 뜻입니다. 반대로 δ_t가 작으면 이미 좋은 매개변수이고 배울 것이 적다는 뜻입니다.

우선순위 경험 재생에서는 δ_t까지를 경험 데이터에 포함시켜 $(S_t, A_t, R_t, S_{t+1}, \delta_t)$를 버퍼에 추가합니다. 그런 다음 버퍼에서 경험 데이터를 꺼낼 때 δ_t를 이용하여 각 경험 데이터가 선택될 확률을 구합니다. 예를 들어 버퍼에 담긴 경험 데이터가 N개라면, i번째 경험 데이터가 선택될 확률은 다음 식으로 표현됩니다.

$$p_i = \frac{\delta_i}{\sum_{k=0}^{N} \delta_k}$$

이 확률 p_i에 따라 버퍼에서 경험 데이터를 추출합니다. 우선순위 경험 재생을 사용하면 배울 게 많은 데이터일수록 우선적으로 사용되기 때문에 학습이 더 빨리 진행되리라 기대할 수 있습니다.

8.4.3 Dueling DQN

마지막으로 Dueling DQN[15] 기법을 소개합니다. Dueling DQN은 신경망의 구조를 개선한 기법입니다. 이 기법에서 핵심은 어드밴티지 함수입니다. **어드밴티지 함수**advantage function는 Q 함수와 가치 함수의 차이이며 수식으로는 다음과 같습니다.

$$A_\pi(s, a) = Q_\pi(s, a) - V_\pi(s) \tag{식 8.1}$$

[식 8.1]의 어드밴티지 함수는 a라는 행동이 정책 π에 따라 행동할 때보다 얼마나 좋은지(혹은 나쁜지)를 나타냅니다. 어떻게 이런 의미가 되는지는 오른쪽 두 항의 의미가 다음과 같음을 생각하면 어렵지 않게 이해될 것입니다.

- $Q_\pi(s, a)$: 상태 s에서 '특정 행동 a'를 취하고 그 이후에는 π에 따라 행동했을 때 얻을 수 있는 기대 수익
- $V_\pi(s)$: 상태 s에서 이후의 모든 행동을 정책 π에 따라 했을 때 얻을 수 있는 기대 수익

즉 $Q_\pi(s, a)$와 $V_\pi(s)$의 차이는 상태 s에서 행동 a를 할 것인가, 아니면 정책 π에 따라 행동할 것인가의 차이입니다. 다시 말해 어드밴티지 함수는 'a라는 행동'이 '정책 π에 따라 선택되는 행동'보다 얼마나 이로운지를 나타내는 지표로 해석할 수 있습니다.

또한 어드밴티지 함수를 다음과 같이 변형하면 Q 함수를 구할 수 있습니다.

$$Q_\pi(s,a) = A_\pi(s,a) + V_\pi(s) \qquad \text{[식 8.2]}$$

Dueling DQN은 [식 8.2]를 신경망으로 표현하는데, 그 구조는 [그림 8-13]과 같습니다.

그림 8-13 DQN(위)과 Dueling DQN(아래) 비교*

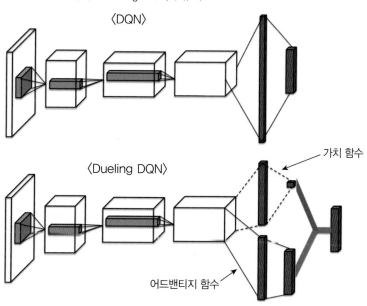

⟨DQN⟩

⟨Dueling DQN⟩

가치 함수

어드밴티지 함수

* 그림 출처: Wang, Ziyu, et al. "Dueling network architectures for deep reinforcement learning." International conference on machine learning. PMLR, 2016.

그림과 같이 중간까지는 똑같이 진행하다가 Dueling DQN에서는 어드밴티지 함수 $A(s, a)$와 가치 함수 $V(s)$로 분기합니다. 그리고 마지막으로 두 분기를 다시 합쳐 $Q(s, a)$를 출력합니다. 이 구조가 Dueling DQN의 특징입니다.

그렇다면 어드밴티지 함수와 가치 함수를 분기하여 학습하면 어떤 점이 좋아질까요? 주로 무슨 행동을 선택해도 결과가 달라지지 않는 상황에서는 이점이 생깁니다. 예를 들어 〈퐁〉 게임을 플레이하다가 [그림 8-14]와 같은 상황이 되었다고 상상해봅시다.

그림 8-14 공이 플레이어 진영에 진입하기 직전의 화면

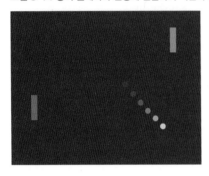

이 상황에서는 어떤 행동을 해도 결과는 패배(마이너스 보상)입니다. DQN의 경우 어떤 상태 s에서 실제로 한 행동 a에 대해 $Q(s, a)$를 학습합니다. 그런데 지금의 예처럼 결과가 확정된 상황이라도 모든 행동을 시도해보지 않으면 $Q(s, a)$가 학습되지 않습니다. 반면 Dueling DQN은 한쪽 분기에서 가치 함수 $V(s)$를 경유합니다. 가치 함수는 어떤 상태 s에서의 가치로, 행동은 전혀 고려하지 않지요. 따라서 이 그림의 상태를 경험하면 $V(s)$가 학습되어 다른 행동을 시도하지 않아도 $Q(s, a)$의 근사 성능이 좋아집니다. 이런 특성 덕분에 학습이 빨라지리라 기대할 수 있습니다.

이상으로 DQN의 확장 기법 세 가지를 소개했습니다. 참고로 10.3절에서는 DQN을 기반으로 한 더욱 발전된 알고리즘을 몇 가지 더 소개합니다.

8.5 정리

이번 장에서는 DQN을 알아보았습니다. DQN의 핵심은 경험 재생과 목표 신경망입니다. 경험 재생은 경험 데이터를 반복해 사용하는 구조입니다. 경험 재생은 데이터의 효율을 높이고 샘플 사이의 상관성을 줄여줍니다. 목표 신경망은 TD 목표를 별도의 신경망에서 계산하는 기법입니다. 다른 신경망을 사용함으로써 TD 목표가 고정되어 신경망 학습이 안정적으로 이루어집니다.

DQN은 등장 후 시간이 제법 흘렀지만 여전히 중요한 기술입니다. 그 증거로 DQN 기반 기법들이 여전히 많이 연구되고 제안되고 있습니다. 이번 장에서는 DQN을 확장한 기법들인 Double DQN, 우선순위 경험 재생, Dueling DQN을 소개했습니다.

OpenAI Gym에 대해서도 알아보았습니다. Gym에는 다양한 문제가 준비되어 있고 일관된 인터페이스를 제공하여 다른 문제로 손쉽게 전환할 수 있습니다. 이번 장에서는 Gym이 제공하는 〈카트 폴〉 문제를 DQN으로 풀어보았습니다. 그리고 아타리를 플레이하는 데 필요한 기법들도 설명했습니다.

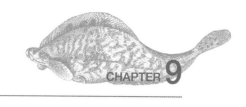

정책 경사법

지금까지 Q 러닝, SARSA, 몬테카를로법 등을 배웠습니다. 이 기법들은 크게 보면 가치 기반 기법value-based method으로 분류할 수 있습니다. 여기서 말하는 '가치'는 행동 가치 함수(Q 함수) 나 상태 가치 함수를 뜻합니다. 가치 기반 기법은 가치 함수를 모델링하고 가치 함수를 학습합니다. 그리고 가치 함수를 '경유'하여 정책을 얻습니다.

> **NOTE_** 가치 기반 기법에서는 '일반화한 정책 반복'이라는 아이디어를 바탕으로 최적 정책을 찾는 경우가 많습니다. 가치 함수 평가와 정책 개선을 반복하면서 조금씩 최적 정책에 가까워지는 것입니다(4.5절 참고).

또 다른 전략으로 정책 경사법에 기반한 알고리즘도 다양하게 제안되고 있습니다. 이번 장에서는 가장 간단한 정책 경사법을 살펴본 다음 조금씩 개선합니다. 먼저 REINFORCE 알고리즘을 도출합니다. 그런 다음 한 걸음 더 나아가 '베이스라인이 추가된 REINFORCE'와 '행위자-비평자' 기법까지 알아봅니다.

9.1 가장 간단한 정책 경사법

정책 경사법은 경사, 즉 기울기를 이용하여 정책을 갱신하는 기법들의 총칭입니다. 정책 경사법 기반의 알고리즘은 여러 가지가 있지만 이번 절에서는 가장 간단한 정책 경사법을 도출해보겠습니다. 그리고 다음 절부터는 이번에 배운 기법을 토대로 조금씩 개선하면서 새로운 기법들을 소개할 것입니다.

9.1.1 정책 경사법 도출

확률적 정책은 수식으로 $\pi(a|s)$로 표현합니다. $\pi(a|s)$는 상태 s에서 a라는 행동을 취할 확률입니다. 이번 장에서는 정책을 신경망으로 모델링합니다. 이를 위해 신경망의 가중치 매개변수 전체를 θ 기호로 집약하여 표현하기로 하죠. θ는 모든 매개변수의 원소들을 한 줄로 나열한 벡터입니다. 그리고 신경망으로 구현한 정책을 $\pi_\theta(a|s)$로 표현하겠습니다.

다음으로 정책 π_θ를 이용하여 목적 함수를 설정합니다. 목적 함수를 설정하면 이후 목적 함수의 값을 가장 크게 만드는 매개변수 θ를 찾아야 합니다. 이 일이 '최적화'라고 불리는 작업이며 일반적인 신경망 학습 과정을 말합니다.

> NOTE_ 최적화 문제를 풀 때 이번 장에서는 일반적으로 쓰이는 손실 함수 대신 목적 함수를 설정합니다. 손실 함수는 경사 하강법으로 최솟값을 찾습니다. 반면 목적 함수는 경사 상승법으로 최댓값을 찾습니다. 경사 하강법은 기울기에 마이너스를 곱한 방향으로, 경사 상승법은 플러스를 곱한 방향으로 매개변수를 갱신합니다. 단, 목적 함수에 마이너스를 붙이면 손실 함수로 취급할 수 있으므로(반대도 마찬가지) 손실 함수와 목적 함수는 본질적으로 같은 역할을 합니다.

그럼 정책 π_θ를 사용하여 목적 함수를 설정해보겠습니다. 먼저 문제 설정을 명확히 합시다. 일회성 과제이고 행동은 정책 π_θ에 따라 선택한다고 해보죠. 그리고 매 행동의 결과로 다음과 같이 '상태, 행동, 보상'으로 구성된 시계열 데이터를 얻었다고 가정합니다.

$$\tau = (S_0, A_0, R_0, S_1, A_1, R_1, \cdots, S_{T+1})$$

τ(타우)는 궤적$^{\text{trajectory; 경로}}$을 뜻합니다. 이때 수익은 할인율을 이용하여 다음 식으로 표현할 수 있습니다.

$$G(\tau) = R_0 + \gamma R_1 + \gamma^2 R_2 + \cdots + \gamma^T R_T$$

수익을 τ로부터 계산할 수 있음을 명시하기 위해 $G(\tau)$로 표기했습니다. 이때 목적 함수 $J(\theta)$는 다음 식으로 표현됩니다.

$$J(\theta) = \mathbb{E}_{\tau \sim \pi_\theta}[G(\tau)]$$

수익 $G(\tau)$는 확률적으로 변하기 때문에 그 기댓값이 목적 함수가 됩니다. 지금 식에서 기댓값 $\mathbb{E}$의 첨자로 '$\tau \sim \pi_\theta$'가 붙어 있습니다. 시계열 데이터 τ가 정책 π_θ로부터 생성됨을 뜻하는 표기 방식입니다.

> **NOTE_** τ의 생성 과정에는 에이전트의 정책 외에도 환경의 상태 전이 확률 $p(s'|s, a)$와 보상 함수 $r(s, a, s')$도 관여합니다. 그러나 우리가 통제할 수 있는 요인은 에이전트의 정책뿐입니다. 그래서 $\mathbb{E}_{\tau \sim \pi_\theta}[\cdots]$와 같이 '$\tau \sim \pi_\theta$'로만 표기하기로 합니다.

목적 함수가 정해지면 다음으로 그 기울기를 구합니다. 매개변수 θ에 대한 기울기를 ∇_θ로 표현합니다. 우리의 목표는 $\nabla_\theta J(\theta)$를 구하는 것이고 결과는 [식 9.1]입니다. 도출 과정은 부록 D.1절에서 설명하니 관심 있는 분은 참고하기 바랍니다.

$$\begin{aligned}\nabla_\theta J(\theta) &= \nabla_\theta \mathbb{E}_{\tau \sim \pi_\theta}[G(\tau)] \\ &= \mathbb{E}_{\tau \sim \pi_\theta}\left[\sum_{t=0}^{\tau} G(\tau) \nabla_\theta \log \pi_\theta(A_t \mid S_t)\right]\end{aligned}$$ [식 9.1]

이 식에서 주목할 점은 ∇_θ가 $\mathbb{E}$ 안에 들어있다는 점인데(기울기 계산은 $\nabla_\theta \log \pi_\theta(A_t \mid S_t)$로 이루어집니다) 이와 관련해서는 바로 뒤에서 자세히 살펴보겠습니다.

$\nabla_\theta J(\theta)$가 구해지면 이어서 신경망의 매개변수를 갱신합니다. 적용할 수 있는 최적화 방법은 다양하며, 경사 상승법에 따른 간단한 방법을 다음 식으로 표현할 수 있습니다.

$$\theta \leftarrow \theta + \alpha \nabla_\theta J(\theta)$$

이 식과 같이 매개변수 θ를 기울기 방향으로 α만큼 갱신합니다. 여기서 α는 학습률입니다.

9.1.2 정책 경사법 알고리즘

$\nabla_{\theta} J(\theta)$는 [식 9.1]과 같이 기댓값으로 표현됩니다. 이 기댓값은 몬테카를로법으로 구할 수 있습니다. 몬테카를로법은 샘플링을 여러 번 하여 평균을 구하는 방법입니다. 에이전트를 정책 π_{θ}에 따라 실제로 행동하게 하여 n개의 궤적 τ를 얻었다고 가정하죠. 이때 각 τ에서 기댓값, 즉 [식 9.1]의 내용($\sum_{t=0}^{T} G(\tau) \nabla_{\theta} \log \pi_{\theta}(A_t \mid S_t)$)을 계산하고 평균을 구하면 $\nabla_{\theta} J(\theta)$를 근사할 수 있습니다. 수식으로는 다음과 같이 표현됩니다.

$$샘플링: \tau^{(i)} \sim \pi_{\theta} \quad (i=1,2,\cdots,n)$$
$$x^{(i)} = \sum_{t=0}^{T} G(\tau^{(i)}) \nabla_{\theta} \log \pi_{\theta}(A_t^{(i)} \mid S_t^{(i)})$$
$$\nabla_{\theta} J(\theta) \simeq \frac{x^{(1)} + x^{(2)} + \cdots + x^{(n)}}{n}$$

이 식에서 i번째 에피소드에서 얻은 궤적을 $\tau^{(i)}$, i번째 에피소드의 시간 t에서의 행동을 $A_t^{(i)}$, 상태를 $S_t^{(i)}$로 표현했습니다.

참고로 몬테카를로법의 샘플 수가 1개일 때, 즉 앞의 식에서 $n=1$일 때를 생각해봅시다. 이런 경우는 다음과 같이 단순화할 수 있습니다.

$$샘플링: \tau \sim \pi_{\theta}$$
$$\nabla_{\theta} J(\theta) \simeq \sum_{t=0}^{T} G(\tau) \nabla_{\theta} \log \pi_{\theta}(A_t \mid S_t) \qquad \text{[식 9.2]}$$

이번 장에서는 원리를 이해하기 쉽도록 [식 9.2]를 대상으로 한 정책 경사법을 다룰 것입니다. [식 9.2]는 $\nabla_{\theta} \log \pi_{\theta}(A_t \mid S_t)$를 모든 시간($t=0 \sim T$)에서 구하고, 각 기울기에 수익 $G(\tau)$를 '가중치'로 곱하여 모두 더합니다. 이 계산 과정을 시각화하면 [그림 9-1]과 같습니다.

그림 9-1 정책 경사법으로 계산하는 과정

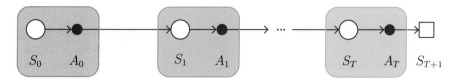

$$\underline{G(\tau)\nabla_\theta\log\pi_\theta(A_0|S_0)} \;+\; \underline{G(\tau)\nabla_\theta\log\pi_\theta(A_1|S_1)} \;+\; \cdots \;+\; \underline{G(\tau)\nabla_\theta\log\pi_\theta(A_T|S_T)}$$

이제 [그림 9-1]에서 수행하는 계산의 '의미'를 생각해봅시다. 우선 log의 미분으로 다음의 식이 성립합니다.

$$\nabla_\theta\log\pi_\theta(A_t\mid S_t)=\frac{\nabla_\theta\pi_\theta(A_t\mid S_t)}{\pi_\theta(A_t\mid S_t)}$$

이 식과 같이 $\nabla_\theta\log\pi_\theta(A_t\mid S_t)$는 $\nabla_\theta\pi_\theta(A_t\mid S_t)$라는 기울기(벡터)에 $\dfrac{1}{\pi_\theta(A_t\mid S_t)}$을 곱한 것입니다. 이로부터 $\nabla_\theta\log\pi_\theta(A_t\mid S_t)$와 $\nabla_\theta\pi_\theta(A_t\mid S_t)$는 같은 방향을 가리킨다는 사실을 알 수 있습니다. $\nabla_\theta\pi_\theta(A_t\mid S_t)$는 상태 S_t에서 행동 A_t를 취할 확률이 가장 높아지는 방향을 가리킵니다. 마찬가지로 $\nabla_\theta\log\pi_\theta(A_t\mid S_t)$도 상태 S_t에서 행동 A_t를 취할 확률이 가장 높아지는 방향을 가리키죠. 그 방향에 대해 식 $G(\tau)\nabla_\theta\log\pi_\theta(A_t\mid S_t)$와 같이 $G(\tau)$라는 '가중치'가 곱해집니다.

예를 들어 에이전트가 수익 $G(\tau)$로 100을 얻었다고 해보죠. 그렇다면 수익을 얻도록 해준 직전 행동이 더 잘 선택되도록 기울기를 조절해야 하니, 가중치를 100만큼 주어 강화한다는 뜻입니다. 즉, 선택의 결과가 좋았다면 그만큼 직전 행동을 강화한다는 뜻입니다. 반대로 좋지 않은 선택에 대해서는 직전 행동을 그만큼 약화시킵니다.

9.1.3 정책 경사법 구현

정책 경사법을 구현하는 가장 간단한 방법을 알아보겠습니다. 먼저 import문과 정책을 표현하는 신경망 코드를 보여드리죠.

```python
import numpy as np
import gym
from dezero import Model
from dezero import optimizers
import dezero.functions as F
import dezero.layers as L

class Policy(Model):
    def __init__(self, action_size):
        super().__init__()
        self.l1 = L.Linear(128)           # 첫 번째 계층
        self.l2 = L.Linear(action_size)  # 두 번째 계층

    def forward(self, x):
        x = F.relu(self.l1(x))      # 첫 번째 계층에서는 ReLU 함수 사용
        x = F.softmax(self.l2(x))   # 두 번째 계층에서는 소프트맥스 함수 사용
        return x
```

정책 신경망을 2층의 완전 연결 모델로 구현했습니다. 최종 출력의 원소 수는 행동의 수 (action_size)로 설정합니다. 최종 출력은 소프트맥스 함수의 출력이므로 결국 각 행동의 '확률'을 얻을 수 있습니다.

NOTE_ 소프트맥스 함수에 원소 n개짜리 벡터를 입력하면 마찬가지로 원소 n개짜리 벡터를 출력합니다. 이때 i번째 출력 y_i는 다음 식으로 표현됩니다.

$$y_i = \frac{e^{x_i}}{\sum_{k=1}^{n} e^{x_k}}$$

여기서 e는 자연로그의 밑(2.71828...로 이어지는 실수)입니다. 소프트맥스 함수의 출력값은 0 이상 1 이하의 실수이며 모두 더하면 항상 1이 됩니다($\sum_{i=1}^{n} y_i = 1$). 그래서 소프트맥스 함수의 출력은 '확률'로 사용할 수 있습니다.

다음은 Agent 클래스 차례입니다. 먼저 초기화 메서드와 get_action() 메서드를 보겠습니다.

```python
class Agent:
    def __init__(self):
        self.gamma = 0.98
        self.lr = 0.0002
```

```
            self.action_size = 2

            self.memory = []
            self.pi = Policy(self.action_size)
            self.optimizer = optimizers.Adam(self.lr)
            self.optimizer.setup(self.pi)

    def get_action(self, state):
            state = state[np.newaxis, :]   # 배치 처리용 축 추가
            probs = self.pi(state)              # 순전파 수행
            probs = probs[0]
            action = np.random.choice(len(probs), p=probs.data)  # 행동 선택
            return action, probs[action]  # 선택된 행동과 확률 반환
```

get_action() 메서드는 상태 state에서의 행동을 결정합니다. 이를 위해 self.pi(state)로 신경망의 순전파를 수행하여 확률 분포 probs를 얻습니다. 그런 다음 이 확률 분포에 따라 하나의 행동을 샘플링합니다. 그리고 선택된 행동과 함께 그 행동의 확률도 반환합니다(지금 코드에서는 probs[action]).

이제 get_action() 메서드를 사용해봅시다.

```
env = gym.make('CartPole-v0', render_mode='rgb_array')
state = env.reset()
agent = Agent()

action, prob = agent.get_action(state)
print('행동:', action)
print('확률:', prob)

G = 100.0  # 더미 가중치
J = G * F.log(prob)
print('J:', J)

# 기울기 구하기
J.backward()
```

출력 결과

```
행동: 1
확률: variable(0.49956715)
J: variable(69.4013237953186)
```

이 코드는 초기 상태에서의 행동과 그 확률을 출력합니다. 또한 더미 가중치를 적용하여 다음 식으로 표현되는 기울기를 구하는 코드도 보여줍니다([식 9.2]에서 t = 0일 때의 항을 추출한 식입니다).

$$G(\tau)\nabla_{\theta}\log\pi_{\theta}(A_0\,|\,S_0)$$

참고로 이 코드에 등장하는 변수들은 각각 다음 수식에 해당합니다.

- prob(Dezero.Variable) : $\pi_{\theta}(A_0\,|\,S_0)$

- G(float) : $G(\tau)$

- J(Dezero.Variable) : $G(\tau)\log\pi_{\theta}(A_0\,|\,S_0)$

J가 구해지면 J.backward()를 실행하여 $G(\tau)\nabla_{\theta}\log\pi_{\theta}(A_0\,|\,S_0)$을 구합니다.

이어서 Agent 클래스의 나머지 코드를 보겠습니다.

```python
class Agent:
    ...

    def add(self, reward, prob):
        data = (reward, prob)
        self.memory.append(data)

    def update(self):
        self.pi.cleargrads()

        G, loss = 0, 0
        for reward, prob in reversed(self.memory):  # 수익 G 계산
            G = reward + self.gamma * G

        for reward, prob in self.memory:  # 손실 함수 계산
            loss += -F.log(prob) * G

        loss.backward()
        self.optimizer.update()
        self.memory = []  # 메모리 초기화
```

ch09/simple_pg.py

add() 메서드는 에이전트가 행동을 취해 보상을 얻을 때마다 호출됩니다. 이 메서드에서는 보상(reward)과 에이전트가 취한 행동의 확률(prob)을 메모리(self.memory)에 저장합니다.

update() 메서드는 에이전트가 목표에 도달했을 때 호출됩니다. 먼저 수익 G를 계산합니다. 수익은 획득한 보상을 역방향으로 추적하면 효율적으로 계산할 수 있습니다(원리는 5.2.3절 참고). 그런 다음 손실 함수를 계산합니다. 각 시간에서의 −F.log(prob)를 구하고 가중치로 G를 곱하여 모두 더하면 됩니다. 나머지는 일반적인 신경망 학습과 같습니다.

> **CAUTION_** 신경망 학습에서는 보통 손실 함수를 이용합니다. 손실 함수를 설정하려면 목적 함수 $J(\theta)$에 마이너스를 곱하여 $-J(\theta)$로 바꿔주면 됩니다. $-J(\theta)$를 손실 함수로 쓴다면 경사 하강법용의 다양한 최적화 기법(SGD, Adam 등)을 활용하여 매개변수를 갱신할 수 있습니다.

마지막으로 에이전트를 〈카트 폴〉 환경에서 동작시켜봅시다.

```python
episodes = 3000
env = gym.make('CartPole-v0', render_mode='rgb_array')
agent = Agent()
reward_history = []


for episode in range(episodes):
    state = env.reset()[0]
    done = False
    total_reward = 0

    while not done:
        action, prob = agent.get_action(state)  # 행동 선택
        # 행동 수행
        next_state, reward, terminated, truncated, info = env.step(action)
        done = terminated | truncated

        agent.add(reward, prob)  # ❶ 보상과 행동의 확률을 에이전트에 추가
        state = next_state       # 상태 전이
        total_reward += reward   # 보상 총합 계산

    agent.update()  # ❷ 정책 갱신
    reward_history.append(total_reward)
```

익숙한 코드입니다. while문 안에서 ❶ 에이전트가 받은 보상(reward)과 그 보상을 얻게 해 준 행동의 확률(prob)을 에이전트에 추가합니다. 그리고 while문을 빠져나오면(에피소드가 끝나면) ❷ agent.update()를 호출해 정책을 갱신합니다.

이 코드를 실행하면 에피소드가 늘어날수록 보상도 늘어납니다. 결과를 그래프로 그리면 다음 과 같습니다.

그림 9-2 에피소드별 보상 합계 추이

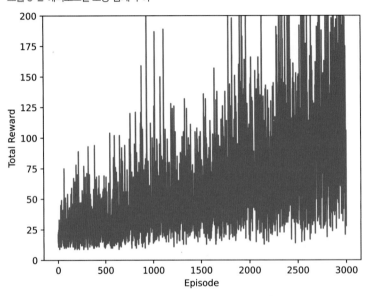

[그림 9-2]에서 볼 수 있듯이 비록 변동은 크지만 에피소드가 진행됨에 따라 결과가 점차 나아 집니다. 하지만 단 한 번의 실험 결과이기 때문에 아직 신뢰하기는 어렵습니다. 그래서 같은 실 험을 100번 반복하여 평균한 결과를 보겠습니다.

그림 9-3 100번의 실험을 평균한 결과

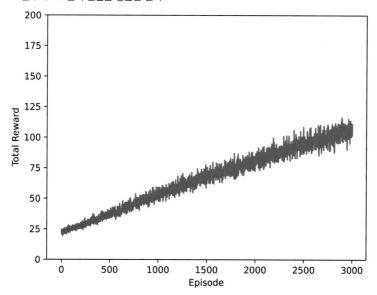

역시나 에피소드를 거듭할수록 보상의 총합이 커지고 있음을 알 수 있습니다. 하지만 3000회까지 진행했음에도 이번 과제의 상한인 200에는 한참 미치지 못합니다. 개선의 여지가 있어 보이죠? 그래서 다음 절에서는 방금 도출한 가장 간단한 정책 경사법을 개선해보겠습니다.

9.2 REINFORCE

REINFORCE[16]는 앞 절의 정책 경사법을 개선한 기법입니다. 먼저 수식으로 REINFORCE 알고리즘을 도출한 다음, 앞 절의 코드를 일부 수정하는 형태로 구현까지 해보겠습니다.

> NOTE_ REINFORCE라는 이름은 'REward Increment = Nonnegative Factor × Offset Reinforcement × Characteristic Eligibility'의 머리글자를 따서 지었습니다.

9.2.1 REINFORCE 알고리즘

앞 절의 내용을 복습해보죠. 가장 간단한 정책 경사법은 [식 9.1]에 따라 구현됩니다.

$$\nabla_\theta J(\theta) = \mathbb{E}_{\tau \sim \pi_\theta} \left[\sum_{t=0}^{T} G(\tau) \nabla_\theta \log \pi_\theta(A_t \mid S_t) \right] \qquad \text{[식 9.1]}$$

[식 9.1]의 $G(\tau)$는 지금까지 얻은 모든 보상의 총합입니다(정확히는 '할인율을 적용한' 보상의 총합). 여기서 생각해볼 문제가 있습니다. $G(\tau) \nabla \log \pi_\theta(A_t \mid S_t)$ 부분을 보면, 특정 시간 t에서 행동 A_t를 선택할 확률에 '항상 일정한' 가중치 $G(\tau)$를 적용하고 있습니다.

그런데 좋은 행동인지 나쁜 행동인지는 그 행동 '이후에' 얻는 보상의 총합으로 평가됩니다(가치 함수의 정의를 떠올려보세요). 행동 '전에' 얻은 보상은 그 행동의 좋고 나쁨과 무관합니다. 예를 들어 특정 시간 t에 취한 행동 A_t를 평가할 때는 그 이전에 무엇을 했고 보상을 얼마나 얻었는지는 중요하지 않습니다. 행동 A_t를 하고 난 후 어떤 결과가 나오느냐에 따라, 즉 시간 t 이후에 얻는 보상의 총합에 따라 행동 A_t의 좋고 나쁨이 결정됩니다.

[식 9.1]에서 행동 A_t에 대한 가중치는 $G(\tau)$입니다. 이 가중치에는 시간 t 이전의 보상도 포함됩니다. 본질적으로 관련이 없는 보상이 노이즈로 섞여 있다는 뜻입니다. 이 노이즈를 제거하기 위해 가중치 $G(\tau)$를 다음과 같이 변경할 수 있습니다.

$$\nabla_\theta J(\theta) = \mathbb{E}_{\tau \sim \pi_\theta} \left[\sum_{t=0}^{T} G_t \nabla_\theta \log \pi_\theta(A_t \mid S_t) \right] \qquad \text{[식 9.3]}$$
$$G_t = R_t + \gamma R_{t+1} + \cdots \gamma^{T-t} R_T$$

이와 같이 가중치를 G_t로 변경했습니다. 가중치 G_t는 시간 $t \sim T$ 동안에 얻는 보상의 총합입니다. 이제 시간 t 앞의 보상은 포함하지 않는 가중치 G_t를 써서 행동 A_t가 선택될 확률을 강화할 수 있습니다. 이것이 앞 절의 정책 경사법을 개선하는 아이디어입니다.

[식 9.3]에 기반한 알고리즘을 REINFORCE라고 합니다. 이 책에서는 [식 9.3]이 성립함을 증명하지는 않습니다. 증명에 관심 있는 분은 다른 문헌[17], [18]을 참고하기 바랍니다.

9.2.2 REINFORCE 구현

REINFORCE는 분산이 작기 때문에 데이터 샘플이 적더라도 더 정확하게 근사할 수 있습니다. 실제로 구현하여 얼마나 정확한지 검증해보죠. REINFORCE의 코드는 앞 절의 코드와 거의 같습니다. 다른 점은 Agent 클래스의 update() 메서드뿐입니다. 그럼 무엇이 다른지 함께 보겠습니다.

ch09/reinforce.py

```python
class Agent:
    ...

    def update(self):
        self.pi.cleargrads()

        G, loss = 0, 0
        for reward, prob in reversed(self.memory):
            G = reward + self.gamma * G  # 수익 G 계산
            loss += -F.log(prob) * G     # 손실 함수 계산

        loss.backward()
        self.optimizer.update()
        self.memory = []
```

update() 메서드는 에이전트가 목표에 도달했을 때 호출된다고 했습니다. self.memory는 리스트이며, 에이전트가 얻은 보상(reward)과 행동의 확률(prob)을 순서대로 담고 있습니다. 이번 코드에서는 self.memory의 원소들을 뒤쪽부터 서꾸로 따라가면서 각 시각의 G를 구해 손실 함수를 바로 갱신합니다.

이제 REINFORCE를 실행해보죠. 코드를 한 번만 실행했을 때와 100번을 평균한 그래프를 함께 보겠습니다.

그림 9-4 에피소드별 보상 합계 추이(왼쪽은 1회 실행 시, 오른쪽은 100회 평균)

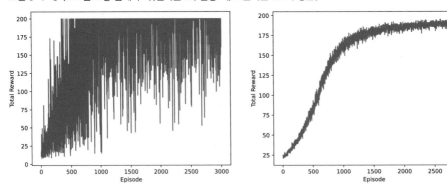

에피소드가 거듭될수록 보상 총합이 커지고 있습니다. 더구나 이번에는 상한인 200에 상당히 가까워졌습니다. 앞 절의 결과보다 훨씬 안정적이고 빠르게 학습됨을 알 수 있습니다.

9.3 베이스라인

다음으로 REINFORCE를 개선하는 **베이스라인**baseline 기술을 소개합니다. 먼저 간단한 예를 들어 아이디어를 설명하고 이어서 REINFORCE에 베이스라인을 적용해보겠습니다.

9.3.1 베이스라인 아이디어

A, B, C라는 세 사람이 시험을 치렀고 각각 90점, 40점, 50점을 받았습니다.

그림 9-5 세 명의 시험 성적

A	90
B	40
C	50

시험 성적의 분산을 구해보죠. 넘파이를 사용하면 다음과 같이 구할 수 있습니다.

```
import numpy as np

x = np.array([90, 40, 50])
print(np.var(x))
```

출력 결과

```
466.6666666666667
```

결과에서 보듯이 시험 성적의 분산은 466.6666666666666666667로, 큰 값입니다. 분산은 '데이터의 흩어진 정도'를 나타내므로 점수의 편차가 심하다는 뜻입니다. 이 분산을 줄일 방법을 생각해봅시다.

이전 시험 성적들을 이용해볼 수 있습니다. 예를 들어 지금까지의 시험 성적이 [그림 9-6]과 같았다고 해보죠.

그림 9-6 세 명의 이전 시험 성적

	첫 번째 시험	두 번째 시험	...	열 번째 시험
A	92	80	...	74
B	32	51	...	56
C	45	53	...	49

이와 같이 이전 시험들의 성적이 주어지면 다음 시험의 점수를 예측할 수 있습니다. 간단한 방법으로는 이전 시험들의 평균을 내는 방법이 있습니다. 다음 시험 성적은 지금까지의 평균과 같을 거라고 예측하는 것입니다.

[그림 9-6]의 결과를 각각 평균하면 A는 82점, B는 46점, C는 49점이라고 가정해봅시다. 이를 '예측값'으로 사용하여 다음 시험의 실제 결과와 얼마나 차이가 나는지 보겠습니다.

그림 9-7 실제 결과와 예측값의 차이

A	90
B	40
C	50

실제 결과

$-$

A	82
B	46
C	49

과거 성적의 평균(예측값)

$=$

A	8
B	-6
C	1

차이

이제 [그림 9-7]의 차이에서 분산을 구해봅시다.

```python
x = np.array([90, 40, 50])

avg = np.array([82, 46, 49])
diff = x - avg  # [8, -6, 1]
print(np.var(diff))
```

출력 결과

```
32.666666666666664
```

분산은 32.666…으로 처음과 비교하면 정말 많이 줄었습니다. 이 예에서 알 수 있듯이 어떤 결과에서 예측값을 빼면 분산을 줄일 수 있습니다. 예측값의 정확도가 높을수록 분산은 작아집니다. 이것이 바로 베이스라인 기법의 아이디어입니다. 지금 예에서는 평균을 베이스라인으로 이용했습니다.

다음 절에서는 베이스라인을 REINFORCE에 적용하겠습니다.

9.3.2 베이스라인을 적용한 정책 경사법

REINFORCE는 [식 9.3]으로 표현됩니다. 여기에 베이스라인을 적용하면 [식 9.4]가 됩니다.

$$\nabla_\theta J(\theta) = \mathbb{E}_{\tau \sim \pi_\theta} \left[\sum_{t=0}^{T} G_t \nabla_\theta \log \pi_\theta(A_t \mid S_t) \right] \qquad \text{[식 9.3]}$$

$$= \mathbb{E}_{\tau \sim \pi_\theta} \left[\sum_{t=0}^{T} (G_t - b(S_t)) \nabla_\theta \log \pi_\theta(A_t \mid S_t) \right] \qquad \text{[식 9.4]}$$

[식 9.4]에서는 G_t 대신 $G_t - b(S_t)$를 사용했습니다. 여기서 $b(S_t)$는 임의의 함수입니다. 즉, $b(S_t)$라는 함수는 입력이 S_t이기만 하면 어떤 함수라도 상관없다는 뜻입니다. 이 $b(S_t)$가 베이스라인입니다.

> NOTE_ [식 9.3]에서 [식 9.4]로의 변형이 성립한다는 증명은 부록 D.2절에서 다룹니다. 관심 있는 분은 참고하기 바랍니다.

예를 들어 상태 S_t에서 지금까지 얻은 보상의 평균을 $b(S_t)$로 사용할 수 있습니다. 앞 절의 시험 성적 예가 여기 해당하죠. 그리고 실무에서는 가치 함수를 많이 사용합니다. 수식으로 쓰면 $b(S_t) = V_{\pi_\theta}(S_t)$가 되죠. 베이스라인을 적용하여 분산을 줄일 수 있다면 학습 시 샘플 효율이 좋아집니다.

참고로 베이스라인으로 가치 함수를 사용하면 실제 가치 함수 $v_{\pi_\theta}(S_t)$를 알 수 없습니다. 이 경우 가치 함수에 대해서도 학습해야 합니다.

마지막으로 베이스라인을 사용하는 이유를 직관적으로 보여주는 설명을 덧붙이겠습니다. 〈카트 폴〉에서 [그림 9-8]처럼 막대가 균형을 잃은 상태를 생각해봅시다.

그림 9-8 막대가 균형을 잃은 상태

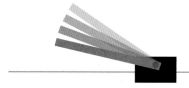

막대가 균형을 잃어 게임이 끝나기 직전입니다.* 이 상태에서는 어떤 행동을 선택하든 몇 단계 후에 게임이 종료됩니다.

그림의 상태를 s, 이 상태에서의 행동을 a라고 하죠. 그리고 상태 s에서 몇 단계 후, 예를 들어 3단계 후에는 반드시 게임이 끝난다고 가정합시다. 그러면 상태 s에서의 수익은 3이 됩니다(할인율 γ를 1로 가정).

---

* OpenAI Gym의 〈카트 폴〉은 12도만 기울어도 게임이 끝나지만 여기서는 이론을 설명하기 위해 막대가 바닥에 완전히 닿아야 끝난다고 가정하겠습니다.

이 조건에서 기본적인 REINFORCE라면, 상태 s에서 행동 a는 가중치 3만큼 강화됩니다(상태 s에서 행동 a가 선택될 확률이 커짐). 하지만 어떤 행동을 하든 3단계 후에는 반드시 게임이 끝나기 때문에 행동 a가 선택될 확률을 높이는 건 아무런 의미가 없는 일입니다.

이때 베이스라인이 등장합니다. 베이스라인으로 가치 함수를 사용하고 [그림 9-8]의 예에서 $V_{\pi_\theta}(s) = 3$임을 알고 있다고 가정하죠(실제로는 몬테카를로법이나 TD법 등으로 학습하여 추정해야 합니다). 그렇다면 가중치는 $G - V_{\pi_\theta}$이므로 결국 0입니다. 가중치가 0이므로 어떤 행동을 선택하든 그 행동이 선택될 확률은 커지지도 작아지지도 않습니다. 이처럼 베이스라인을 적용하면 학습 과정에서의 낭비를 줄일 수 있습니다.

9.4 행위자-비평자

강화 학습 알고리즘은 크게 가치 기반 기법과 정책 기반 기법으로 나뉩니다. 이번 장에서 지금까지 살펴본 기법들은 모두 정책 기반 기법이고, 앞 장에서 살펴본 DQN과 SARSA는 가치 기반 기법입니다. 그런데 둘 다를 사용하는 기법, 즉 '가치 기반이자 정책 기반'인 기법도 생각해볼 수 있습니다.

그림 9-9 가치 기반 기법과 정책 기반 기법

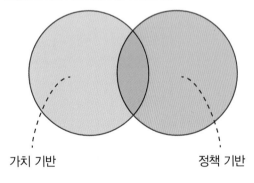

가치 기반   정책 기반

앞 절에서 설명한 '베이스라인을 적용한 REINFORCE'에서 베이스라인으로 가치 함수를 사용하면 '가치 기반이자 정책 기반'이라고 할 수 있습니다. 이번 절에서는 이 아이디어를 한 걸음 더 발전시켜 행위자-비평자 알고리즘을 도출하겠습니다. 행위자-비평자 역시 '가치 기반이자 정책 기반'의 기법입니다.

9.4.1 행위자-비평자 도출

먼저 '베이스라인을 적용한 REINFORCE'를 복습해보죠. 이 기법에서 목적 함수의 기울기는 다음 식으로 표현됩니다.

$$\nabla_\theta J(\theta) = \mathbb{E}_{\tau \sim \pi_\theta}\left[\sum_{t=0}^{T}(G_t - b(S_t))\nabla_\theta \log \pi_\theta(A_t \mid S_t)\right]$$ [식 9.4]

[식 9.4]에서 G_t는 수익, $b(S_t)$는 베이스라인을 나타냅니다. 베이스라인은 임의의 함수를 사용할 수 있습니다. 이번 절에서는 신경망으로 모델링한 가치 함수를 베이스라인으로 사용합니다. 이를 위해 다음 기호들을 새롭게 사용합니다.

- w: 가치 함수를 나타내는 신경망의 모든 가중치 매개변수
- $V_w(S_t)$: 가치 함수를 모델링한 신경망

그러면 목적 함수의 기울기는 다음 식으로 표현됩니다.

$$\nabla_\theta J(\theta) = \mathbb{E}_{\tau \sim \pi_\theta}\left[\sum_{t=0}^{T}(G_t - V_w(S_t))\nabla_\theta \log \pi_\theta(A_t \mid S_t)\right]$$ [식 9.5]

[식 9.5]에는 문제가 하나 있습니다. 수익 G_t는 목표에 도달해야 비로소 정해진다는 문제입니다. 즉, 목표에 도달하기 전까지는 정책이나 가치 함수를 갱신할 수 없습니다. 사실 몬테카를로 법에 기초한 기법 모두에 해당하는 단점이죠. 이 단점을 해결한 기법이 6장에서 다룬 TD법입니다. TD법으로 가치 함수를 학습하면 [그림 9-10]과 같이 1단계 후(또는 n단계 후)의 결과를 이용하여 갱신할 수 있습니다.

〈몬테카를로법〉

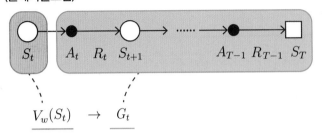

〈TD법〉

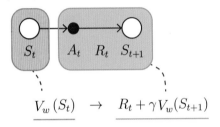

그림과 같이 가치 함수 $V_w(S_t)$를 학습할 때 몬테카를로법에서는 수익 G_t를 사용합니다. 한편 TD법에서는 $R_t + \gamma V_w(S_{t+1})$을 사용합니다.

> **NOTE_** 가치 함수를 신경망으로 모델링하면 $V_w(S_t)$의 값이 $R_t + \gamma V_w(S_{t+1})$에 가까워지도록 학습합니다. 구체적으로는 설명하면, $V_w(S_t)$와 $R_t + \gamma V_w(S_{t+1})$의 평균 제곱 오차를 손실 함수로 사용하여 경사 하강법으로 신경망의 가중치를 갱신합니다.

이제 몬테카를로법에 기반한 [식 9.5]를 TD법으로 바꿔보죠. 이를 위해 G_t 대신 $R_t + \gamma V_w(S_{t+1})$을 사용하면 다음 식이 만들어집니다.

$$\nabla_\theta J(\theta) = \mathbb{E}_{\tau \sim \pi_\theta}\left[\sum_{t=0}^{T}(R_t + \gamma V_w(S_{t+1}) - V_w(S_t))\nabla_\theta \log \pi_\theta(A_t \mid S_t)\right] \quad \text{[식 9.6]}$$

[식 9.6]에 기반한 방법이 바로 **행위자-비평자**^{Actor-Critic}입니다. 여기서 정책 π_θ와 가치 함수 V_w 는 모두 신경망이며 이 두 신경망을 병렬로 학습시킵니다. 정확하게는 정책 π_θ는 [식 9.6]에 따라 학습시키고, 가치 함수 V_w는 TD법에 따라 $V_w(S_t)$의 값이 $R_t + \gamma V_w(S_{t+1})$에 가까워 지도록 학습시킵니다.

> NOTE_ 행위자-비평자의 '행위자'는 정책 π_θ에 해당하고, '비평자'는 가치 함수 V_w에 해당합니다. 즉, 행위 자가 정책 π_θ에 따라 선택한 행동의 좋은 정도를 비평자가 V_w를 기준으로 평가한다는 뜻입니다.

9.4.2 행위자-비평자 구현

먼저 정책 신경망과 가치 함수 신경망의 코드를 보겠습니다.

ch09/actor_critic.py

```python
import numpy as np
import gym
from dezero import Model
from dezero import optimizers
import dezero.functions as F
import dezero.layers as L

class PolicyNet(Model):  # 정책 신경망
    def __init__(self, action_size=2):
        super().__init__()
        self.l1 = L.Linear(128)
        self.l2 = L.Linear(action_size)

    def forward(self, x):
        x = F.relu(self.l1(x))
        x = self.l2(x)
        x = F.softmax(x)  # 확률 출력
        return x

class ValueNet(Model):  # 가치 함수 신경망
    def __init__(self):
        super().__init__()
        self.l1 = L.Linear(128)
        self.l2 = L.Linear(1)
```

```python
    def forward(self, x):
        x = F.relu(self.l1(x))
        x = self.l2(x)
        return x
```

PolicyNet 클래스가 정책용이고, ValueNet 클래스가 가치 함수용입니다. 정책의 최종 출력은 소프트맥스 함수의 출력이므로 '확률'입니다.

다음은 Agent 클래스입니다.

ch09/actor_critic.py

```python
class Agent:
    def __init__(self):
        self.gamma = 0.98
        self.lr_pi = 0.0002
        self.lr_v = 0.0005
        self.action_size = 2

        self.pi = PolicyNet()
        self.v = ValueNet()
        self.optimizer_pi = optimizers.Adam(self.lr_pi).setup(self.pi)
        self.optimizer_v = optimizers.Adam(self.lr_v).setup(self.v)

    def get_action(self, state):
        state = state[np.newaxis, :]  # ❶ 배치 처리용 축 추가
        probs = self.pi(state)
        probs = probs[0]
        action = np.random.choice(len(probs), p=probs.data)
        return action, probs[action]  # 선택된 행동과 해당 행동의 확률 반환

    def update(self, state, action_prob, reward, next_state, done):
        # 배치 처리용 축 추가
        state = state[np.newaxis, :]
        next_state = next_state[np.newaxis, :]

        # ❷ 가치 함수(self.v)의 손실 계산
        target = reward + self.gamma * self.v(next_state) * (1 - done)  # TD 목표
        target.unchain()
        v = self.v(state)  # 현재 상태의 가치 함수
        loss_v = F.mean_squared_error(v, target)  # 두 값의 평균 제곱 오차

        # ❸ 정책(self.pi)의 손실 계산
        delta = target - v
```

```
delta.unchain()
loss_pi = -F.log(action_prob) * delta

# 신경망 학습
self.v.cleargrads()
self.pi.cleargrads()
loss_v.backward()
loss_pi.backward()
self.optimizer_v.update()
self.optimizer_pi.update()
```

get_action() 메서드는 정책에 따른 행동을 선택해줍니다. 주의할 점이 하나 있습니다. 신경망에 입력되는 데이터는 미니배치로 처리되기 때문에, 데이터(상태) 하나를 처리할 때는 축을 하나 추가하여 배치로 처리할 때와 같은 형상으로 만들어야 합니다. 코드 ❶이 이 작업을 해줍니다. 또한 이 메서드는 선택된 행동과 그 확률을 함께 반환합니다. 행동이 선택될 확률은 나중에 손실 함수를 계산할 때 쓰입니다.

update() 메서드에서는 가치 함수와 정책을 학습합니다. 코드의 ❷에서는 가치 함수(self.v)에 대한 손실을 구합니다. TD 목표를 계산하고(target), 현재 상태의 가치 함수(v)와의 평균 제곱 오차를 구합니다. 다음으로 ❸에서는 정책(self.pi)에 대한 손실을 구합니다. [식 9.6]에 따라 마이너스를 곱한 값이 손실이 됩니다. 나머지는 일반적인 신경망 학습 코드입니다.

에이전트를 움직이는 코드는 지금까지와 같으니 생략하겠습니다. 이 코드를 실행하면 [그림 9-11]의 결과를 얻을 수 있습니다.

그림 9-11 에피소드별 보상 총합의 추이(왼쪽은 1회 실행, 오른쪽은 100회 실행 평균)

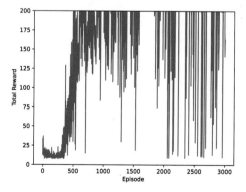
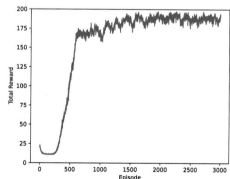

그림과 같이 학습이 순조롭게 진행됨을 알 수 있습니다. 이상으로 행위자-비평자의 구현을 마칩니다.

9.5 정책 기반 기법의 장점

그렇다면 지금까지 살펴본 정책 기반 기법들의 장점은 무엇일까요? 대표적으로 다음의 세 가지를 들 수 있습니다.

1. 정책을 직접 모델링하기 때문에 효율적이다

우리가 궁극적으로 얻고자 하는 것은 최적 정책입니다. 가치 기반 기법은 가치 함수를 추정하고 이를 바탕으로 정책을 결정합니다. 반면, 정책 기반 기법은 정책을 '직접' 추정합니다. 문제에 따라서는 가치 함수의 형태가 복잡한 반면, 최적 정책은 단순할 수 있습니다. 이런 경우 정책 기반 기법이 더 빠르게 학습하리라 기대할 수 있습니다.

2. 연속적인 행동 공간에서도 사용할 수 있다

지금까지 살펴본 강화 학습 문제들은 모두 행동 공간이 이산적이라고 가정했습니다. 예를 들어 〈카트 폴〉은 왼쪽과 오른쪽 중 하나의 행동을 선택합니다. 이러한 이산적 행동 공간에서는 (연속적이지 않은) 몇 가지 후보 중 하나의 행동을 선택합니다.

한편, 연속적인 행동 공간도 생각할 수 있습니다. 예를 들어 OpenAI Gym의 〈Pendulum^{시계추}〉은 막대의 중앙에 회전력^{torque; 토크}을 가해 막대를 들어 올리는 과제입니다. 이 과제에서의 행동은 '회전력을 어느 정도 세기로 가할 것인가'가 되며, 그 값은 가령 2.05나 −0.24 등의 연속적인 값이 될 수 있습니다.

그림 9-12 OpenAI Gym의 〈Pendulum〉

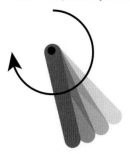

가치 기반 기법은 행동 공간이 연속적이면 적용하기 어려워집니다. 몇 가지 방법을 생각해볼 수 있는데, 그중 하나가 연속적인 행동 공간을 이산화하는 것입니다. 그러나 어떻게 이산화할 것인가(양자화^{quantization}*)는 어려운 문제이며, 적합한 방법은 과제에 따라 다릅니다. 대부분의 문제에서는 적합한 이산화 방법을 시행착오를 거쳐 찾아내야 합니다.

반면, 정책 기반 기법은 연속적인 행동 공간에도 간단하게 대응할 수 있습니다. 예를 들어 신경망의 출력이 정규분포라고 한다면 신경망은 정규분포의 평균과 분산을 출력할 수 있습니다. 그 평균과 분산을 바탕으로 샘플링하면 연속적인 값을 얻을 수 있습니다.

그림 9-13 연속적인 값을 출력하는 신경망의 예

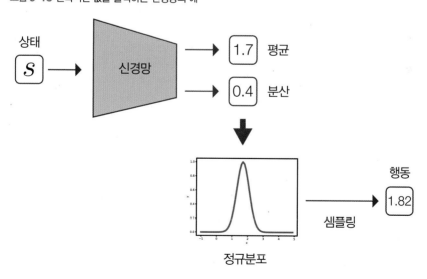

---
* 옮긴이_ '양자화'란 변수의 값이 취할 수 있는 범위를 유한개의 구간으로 나눠서 원래 값 대신 해당 구간을 이용해 근사하는 과정을 말합니다.

3. 행동이 선택될 확률이 부드럽게 변화한다

가치 기반 기법에서 에이전트는 주로 ε-탐욕 정책에 따라 행동합니다. 그렇다면 기본적으로 Q 함수의 값이 가장 큰 행동이 선택되죠. 이때 Q 함수가 갱신되면서 값이 최대가 되는 행동이 바뀌면 행동하는 방식도 급격하게 달라집니다. 반면, 정책 기반 기법에서는 각 행동의 확률이 소프트맥스 함수에 의해 정해집니다. 따라서 정책의 매개변수를 갱신하는 과정에서 각 행동의 확률이 부드럽게 변화합니다. 이 덕분에 정책 경사법의 학습이 안정적으로 이루어질 수 있습니다.

이상이 정책 기반 기법의 장점입니다. 하지만 정책 기반 기법이 항상 좋은 것은 아니니 주의해야 합니다. 과제에 따라 더 잘하기도 혹은 못하기도 하죠. 또한 정책 기반이든 가치 기반이든 매우 다양한 구현 알고리즘이 존재합니다. 그래서 알고리즘을 선택할 때는 이러한 점을 잘 고려해야 합니다.

9.6 정리

이번 장에서는 정책 기반 기법인 정책 경사법을 공부했습니다. 총 네 가지 정책 경사법 알고리즘을 배웠는데, 다음처럼 하나의 수식으로 통일하여 표현할 수 있습니다.

$$\nabla_\theta J(\theta) = \mathbb{E}_{\tau \sim \pi_\theta}\left[\sum_{t=0}^{T} \Phi_t \nabla_\theta \log \pi_\theta(A_t \mid S_t)\right]$$

1. $\Phi_t = G(\tau)$ (가장 간단한 정책 경사법)

2. $\Phi_t = G_t$ (REINFORCE)

3. $\Phi_t = G_t - b(S_t)$ (베이스라인을 적용한 REINFORCE)

4. $\Phi_t = R_t + \gamma V(S_{t+1}) - V(S_t)$ (행위자-비평자)

이상의 네 가지 기법은 가중치인 Φ_t에서 차이가 납니다. 가장 간단한 정책 경사법은 모든 시간에서 가중치가 $G(\tau)$입니다. 이를 개선하여 시간 t에서의 가중치를 수익 G_t로 평가하는 것이 REINFORCE입니다. 여기에 베이스라인 기법을 추가하여 분산을 줄인 것이 '베이스라인을 적용한 REINFORCE'입니다. 네 번째의 행위자-비평자는 정책 외에 가치 함수도 신경망으로 모델링하는 기법입니다. 1번에서 4번으로 갈수록 고도화되며 더 나은 결과를 기대할 수 있습니다.

이 기법들 말고도 다음과 같이 Q 함수를 사용할 수도 있습니다(Q 함수를 사용해도 등식이 성립한다는 증명은 다른 문헌[19]을 참고하기 바랍니다).

$$\Phi_t = Q(S_t, A_t)$$

또한 가치 함수를 베이스라인으로 사용하면 Φ_t를 다음 식처럼 설정할 수 있습니다.

$$\Phi_t = Q(S_t, A_t) - V(S_t)$$
$$= A(S_t, A_t)$$

이처럼 Q 함수에서 가치 함수를 뺀 값, 즉 어드밴티지 함수를 사용할 수 있습니다(어드밴티지 함수는 8.4.3절 참고).

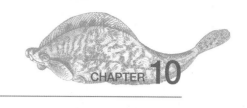

CHAPTER 10

한 걸음 더

지금까지 강화 학습에 대해 많은 것을 배웠습니다. 이 책의 전반부에서는 강화 학습의 기초를 배웠고, 후반부에서는 강화 학습에 딥러닝을 결합한 중요한 기법들을 살펴보았습니다. 이번 장에서는 현대적인 심층 강화 학습으로 한 걸음 더 들어간 알고리즘들을 소개하고자 합니다. 먼저 심층 강화 학습의 전체 그림을 보여드리고 이어서 정책 경사법 계열의 알고리즘들을, 그다음에는 DQN 계열의 알고리즘들을 살펴보겠습니다.

또한 심층 강화 학습에서 중요한 연구 사례도 소개합니다. 바둑과 장기 같은 보드 게임, 로봇 제어, 반도체 설계 등 사회적으로 큰 성과를 거둔 사례들을 준비했습니다. 마지막으로 심층 강화 학습의 가능성과 풀어야 할 숙제를 논의하며 이 책을 마무리합니다.

10.1 심층 강화 학습 알고리즘 분류

심층 강화 학습 알고리즘들은 크게 [그림 10-1]처럼 분류할 수 있습니다. 분류 방법은 OpenAI의 문헌[20]을 참고했습니다.

그림 10-1 심층 강화 학습 알고리즘 분류

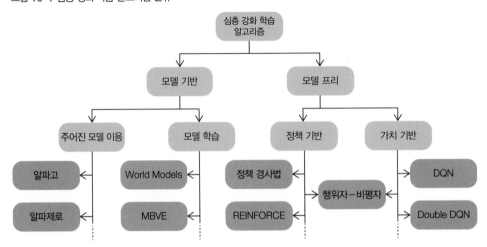

먼저 가장 큰 분류 기준은 환경 모델, 즉 상태 전이 함수 $p(s'|s, a)$와 보상 함수 $r(s, a, s')$의 사용 여부입니다. 환경 모델을 사용하면 **모델 기반 기법**[model-based method], 사용하지 않으면 **모델 프리 기법**[model-free method]이라고 합니다.

모델 기반 기법은 다시 환경 모델이 주어지는 경우와 환경 모델을 학습하는 경우로 나눌 수 있습니다. 환경 모델이 주어지면 에이전트는 행동 없이 계획[planning]만으로 문제를 해결할 수 있습니다. 앞서 4장에서도 환경 모델을 이용하여 동적 프로그래밍으로 문제를 풀었습니다. 바둑이나 장기 같은 보드 게임도 환경 모델이 알려져 있기 때문에 이 분류의 기법을 활용할 수 있습니다. 유명한 알고리즘으로는 알파고[AlphaGo]와 알파제로[AlphaZero] 등이 있습니다(자세한 내용은 10.4.1절에서 설명합니다).

환경 모델이 주어지지 않으면 환경에서 얻은 경험을 토대로 환경 모델을 학습하는 방법을 생각해볼 수 있습니다. 학습한 환경 모델은 계획 수립뿐 아니라 정책의 평가와 개선에도 활용할 수 있습니다. 이 분류에 속하는 기법으로는 World Models[21]와 MBVE[Model-Based Value Estimation][22] 등이 있습니다. 현재 활발히 연구 중인 분야로, 앞으로 인간과 같은 범용 인공지능을 구현하는 데에도 유용하게 활용될 것으로 기대되고 있습니다.

CAUTION_ 환경 모델을 학습하는 방법에는 몇 가지 문제가 있습니다. 가장 큰 문제는 에이전트가 환경 모델이 생성하는 샘플 데이터의 일부만 얻을 수 있다는 점입니다. 학습한 환경 모델과 실제 환경 사이에 괴리(편향)가 생길 수 있다는 이야기죠. 그 결과 에이전트가 학습한 모델에서는 적합했던 행동이 실제 환경에서는 바람직하지 않은 행동일 수 있습니다.

환경 모델을 학습하는 기법들은 잠재력이 크지만, 현재까지는 모델 프리 기법들이 더 많은 성과를 거두고 있습니다. 이 책에서 소개하는 기법들도 모델 프리입니다. 모델 프리 기법은 크게 정책 기반 기법과 가치 기반 기법, 그리고 이 둘을 모두 갖춘 기법으로 분류할 수 있습니다.

정책 기반 기법에는 정책 경사법과 REINFORCE가 해당되며, 행위자-비평자는 '정책 기반이자 가치 기반' 기법입니다(9장 참고). 10.2절에서 정책 경사법을 발전시킨 알고리즘들을 소개합니다.

가치 기반 기법은 가치 함수를 모델링하여 학습하는 기법입니다. 그중 가장 중요한 기법은 DQN입니다. 10.3절에서 DQN을 발전시킨 알고리즘들을 소개합니다.

10.2 정책 경사법 계열의 고급 알고리즘

9장에서는 REINFORCE와 행위자-비평자 등의 정책 경사법 알고리즘에 대해 설명했습니다. 이번 절에서는 같은 계열에서 더욱 고도화된 알고리즘들을 소개합니다. 소개할 알고리즘은 다음과 같습니다.

- A3C, A2C (분산 학습 알고리즘)
- DDPG (결정적 정책을 따르는 알고리즘)
- TRPO, PPO (목적 함수에 제약을 추가하는 알고리즘)

알고리즘이 특징에 따라 이와 같이 세 그룹으로 나눴습니다. A3C와 A2C부터 만나보겠습니다.

10.2.1 A3C, A2C

A3C[23]는 'Asynchronous Advantage Actor-Critic'의 약자입니다. 이름에 A가 세 개, C가 한 개여서 A3C라고 하죠. A3C의 특징은 Asynchronous, 즉 '비동기'라는 점입니다. 여기서 말하는 비동기란 여러 에이전트가 병렬로 행동하며 비동기적으로 매개변수를 갱신한다는 뜻입니다.

> **NOTE_** 컴퓨터 과학에서는 '동시concurrent'와 '병렬parallel'을 다른 의미로 씁니다. '동시'는 한 번에 하나의 작업만 처리합니다. 하지만 여러 작업 사이를 빠르게 전환하여, 마치 작업 여러 개를 동시에 수행하는 것처럼 보이게 하는 기술입니다. 한편 '병렬'은 물리적으로 다른 장소(CPU 코어나 GPU 코어)에서 여러 작업을 실제로 동시에 처리합니다.

A3C는 신경망으로 모델링한 행위자-비평자를 이용하여 정책을 학습합니다. 그리고 [그림 10-2]와 같이 하나의 전역 신경망과 여러 개의 지역 신경망을 사용합니다.

그림 10-2 A3C 아키텍처

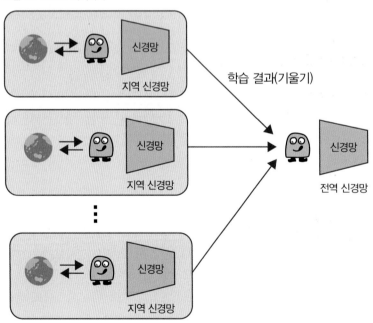

316 밑바닥부터 시작하는 딥러닝 4

지역 신경망은 각자의 환경에서 독립적으로 플레이하며 학습합니다. 그리고 학습 결과인 기울기를 전역 신경망에 보냅니다. 전역 신경망은 여러 지역 신경망에서 보내온 기울기를 이용해 비동기적으로 가중치 매개변수를 갱신합니다. 이렇게 전역 신경망의 가중치 매개변수를 갱신하는 동안 주기적으로 전역 신경망과 지역 신경망의 가중치 매개변수를 동기화합니다.

A3C의 장점은 여러 에이전트를 병렬로 행동하게 하여 학습 속도를 높인다는 것입니다. 게다가 에이전트들이 독립적으로 행동(탐색)하기 때문에 한층 다양한 데이터를 얻을 수 있습니다. 그 덕분에 학습 데이터의 전체적인 상관관계를 약화시킬 수 있어 학습이 더욱 안정적으로 이루어집니다.

> **NOTE_** DQN에서는 학습 데이터의 상관관계를 약화시키기 위해 경험 재생 기법을 사용했습니다. 경험 재생은 경험 데이터를 버퍼에 저장해두고, 거기서 무작위로 여러 개를 골라내는 기법입니다. 하지만 경험 재생은 온-정책 방식으로는 사용할 수 없습니다. 메모리 사용량과 계산량이 커진다는 것도 단점입니다.

병렬 처리는 온-정책 방식에서도 사용할 수 있는 범용 아이디어입니다. 여러 에이전트를 병렬로 움직여 (경험 재생에 의존하지 않고도) 데이터의 상관관계를 약화시킬 수 있죠. 실제로 A3C 논문 발표 이후 많은 연구에서 병렬 처리가 유행처럼 번지고 있습니다.

또한 A3C의 행위자-비평자는 신경망의 가중치를 공유합니다. [그림 10-3]과 같이 하나의 신경망에서 가중치를 공유하여 정책과 가치 함수를 출력합니다. 정책과 가치 함수 모두 입력에 가까운 층은 가중치가 비슷할 것이라서 이처럼 신경망 사이에 매개변수를 공유하는 구조가 효과가 있습니다.

그림 10-3 A3C의 신경망 구조

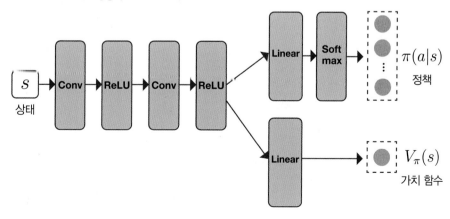

다음으로 A2C[23]를 보겠습니다. A2C는 매개변수를 (비동기가 아니라) 동기식으로 갱신합니다. A3C에서 첫 번째 A(Asynchronous)가 빠진 이름이죠. A2C는 [그림 10-4]와 같은 구성으로 구현할 수 있습니다.

그림 10-4 A2C 아키텍처

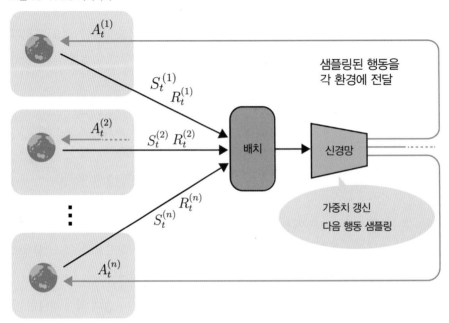

각 환경에서 실행

그림과 같이 각각의 환경에서 에이전트가 독립적으로 동작합니다. 따라서 시간 t에서의 상태는 환경마다 다릅니다. 그리고 시간 t에서 각 환경의 상태를 (동기화하여) 배치로 묶어 신경망을 학습시킵니다. 이때 신경망의 출력(정책의 확률 분포)에서 다음 행동을 샘플링하며, 샘플링된 행동을 각 환경에 전달합니다.

실험 결과 A2C 방식의 동기식 갱신 성능도 A3C보다 떨어지지 않았습니다. 그런데 구현하기는 A2C가 더 쉽고 GPU 같은 컴퓨트 자원을 더 효율적으로 사용할 수 있습니다. 이런 장점 때문에 실무에서는 A2C를 더 많이 이용합니다.

10.2.2 DDPG

정책을 직접 모델링하는 정책 경사법 같은 기법은 행동 공간이 연속적인 문제에도 활용할 수 있습니다. 예를 들어 [그림 10-5]와 같이 정책을 모델링한 신경망이 '정규분포의 평균'을 출력하도록 설계할 수 있습니다. 실제 행동은 이 정규분포에서 샘플링하여 얻습니다.

그림 10-5 정책용 신경망이 연속된 값의 확률 분포를 출력하는 예

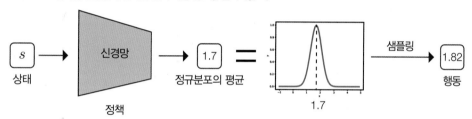

DDPG[24]는 Deep Deterministic Policy Gradient method(심층 결정적 정책 경사법)의 약자입니다. 이름이 말해주듯 연속적인 행동 공간에서의 문제에 맞춰 설계된 알고리즘입니다. [그림 10-6]과 같이 이 알고리즘의 신경망은 행동을 연속적인 값으로 직접 출력합니다.

그림 10-6 행동을 연속적인 값으로 직접 출력하는 신경망

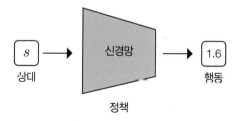

DDPG의 정책은 특정 상태 s를 입력하면 행동 a가 고유하게 결정되기 때문에 결정적 정책입니다. DDPG에서는 이 결정적 정책을 DQN에 통합합니다. 정책을 나타내는 신경망을 $\mu_\theta(s)$라 하고, DQN의 Q 함수를 나타내는 신경망을 $Q_\phi(s,a)$라 하며, θ와 ϕ(파이)는 각 신경망의 매개변수입니다. 이때 DDPG는 다음 두 가지 학습 과정을 거쳐 매개변수를 갱신합니다.

1 Q 함수의 출력이 커지도록 정책 $\mu_\theta(s)$의 매개변수 θ를 갱신
2 DQN에서 수행하는 Q 러닝을 통해 Q 함수 $Q_\phi(s,a)$의 매개변수 ϕ를 갱신

첫 번째 학습 과정부터 알아보죠. 첫 번째 학습은 [그림 10-7]과 같이 두 개의 신경망을 조합하여 Q 함수의 출력이 최대가 되도록 결정적 정책 $\mu_\theta(s)$의 매개변수 θ를 갱신하는 것입니다.

그림 10-7 두 신경망에 의한 계산 흐름

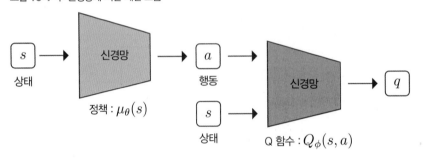

이 그림에서 중요한 점은 $\mu_\theta(s)$가 출력하는 행동 a가 연속적인 값이고, 이 출력 a가 그대로 $Q_\phi(s,a)$의 입력이 된다는 점입니다. 이렇게 연결된 두 신경망에서 역전파를 수행하며, 그 결과로 기울기 $\nabla_\theta q$가 구해지고(q는 Q 함수의 출력) 기울기 $\nabla_\theta q$를 이용해 매개변수 θ를 갱신할 수 있습니다.

> **NOTE_** [그림 10-7]에서 만약 행동을 확률적 정책으로 샘플링했다면 역전파가 샘플링을 하는 지점에서 멈춥니다. 샘플링 이후로는 기울기가 0으로만 전달된다는 이야기입니다. 이렇게 되면 정책의 매개변수를 갱신할 수 없습니다.

두 번째 학습은 DQN으로 하는 Q 러닝입니다. 방법은 8장에서 설명했습니다. 다만 이번에는 결정적 정책 $\mu_\theta(s)$를 사용하여 계산 효율을 높일 수 있습니다.

DQN에서 Q 함수의 갱신은 $Q_\phi(S_t, A_t)$의 값이 $R_t + \gamma \max_a Q_\phi(S_{t+1}, a)$가 되도록(또는 근접하도록) 하는 것이었습니다. 그런데 앞서 첫 번째 학습을 통해 정책 $\mu_\theta(s)$는 Q 함수가 커지는 행동을 출력합니다. 따라서 다음 근사를 적용할 수 있습니다.

$$\max_a Q_\phi(s, a) \simeq Q_\phi(s, \mu_\theta(s))$$

최댓값을 구하는 $\max_a$ 는 일반적으로 계산량이 많습니다. 그런데 DDPG에서는 $\max_a Q_\phi(s, a)$ 계산을 $Q_\phi(s, \mu_\theta(s))$라는 두 개의 신경망 순전파(그림 10-7)로 대체합니다. 이렇게 계산을 단순화하여 학습 효율을 높이는 것입니다.

> NOTE_ DDPG는 '소프트 목표'와 '탐색 노이즈'라는 아이디어도 활용합니다. **소프트 목표** soft target는 DQN의 '목표 신경망'을 '부드럽게' 만든 기법입니다. 목표 신경망의 매개변수를 학습 중인 매개변수와 주기적으로 동기화하는 대신, '매번' 학습 중인 매개변수의 방향에 가까워지도록 갱신하는 것이죠. **탐색 노이즈** exploration noise는 결정적 정책에 노이즈를 넣어 행동에 무작위성을 주입하는 기법입니다. 자세한 내용은 DDPG 논문 **[24]**을 참고하기 바랍니다.

10.2.3 TRPO, PPO

정책 경사법에서는 정책을 신경망으로 모델링하고 기울기 기반으로 매개변수를 갱신합니다. 정책 경사법은 기울기로 매개변수의 갱신 '방향'은 알 수 있지만, 얼마만큼 갱신해야 좋은가를 뜻하는 '갱신 폭'은 알 수 없다는 단점이 있습니다. 폭이 너무 넓으면 정책이 나빠지고, 반대로 너무 좁으면 학습이 거의 진행되지 않습니다. 이 문제를 해결한 것이 TRPO Trust Region Policy Optimization **[25]**입니다. '신뢰 영역 정책 최적화'라고 번역할 수 있습니다. 이름에서 알 수 있듯이 신뢰할 수 있는 영역 안에서, 즉 적절한 갱신 폭으로 정책을 최적화할 수 있습니다.

두 확률 분포가 얼마나 유사한지를 측정하는 지표로 **쿨백-라이블러 발산** Kullback-Leibler Divergence (KLD)이 있습니다. TRPO에서는 정책 갱신 전후의 쿨백-라이블러 발산을 지표로 삼아, 그 값이 임곗값을 넘지 않아야 한다는 제약을 부과합니다. 즉, 쿨백-라이블러 발산 제약이 걸린 상태에서 목적 함수를 최대화하는 문제로 보는 것입니다. 이 제약 덕분에 적절한 갱신 폭을 구할 수 있습니다.

TRPO에서 제약이 걸린 최적화 문제를 풀려면 헤세 행렬$^{hessian\ matrix}$이라는 이차 미분 계산이 필요합니다. 헤세 행렬은 계산량이 많아 병목을 일으킵니다. 이 문제를 개선한 방법이 PPO$^{Proximal\ Policy\ Optimization}$ [26]입니다. PPO는 TRPO를 단순화한 기법으로, 계산량을 줄이면서도 성능은 TRPO와 비슷하여 실무에서 많이 활용합니다.

10.3 DQN 계열의 고급 알고리즘

DQN은 딥러닝에서 가장 중요한 알고리즘입니다. 현재도 DQN 기반의 새로운 확장 기법들이 많이 제안되고 있지요. 이번 절에서는 DQN을 기초로 발전시킨 알고리즘 중 특히 중요한 몇 가지를 소개합니다. 살펴볼 알고리즘은 [그림 10-8]과 같습니다.

그림 10-8 DQN을 기초로 발전시킨 알고리즘들

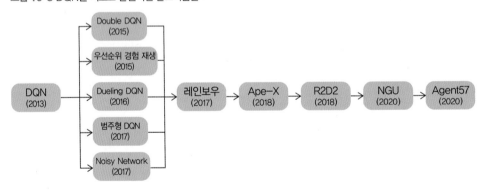

그림과 같이 심층 강화 학습은 DQN을 토대로 꾸준히 개선하는 형태로 발전해왔습니다. 그중 다음 세 기법은 8.4절에서 이미 설명했습니다.

- Double DQN
- 우선순위 경험 재생(Prioritized Experience Replay)
- Dueling DQN

이번 절에서는 나머지 기법들을 만나보겠습니다.

10.3.1 범주형 DQN

범주형 DQN$^{\text{categorical DQN}}$ **[27]** 기법들부터 알아보겠습니다. 이미 보았듯이 Q 함수의 수식은 다음과 같습니다.

$$Q_\pi(s,a) = \mathbb{E}_\pi[G_t \mid S_t = s, A_t = a]$$

[그림 10-9]와 같이 확률적 사건인 수익 G_t를 기댓값이라는 하나의 값으로 표현하는 것이 Q 함수의 특징입니다.

그림 **10-9** 수익의 확률 분포와 Q 함수의 관계($Z_\pi(s,a)$는 수익의 확률 분포)

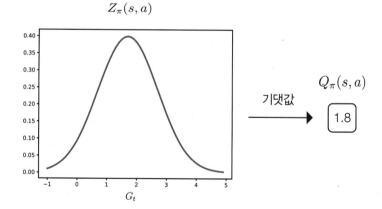

DQN에서는 (더 나아가 Q 러닝에서는) Q 함수, 즉 기댓값으로 표현되는 값을 학습합니다. 이를 발전시켜 Q 함수라는 기댓값이 아니라 '분포'를 학습시키자는 아이디어가 있습니다. 이 아이디어를 **분포 강화 학습**$^{\text{distributional reinforcement learning}}$이라고 합니다. 분포 강화 학습에서는 수익의 확률 분포인 $Z_\pi(s,a)$를 학습합니다.

범주형 DQN은 바로 이 분포 강화 학습을 기반으로 합니다. 여기서 '범주형'이란 [그림 10-10]과 같이 범주형 분포로 모델링한다는 뜻입니다.

그림 10-10 범주형 분포로 모델링(파란색 선이 '실제 분포')

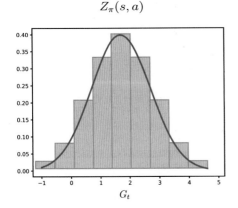

$$Z_\pi(s, a)$$

범주형 분포는 여러 범주(이산 값) 중 어느 범주에 속할 것인지에 대한 확률 분포입니다. [그림 10-10]과 같이 수익이 취하는 값이 몇 개의 영역(빈^{bin})으로 나뉘고, 각 빈에 들어갈 확률이 범주형 분포로 모델링됩니다.

범주형 DQN에서는 수익을 범주형 분포로 모델링하고 그 '분포의 형태'를 학습합니다. 이를 위해 범주형 분포 버전의 벨만 방정식을 도출하고, 그 방정식을 이용하여 범주형 분포를 갱신합니다. 참고로 범주형 분포의 빈이 51개일 때 '아타리' 과제에서 성능이 가장 좋았기 때문에 범주형 DQN을 'C51'이라고도 부릅니다.

10.3.2 Noisy Network

DQN에서는 ε-탐욕 정책으로 행동을 결정합니다. ε의 확률로 무작위 행동을 선택하고, 나머지 $1 - \varepsilon$의 확률로 탐욕 행동(Q 함수가 가장 큰 행동)을 선택하죠. 실전에서는 대체로 에피소드가 진행될수록 ε값을 조금씩 낮추도록 스케줄링합니다. 여기서 문제는 ε값인데, ε은 하이퍼파라미터라서 어떻게 설정하느냐에 따라 최종 정확도가 크게 달라질 수 있습니다. 하지만 ε값의 후보는 매우 다양합니다.

이러한 ε 설정 문제를 해결하기 위해 Noisy Network[28]가 제안되었습니다. Noisy Network는 신경망에 무작위성을 도입합니다. 그 덕분에 행동을 (ε-탐욕 정책이 아닌) 탐욕 정책에 따라 선택할 수 있습니다. 정확하게는 출력 쪽의 완전 연결 계층에서 '노이즈가 들어간 완전 연결 계층'을 사용합니다. '노이즈가 들어간 완전 연결 계층'에서 가중치는 정규분포의 평균과 분산으로 모델링되며 (순전파할 때마다) 가중치가 정규분포에서 샘플링됩니다. 이렇게 하면 순전파할 때마다 무작위성이 스며들어 최종 출력이 달라집니다.

10.3.3 레인보우

지금까지 다양한 DQN 확장 알고리즘을 소개했습니다. 그리고 이 모든 것을 결합한 기법이 바로 레인보우Rainbow [29]입니다. 레인보우는 기존 DQN에 다음과 같은 기법들을 모두 조합하여 사용합니다.

- Double DQN
- 우선순위 경험 재생
- Dueling DQN
- 범주형 DQN
- Noisy Network

[그림 10-11]은 아타리 게임에서 레인보우와 그 외 기법들의 성능을 측정한 결과입니다.

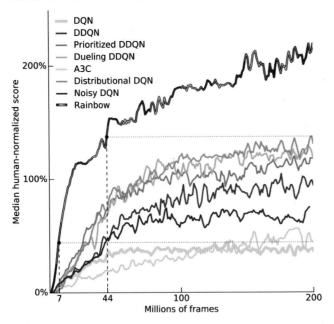

그림 10-11 레인보우와 그 외 기법의 정확도 비교[29]

그림의 가로축은 학습에 사용한 이미지 개수입니다(표기된 수치 × 100만). 세로축은 일반인과 비교하여 정규화한 점수이며, 높을수록 성능이 좋다는 뜻입니다. 이 그림과 같이 레인보우는 다른 기법들에 비해 성능이 비약적으로 높음을 알 수 있습니다.

10.3.4 레인보우 이후의 발전된 알고리즘

레인보우 이후 CPU/GPU를 이용한 여러 분산 병렬 학습이 큰 성과를 올렸습니다. 이를 분산 강화 학습이라고도 하며, 실행 환경을 여러 개 준비하여 학습을 병렬로 진행합니다. 분산 강화 학습으로 유명한 기법이 Ape-X[30]입니다. Ape-X는 레인보우를 기반으로 여러 개의 에이전트를 각각의 CPU에서 독립적으로 행동시킵니다. 이때 에이전트들의 탐색 비중인 ε을 모두 다르게 설정하여 다양한 경험 데이터를 수집합니다. 이처럼 분산 병렬화를 통해 학습을 빠르게 진행하는 동시에 경험 데이터를 다양하게 얻어 성능을 높였습니다.

R2D2[31]는 Ape-X를 더욱 개선한 기법입니다. R2D2는 Ape-X에 더해 시계열 데이터를 처리하는 순환 신경망(RNN)을 사용했습니다(정확하게는 LSTM 사용). 간단한 아이디어지만

RNN으로 학습하기 위해 많은 노력을 기울여 Ape-X의 성능을 한층 높이는 데 성공했습니다. 참고로 R2D2의 이름은 Recurrent(순환)와 Replay(경험 재생)에서 'R' 두 개를 가져오고, Distributed(분산)와 Deep Q-Network(DQN)에서 'D' 두 개를 가져와서 만든 이름입니다(물론 영화 〈스타워즈〉의 유명 캐릭터 이름에서 따온 것이기도 합니다).

다음은 R2D2를 더욱 발전시킨 NGU[32]입니다. NGU는 'Never Give Up(절대 포기하지 마)'의 약자입니다. NGU는 R2D2의 토대에 **내적 보상** intrinsic reward 메커니즘을 추가하여 어려운 과제, 특히 보상이 적은 과제에서도 탐색을 포기하지 않도록 했습니다. 알고리즘 이름은 이러한 특성에서 유래했습니다. 내적 보상은 상태 전이가 예상과 다를수록, 즉 얼마나 '놀랐는가'에 따라 스스로 보상을 더해주는 기법입니다. 보상이 0에 가까운 희박한 작업에서 내적 보상은 (보상의 크기가 아니라) '호기심'에 따라 행동하도록 유도합니다. 이 과정에서 (잘만 하면) 보상을 극대화하는 방법을 찾을 수 있습니다.

> NOTE_ 아이들, 특히 어린아이는 새롭고 놀라운 경험을 찾아 놀기를 좋아합니다. 확실한 목적을 가지고 학습하기보다는 호기심이 이끄는 대로 행동합니다. 내적 보상의 목표는 바로 이처럼 호기심을 좇는 행동을 에이전트에 주입하는 것입니다.

마지막으로 만나볼 기법은 Agent57[33]입니다. NGU를 발전시킨 기법이죠. 중요한 특성은 내적 보상 메커니즘을 개선하고 '메타 컨트롤러'라는 구조를 사용하여 에이전트들에 할당되는 정책을 유연하게 배분했다는 점입니다. 아타리, 정확하게는 '아타리 2600'에는 게임이 모두 '57'개가 있습니다. Agent57은 이 모든 게임에서 사람보다 우수한 성적을 거두는 데 성공했습니다. 강화 학습 알고리즘으로서는 처음 이룬 쾌거였습니다.

10.4 사례 연구

딥러닝 사례로는 비디오 게임이나 바둑과 같은 보드 게임이 유명하지만 그 외에도 로봇 제어, 자율주행, 의료, 금융, 바이오 등 다양한 분야에서 성과를 거두고 있습니다. 이번 절에서는 딥러닝이 어떤 용도로 활용되는지를 보여드릴 겸, 유명한 사례를 몇 가지 소개하겠습니다.

10.4.1 보드 게임

바둑, 장기, 오셀로 등의 보드 게임은 다음과 같은 특성을 지니고 있습니다.

- 보드의 모든 정보를 알 수 있음(완전 정보)
- 한쪽이 승리하면 다른 쪽은 패배함(제로섬$^{zero-sum}$)
- 상태 전이에 우연이라는 요소가 없음(결정적)

이런 성질을 지닌 게임에서 중요한 것은 '수 읽기'입니다. "내가 이 수를 두면 상대가 저 수를 둘 것이고, 그러면 나는 이 수로 받아칠 것이다"처럼 앞으로 일어날 일을 다양하게 예측해볼수록 더 좋은 수를 찾을 수 있습니다. 보드 게임에서 '수 읽기'는 [그림 10-12]처럼 트리 구조로 표현할 수 있습니다.

그림 10-12 오셀로를 예로 든 게임 트리

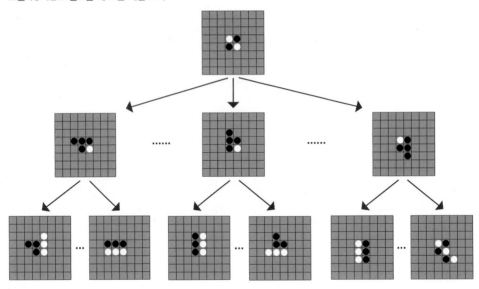

그림과 같이 보드를 노드로, 다음 수를 에지(화살표)로 표현한 것을 **게임 트리**$^{game\ tree}$라고 합니다. 게임 트리를 모두 펼칠 수 있다면 가능한 모든 결과가 드러나기 때문에 최선의 수를 찾을 수 있습니다. 하지만 바둑이나 장기는 가능한 상태(돌이나 말을 배치하는 패턴)가 천문학적으로 많아서 게임 트리를 모두 전개하기가 현실적으로 불가능합니다. 따라서 문제를 풀려면 게임 트리를 효율적으로 탐색해야 합니다.

몬테카를로 트리 탐색 Monte Carlo Tree Search(MCTS)은 트리의 전개를 몬테카를로법으로 근사하는 기법입니다. 예를 들어 돌들이 특정 형태로 놓여 있는 보드 상태가 얼마나 좋은지 평가할 때, 돌을 무작위로 두는 두 플레이어에게 승패가 결정될 때까지 계속 두게 합니다. 이러한 시도(특정 상태의 보드에서 시작하는 게임)를 수차례 반복하여, 그 승률로 해당 보드 상태가 '얼마나 좋은가'를 근사적으로 나타냅니다. 이처럼 승패가 결정될 때까지 무작위로 게임을 진행시키는 일을 플레이아웃playout 또는 롤아웃rollout이라고 합니다.

몬테카를로 트리 탐색은 현재의 보드 상태에서 가능한 모든 수를 각각 평가하고, 그 결과를 토대로 다음 수를 결정하는 흐름으로 진행합니다. 그리고 일반적으로는 이 기본 아이디어에 더하여 유망해 보이는 보드 상태로 전개한 후 평가한 결과를 피드백하는 메커니즘이 보강됩니다. 몬테카를로 트리 탐색에 대한 자세한 내용은 해당 논문[34]을 참고하기 바랍니다.

알파고

알파고AlphaGo [35]는 몬테카를로 트리 탐색에 심층 강화 학습을 결합한 기법입니다. 2016년 세계 최고의 바둑 기사에게 승리를 거두며 세상을 놀라게 한 주인공이죠.

알파고에는 두 개의 신경망이 사용되는데, 하나는 현재 바둑판에서 이길 확률을 평가하는 Value 신경망이고 다른 하나는 정책을 나타내는 Policy 신경망입니다. Policy 신경망은 다음에 둘 수를 확률로 출력합니다. 예를 들어 (1, 1) 위치에 둘 확률은 2.4%, (1, 2) 위치에 둘 확률은 0.2%와 같은 식이죠. 이 두 신경망으로 몬테카를로 트리 탐색을 더 정밀하게 수행할 수 있게 되었습니다.

알파고는 인간의 기보 데이터를 이용해 두 신경망을 학습시켰습니다. 그런 다음 **셀프 플레이**self play 형태로 대국을 반복하고 여기서 수집한 경험 데이터를 사용해 학습을 더욱 강화했습니다

알파고 제로

알파고는 인간의 기보를 학습 데이터로 사용했습니다. 하지만 **알파고 제로**[AlphaGo Zero] [36]는 학습 데이터를 전혀 사용하지 않고 셀프 플레이를 통한 강화 학습만으로 학습했습니다. 또한 알파고에서 사용하던 '도메인 지식(바둑 규칙)'을 이용하지 않은 점도 큰 특징입니다. 이 외에도 다음과 같은 점을 개선했습니다.

- Policy 신경망과 Value 신경망을 하나의 신경망으로 표현
- 몬테카를로 트리 탐색으로 플레이아웃하지 않고, 신경망의 출력만으로 각 노드(상태)를 평가

이처럼 기존 알파고보다 단순하고 범용적으로 개선했습니다. 더구나 인간이 쌓아둔 기보 데이터 없이 강화 학습만으로 학습했음에도 놀랍게도 기보 데이터를 활용한 알파고를 압도하는 성능을 보여줬습니다. 실제로 알파고와의 대국에서 100대 0으로 압승을 거뒀습니다.

알파제로

알파제로[AlphaZero] [37]는 알파고 제로를 미세하게 조정한 것이지만 거의 같은 알고리즘을 이용합니다. 그럼에도 바둑뿐 아니라 체스와 장기까지 둘 수 있습니다. 보드 게임의 종류에 상관없는 범용 알고리즘으로 진화한 것입니다.

10.4.2 로봇 제어

딥러닝은 로봇 제어와 같은 시스템에도 활용됩니다. 하나의 예로, 구글은 로봇 팔이 다양한 물건을 잡을 수 있도록 학습시키는 데 성공했습니다.[38] [그림 10-13]과 같이 로봇은 위쪽에 장착된 카메라가 보내주는 영상을 해석하여 어떻게 행동할지를 결정합니다. 행동의 결과로 물체를 잡으면 성공, 잡지 못하면 실패라는 보상을 줍니다. 이처럼 강화 학습의 틀 안에서 학습을 진행합니다.

그림 10-13 일곱 대의 로봇이 경험 데이터를 수집하는 모습[38]

필요한 데이터는 그림과 같이 로봇 일곱 대를 수개월 동안 실제 운용하여 수집했습니다. 이때 QT-Opt라는 강화 학습 알고리즘을 이용했습니다. QT-Opt는 Q 러닝 기반이기 때문에 오프-정책 기법입니다. 과거에 얻은 경험 데이터도 활용한다는 뜻이죠. 로봇을 실제로 운용해야 하는 환경이라면 데이터 수집 비용이 많이 들기 때문에 과거 데이터를 활용할 수 있다는 건 커다란 장점입니다.

논문에 따르면 QT-Opt는 미지의 물건도 96% 확률로 잡는 데 성공하여, 구글이 이전에 개발한 지도 학습 방식보다 실패 확률을 1/5 이하로 줄였다고 합니다.

10.4.3 NAS

딥러닝의 아키텍처(신경망 구조)는 보통 사람이 직접 설계합니다. 뛰어난 아키텍처를 설계하기 위해서는 경험이 필요하여, 수많은 시행착오를 거쳐야 합니다. 그런데 최근에는 최적의 아키텍처를 컴퓨터가 자동으로 설계하는 연구[39]가 활발히 진행되고 있습니다. 흔히들 NAS^{Neural Architecture Search}라고 부르는 분야입니다.

NAS를 수행하는 방법에는 베이지안 최적화^{Bayesian optimization}와 유전 프로그래밍^{genetic programming} 등 여러 가지가 있습니다. 그중 유력한 후보가 강화 학습입니다. 붐을 일으킨 주인공은 「Neural Architecture Search with Reinforcement Learning」 논문[40]입니다. 이 논문에서는 강화 학습으로 신경망 구조를 자동으로 최적화하여 사람이 설계한 것 이상의 아키텍처를 발견하는 데 성공했습니다. 어떻게 해냈는지를 간략하게 알아보겠습니다.

핵심 아이디어는 신경망 아키텍처를 '텍스트'로 표현할 수 있다는 점에 주목한 것입니다. 예를 들어 신경망의 아키텍처를 다음 예와 같은 텍스트로 정의할 수 있습니다(가상 포맷입니다).

```
graph {
  node {
    input: 'Input1'
    output: 'Result ReLU'
    op_type: 'Relu'
  }
  node {
    input: 'Result ReLU'
    input: 'Input2'
    output: 'Output'
    op_type: 'Add'
  }
 ...}
```

또한 RNN(순환 신경망)을 사용하면 가변 길이의 텍스트를 생성할 수 있습니다. 이론적으로는 지금 예와 같은 텍스트를 출력하는 RNN도 고안할 수 있습니다. 그렇다면 [그림 10-14]와 같이 RNN을 에이전트로 이용하여 강화 학습으로 최적의 아키텍처를 찾아낼 수 있습니다.

그림 10-14 신경망의 아키텍처를 탐색하는 프레임워크

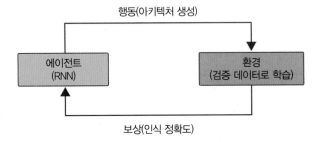

그림과 같이 RNN이 신경망의 아키텍처를 텍스트로 생성합니다. 이 작업이 바로 에이전트의 행동에 해당합니다. 그리고 생성된 아키텍처(신경망)를 검증 데이터로 학습시키고 마지막으로 인식 정확도를 측정합니다. 이 인식 정확도가 보상으로 작용합니다. 논문에서는 REINFORCE 알고리즘으로 RNN의 매개변수를 갱신하였고 그 결과 RNN은 점차 인식 정확도가 더 높은 아키텍처를 출력했습니다.

> NOTE_ 논문에서는 아키텍처의 범위를 제한하는 장치가 마련되어 있습니다. 예를 들어 합성곱 계층의 파라미터를 필터와 스트라이드 크기만으로 제한하고, RNN으로 두 매개변수의 값을 차례대로 출력하게 하는 식입니다.

10.4.4 기타 예시

심층 강화 학습을 적용한 사례는 이 외에도 많습니다. 이번 절에서는 그중 세 가지를 소개하겠습니다.

자율주행

자율주행 자동차를 만들기 위한 연구가 전 세계적으로 앞다투어 이루어지고 있습니다. 대부분은 딥러닝을 활용한 '지도 학습'으로 진행되고 있으나 한편으로는 강화 학습으로 접근하는 움직임도 보입니다.[41] 자율주행이라는 문제는 환경을 관찰하여 최적의 행동(브레이크 밟기, 핸들 돌리기 등)을 선택하는 일련의 결정이기 때문에 강화 학습에 잘 들어맞습니다.

강화 학습으로 자율주행에 도전해볼 수 있는 환경으로 AWS DeepRacer[42]가 있습니다. DeepRacer는 딥러닝 기법으로 제어하는 자율주행 레이싱카입니다. 사용자는 딥러닝 알고리즘을 구현하고 보상 함수 등도 직접 설정합니다. 그런 다음 시뮬레이터를 써서 AWS에서 학습시킵니다. 최종적으로 만들어진 모델은 가상 레이스나 실물 자동차 레이스에서 이용할 수 있습니다. 실제로 '챔피언십 컵' 등의 레이스가 정기적으로 개최되어 상금을 걸고 경쟁을 벌이고 있습니다.

건물 에너지 관리

건물은 많은 전력을 소비합니다. 그래서 전력 소비 줄이기가 중요한 과제이지만 건물 내 환경은 매우 복잡하여 효율적으로 운영하기가 쉽지 않습니다. 이 문제를 해결하기 위해 최근 다양한 심층 강화 학습 기법이 제안되어 좋은 성과를 거두고 있습니다.[43]

예를 들어 오피스 빌딩의 공조 설비 운영에 DQN 기반 기법이 제안되었습니다.[44] 이 연구에서는 근무 환경을 쾌적하게 유지하면서 비용을 30% 이상 줄였다고 합니다. 또한 구글의 데이터센터도 냉각 시스템을 머신러닝으로 제어하여 전력 소비를 40%나 줄이는 데 성공했습니다.[45] 여기에도 강화 학습 기법이 일부 사용되었습니다.

반도체 칩 설계

반도체 칩 설계는 작은 기판에 수십억 개 이상의 트랜지스터를 배치하는 일입니다. 복잡한 문제인 만큼 많은 어려움이 따릅니다. 지금까지의 반도체 칩은 숙련된 전문가들이 오랜 시간을 투자해 설계했지만 구글은 딥러닝을 활용한 칩 설계 방법을 새롭게 제안했습니다.[46]

구글의 연구는 반도체 칩 설계를 강화 학습 문제로 간주하고, 에이전트가 다양한 반도체 레이아웃을 시도하며 최적의 설계를 찾습니다. 그 결과, 놀랍게도 6시간 안에 설계를 완료했으며 모든 주요 지표에서 인간 전문가의 설계보다 우수하거나 동등한 성능을 달성했다고 합니다. 이 기술은 이미 구글이 개발하는 TPU$^{Tensor Processing Unit}$ 설계에 활용되고 있습니다.*

10.5 심층 강화 학습이 풀어야 할 숙제와 가능성

이번 절에서는 심층 강화 학습을 현실 세계 시스템에 적용하기 위해 풀어야 할 숙제와 해결책을 제시합니다. 그런 다음 강화 학습 문제를 MDP로 기술할 때 고려할 사항을 논의하고, 마지막으로 강화 학습의 잠재력을 이야기하며 마무리하겠습니다.

---

* 옮긴이_ 구글뿐 아니라 엔비디아와 AMD 등 선진 반도체 설계 회사들은 이미 인공지능을 칩 설계에 적극 활용하고 있습니다.

10.5.1 현실 세계에 적용하기

심층 강화 학습은 로봇 제어와 같은 실제 시스템에 활용되고 있습니다. 하지만 현실 세계는 가상의 세계와 달리 제약이 많습니다. 예를 들어 로봇은 비싸고 대량으로 준비하기 어렵기 때문에 경험 데이터를 충분히 수집하기가 쉽지 않습니다. 또한 강화 학습에서는 시행착오를 거치면서 경험 데이터를 수집하는데, 이 과정에서 로봇을 고장내거나 주변에 위험을 초래하는 행동은 피해야 합니다. 이번 절에서는 이러한 문제들을 막아주는 유력한 해결책을 몇 가지 소개하겠습니다.

시뮬레이터 활용

현실 세계의 제약 상당수는 시뮬레이터로 해결할 수 있습니다. 시뮬레이터 안에서는 에이전트와 환경의 상호작용을 빠르게 반복할 수 있습니다. 게다가 에이전트가 위험한 행동을 하더라도 아무런 문제가 없습니다. 하지만 현실 세계와 시뮬레이터 속 세계 사이에는 간극이 있습니다. 시뮬레이터는 실제 환경을 완벽하게 모방할 수 없기 때문에 시뮬레이터에서 학습한 모델(에이전트)이 실제 환경에서 기대한 대로 동작하지 않는 경우가 많습니다. 이 문제에 집중하는 연구 분야를 Sim2Real이라고 합니다.

Sim2Real에는 여러 가지 유력한 기법이 있으나 그중 Domain Randomization(도메인 무작위화) 기법을 소개하겠습니다. 이 기법은 시뮬레이터에 무작위 요소를 추가하여 다양한 환경을 만들고, 그 다양한 환경 속에서 에이전트를 행동시키고 학습시킵니다. 이런 식으로 일반화 성능을 높여 실제 환경에서도 더 잘 동작하리라 기대할 수 있습니다. 예를 들어 OpenAI는 손가락 다섯 개가 달린 로봇 손 하나만으로 루빅스 큐브를 맞추는 문제에 이 기법을 적용한 연구[47]를 공개했습니다.

그림 10-15 강화 학습과 Domain Randomization을 이용해 로봇 팔로 루빅스 큐브를 맞추는 모습[47]

이 연구에서는 광원과 텍스처 등의 렌더링 이미지 매개변수나 마찰과 같은 역학적 매개변수에 무작위 값을 넣어 다양한 환경을 만들고 그 안에서 에이전트를 학습시킵니다. 그 결과 현실 세계에서도 추가 학습 없이 큐브를 맞추는 데 성공했습니다.

오프라인 강화 학습

과거에 수집한 경험 데이터를 잘 활용하는 방법도 있습니다. 예를 들어 자율주행이나 로봇 제어 등에서는 지금까지 사람이 조작한 많은 경험 데이터가 축적되어 있을 수 있습니다. 대화 시스템에서는 사람들이 주고받은 대화 이력을 쉽게 수집할 수 있습니다(챗봇 같은 대화 시스템을 강화 학습으로 구현하는 연구는 많습니다). 이러한 과거 경험 데이터, 즉 '오프라인 데이터'를 활용해서도 에이전트를 학습시킬 수 있습니다. 나아가 환경과 상호작용을 전혀 하지 않고도 오프라인 데이터만으로 최적의 정책을 추정하는 것도 생각할 수 있습니다. 이것이 바로 **오프라인 강화 학습**offline reinforcement learning입니다.

그림 10-16 일반적인 강화 학습과 오프라인 강화 학습

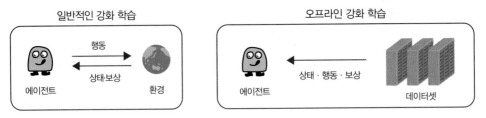

왼쪽 그림과 같이 일반적인 강화 학습은 에이전트와 환경이 상호작용합니다('온라인' 강화 학습). 반면 오른쪽의 오프라인 강화 학습은 지금까지 수집된 경험 데이터(오프라인 데이터셋)만으로 학습합니다. 오프라인 강화 학습은 실제 환경과의 상호작용이 일어나지 않는 것이 특징입니다.

> **NOTE_** 오프라인 강화 학습은 오프–정책 기법과 관련이 있습니다. 오프–정책은 '행동 정책'을 통해 경험 데이터를 수집하고, 그 경험 데이터를 이용해 '대상 정책'을 갱신합니다. 그러므로 오프–정책 기법을 활용하여 오프라인 강화 학습을 구현할 수 있습니다. 다만 일반적인 오프–정책 기법은 대상 정책에 준하는 행동 정책을 만들고 그 위에서 환경과 상호작용하면서 에이전트를 학습시킵니다(Q 러닝을 떠올려보세요). 반면, 오프라인 강화 학습은 환경과의 상호작용이 전혀 없이 오프라인 경험 데이터만으로 학습합니다.

오프라인 강화 학습에는 기술적으로 풀어야 할 숙제가 몇 가지 있습니다. 예를 들어 오프라인 데이터셋만으로 어떻게 정책을 평가하고 개선할 것인가 하는 숙제를 풀어야 합니다. 물론 오프-정책 기법에서 설명한 방법도 활용할 수 있습니다(중요도 샘플링 등). 그 외에도 다양한 기법이 제안되어 현재 활발히 연구 중입니다.[48]

모방 학습

인간은 숙련된 전문가에게서 배우는 일이 많습니다. 예를 들어 야구 선수를 꿈꾸는 소년은 프로 선수가 배트를 휘두르는 모습을 흉내 내기 위해 연습합니다. 이와 마찬가지로 전문가의 동작을 모방하도록 정책을 학습하는 방법을 생각할 수 있습니다. 이것이 바로 **모방 학습**imitation learning입니다. 모방 학습에서는 전문가의 시연을 참고하여 그 동작을 모방하는 것을 목표로 정책을 학습합니다.

모방 학습에도 다양한 기법이 제안되고 있습니다. 예를 들어 「Deep Q-Learning from Demonstrations」 논문[49]에서는 인간 전문가가 아타리를 플레이하는 모습을 모방합니다. 구체적으로는 전문가의 플레이에서 얻은 '상태, 행동, 보상'의 시계열 데이터(전문가 데이터)를 DQN의 경험 재생 버퍼에 추가하고 그 위에서 DQN으로 학습을 수행합니다. 경험 재생 버퍼에서 전문가 데이터가 선택될 확률을 높이고 동시에 전문가 데이터에 가까워지도록 DQN의 갱신식을 조정하는 것이죠. 이런 식으로 전문가 데이터에 가깝게 행동하는 DQN을 구현할 수 있습니다.

10.5.2 MDP로 공식화하기 위한 팁

강화 학습의 많은 이론은 마르코프 결정 과정Markov Decision Process(MDP)을 전제로 합니다. 이 책에서는 강화 학습 문제가 MDP로 주어진다고 전제하고 그 위에서 다양한 알고리즘을 탐구했습니다. 하지만 실제 문제를 강화 학습으로 풀려면 우선 문제를 MDP 형식에 맞는 공식으로 표현할 수 있어야 합니다. 그리고 MDP로 어떻게 공식화하느냐가 최종 결과에 큰 영향을 줍니다. 이번 절에서는 강화 학습 문제를 MDP로 공식화할 때 고려할 점들을 이야기합니다.

MDP가 지닌 유연성

현실에 존재하는 모든 문제를 MDP라는 문제 형식에 맞출 수는 없습니다. 하지만 놀랍도록 많은 문제가 MDP로 공식화할 수 있다고 알려져 있습니다. MDP는 환경과 에이전트가 '상태, 행동, 보상'이라는 세 가지 정보를 서로 '던져주는' 구조입니다. 이때 어떤 센서를 사용할지, 행동을 어떻게 제어할지, 보상을 어떻게 설정할지 등 세부 정보는 문제에 따라 유연하게 결정할 수 있습니다. 이러한 유연성 덕분에 MDP를 적용할 수 있는 범위는 생각보다 넓습니다.

또한 에이전트의 행동은 고차원적인 것부터 저차원적인 것까지 생각할 수 있습니다. 예를 들어 로봇 제어 문제에서는 '쓰레기 버리기'나 '충전하기' 같은 행동을 고차원적인 결정이라고 생각할 수 있습니다. 한편 '모터에 x볼트 전류를 흘려보내기'와 같은 행동은 저차원적인 결정이라고 할 수 있습니다. 상태도 마찬가지로 높은 수준부터 낮은 수준까지 다양한 관점에서 생각할 수 있습니다.

시간(타임 스텝)의 단위도 에이전트가 결정하는 시점에 따라 다르게 설정할 수 있습니다. 예를 들어 단계 하나는 1밀리초가 될 수도 있고, 1분이 될 수도, 1시간이나 하루, 심지어 한 달이 될 수도 있습니다. 이처럼 문제에 따라 상태, 행동, 시간 단위를 유연하게 바꿀 수 있기 때문에 MDP의 적용 범위가 그만큼 넓어집니다.

MDP에서 설정이 필요한 사항

현실의 문제를 해결하려면 어떻게 MDP로 공식화하느냐가 관건입니다. 새로운 문제를 MDP로 공식화하려면 다음과 같은 사항들을 결정해야 합니다.

- 해결하고자 하는 문제는 일회성 과제인가, 아니면 지속적 과제인가?
- 보상의 가치는? (보상 함수 설정)
- 에이전트가 취할 수 있는 행동은 무엇인가?
- 환경의 상태를 무엇으로 규정할 것인가?
- 수익의 할인율은?
- 어디까지를 환경으로, 어디까지를 에이전트로 할 것인가?

이 사항들은 문제에 따라 자연스럽게 결정되는 경우도 있고 설정하기 어려운 경우도 있습니다. 예를 들어 바둑과 같은 보드 게임은 간단합니다. 일회성 과제이고 보상은 최종적으로 이기면 1,

지면 −1, 그 외의 수에는 0으로 설정할 수 있습니다. 에이전트가 취하는 행동은 '돌을 어디에 둘 것인가'가 됩니다. 환경의 상태는 바둑판 위의 돌 배치가 될 것입니다.

한편, 에이전트와 환경의 경계를 나누기가 의외로 어려운 경우가 있습니다. 일반적으로는 원하는 대로 제어할 수 있는 대상을 에이전트로 간주합니다. 로봇 팔을 조작하는 문제를 생각해봅시다. 로봇 팔에는 관절마다 모터가 달려 있고 모터에 흐르는 전류(혹은 전압)를 자유롭게 제어할 수 있습니다. 반면, 손이나 발과 같은 물리적 부분(하드웨어)은 마음대로 제어하기 어렵습니다. 그래서 하드웨어는 에이전트의 외부, 즉 환경으로 설정하는 게 좋습니다. 이처럼 모든 요소를 마음대로 제어할 수 있는 대상을 에이전트로 규정하는 것이 일반적입니다.

> NOTE_ 강화 학습으로 현실 세계의 문제에 도전하다 보면, 보상 함수 설계가 문제 해결의 열쇠가 되는 경우가 많습니다. 그래서 실무에서는 현재 보상 함수의 설계와 학습된 정책의 결과를 관찰하면서 보상 함수를 반복해서 재설계하곤 합니다.

공식화를 잘하기 위한 팁

MDP로 멋지게 공식화하는 방법은 과학보다는 예술에 가까운 측면이 있습니다. 이론도 중요하지만 경험과 직관이 큰 도움이 되는 이유입니다. 그래서 특히 강화 학습 분야에서 유명한 기존 연구를 많이 살펴보라고 강력히 권합니다. 논문을 읽을 때 어떻게 MDP로 공식화했는지를 주의 깊게 살펴보세요. 그러면 멋지게 공식화하는 힌트를 많이 얻을 것입니다.

10.5.3 범용 인공지능 시스템

인공지능 분야는 빠르게 발전하고 있습니다. 밤낮으로 다양한 시스템이 개발되어 큰 성과를 거두고 있죠. 하지만 거의 모든 시스템이 특정한 작업에 국한된 것도 사실입니다. 이미지를 인식하고, 바둑을 두고, 자동차를 운전하는 등의 시스템은 그 작업에만 특화되어 개발되고 있습니다. 반면 우리 인간은 수많은 일을 할 줄 압니다. 주변 환경을 인식하고, 언어를 이해하고, 자동차를 운전하고, 바둑을 둘 수 있습니다. 마치 인간처럼 다방면으로 활용할 수 있는 인공지능을 **범용 인공지능**^{Artificial General Intelligence}(AGI)이라고 합니다.

강화 학습은 범용 인공지능을 실현하기 위한, 적어도 이에 근접하기 위한 핵심 분야라고 믿는 연구자가 많습니다. 예를 들어 딥마인드[DeepMind] 연구진이 발표한 「Reward is Enough」 논문 [50]에서는 "지능 혹은 지능과 관련한 능력은 보상 총합의 극대화만으로 충분히 이해할 수 있다"라는 가설을 논의합니다. 나아가 보상 총합의 극대화를 목표로 하는 강화 학습 기술로 범용 인공지능을 실현할 가능성을 언급하고 있습니다.

우리는 이 책을 통해 강화 학습이 무엇인지 알아봤습니다. 강화 학습은 보상 총합을 극대화한다는 목표를 향해, 환경과의 상호작용 속에서 에이전트가 정책을 학습합니다. '보상 총합 극대화'라는 목적만 있다면 어쩌면 지적 능력을 갖추기에 충분할지도 모릅니다. 그리고 강화 학습을 활용한 기법이 향후 범용 인공지능을 구현해 낼지도 모릅니다. 물론 아직까지는 가설일 뿐이라서 현재로서는 답을 알 수 없습니다. 하지만 이런 관점이 있다는 사실을 아는 것만으로도 세상을 바라보는 시야가 넓어지지 않을까 생각합니다.

10.6 정리

이번 장에서는 심층 강화 학습 알고리즘들을 어떻게 분류할 수 있는지 알아보았습니다. 그런 다음 발전된 심층 강화 학습 알고리즘의 예로 정책 경사법 계열과 DQN 계열의 유명한 알고리즘들을 살펴봤습니다. 또한 심층 강화 학습에서 중요한 연구 사례들을 몇 가지 소개했습니다. 이 사례들만 보더라도 딥러닝의 영향력이 얼마나 큰지 실감할 수 있으리라 생각합니다.

지금까지 강화 학습에 대해 많은 것을 배웠습니다. 이 책의 전반부에서는 강화 학습의 기초를 배웠고 후반부에서는 현재 통용되는 심층 강화 학습 기술들을 배웠습니다. 최첨단 심층 강화 학습들도 옛날부터 쌓아온 기초 위에 세워졌습니다. 그래서 이 책에서 지금까지 익힌 지식은 여러분이 한층 진보한 심층 강화 학습의 세계로 나아가는 데 훌륭한 밑거름이 되어줄 것입니다.

강화 학습의 근간을 이루는 기술은 크게 변하지 않았습니다. 하루가 다르게 발전하는 인공지능 세계에서 이런 '변하지 않는 지식'을 여러분께 전할 수 있다면 저자로서 그보다 더 큰 행복은 없을 것입니다. 지금까지 이 책을 읽어주셔서 감사합니다.

오프–정책 몬테카를로법

오프–정책 몬테카를로법에 대해 알아봅시다. 이론을 먼저 설명하고 이어서 오프–정책 몬테카를로법으로 '3×4 그리드 월드' 문제를 푸는 코드를 구현하겠습니다. 이번 부록은 5장과 이어지는 내용입니다.

A.1 오프–정책 몬테카를로법 이론

'온–정책' 방식의 몬테카를로법이 무엇인지부터 다시 정리해보죠. 이번 절의 목표는 다음 식으로 정의되는 Q 함수를 몬테카를로법으로 근사하는 것입니다.

$$q_\pi(s,a) = \mathbb{E}_\pi[G \,|\, s,a]$$

$q_\pi(s,a)$는 상태 s, 행동 a에서 시작하여 이후 정책 π에 따라 행동했을 때 얻는 수익 G의 기댓값입니다. 몬테카를로법을 이용해 Q 함수를 근사하려면 정책 π에 따라 행동하고 거기서 얻은 수익의 평균을 구하면 됩니다, 예를 들어 수익 샘플 데이터를 n개 얻었다면 다음과 같이 근사할 수 있습니다.

$$\text{샘플링}: G^{(i)} \sim \pi \quad (i = 1, 2, \cdots, n)$$

$$Q_\pi(s,a) = \frac{G^{(1)} + G^{(2)} + \cdots + G^{(n)}}{n}$$

이어서 '오프-정책' 몬테카를로법을 생각해봅시다. 중요도 샘플링을 이용하면 Q 함수를 다음 식으로 표현할 수 있습니다.

$$q_\pi(s,a) = \mathbb{E}_b[\rho G \mid s,a]$$

[식 A.1]

여기서 중요한 점은 다음 두 가지입니다.

- 정책 b를 따를 때의 기댓값으로 표현 ($\mathbb{E}_b[\cdots]$)
- 두 정책(확률 분포)의 차이를 메우기 위해 '가중치' 추가

가중치 ρ는 '정책 π를 가정했을 때 수익 G를 얻을 확률'과 '정책 b를 가정했을 때 수익 G를 얻을 확률'의 비율입니다. 이제 [식 A.1]을 다음과 같이 몬테카를로법으로 근사합니다.

$$\text{샘플링}: G^{(i)} \sim b \quad (i = 1, 2, \cdots, n)$$
$$Q_\pi(s,a) = \frac{\rho^{(1)} G^{(1)} + \rho^{(2)} G^{(2)} + \cdots + \rho^{(n)} G^{(n)}}{n}$$

i번째 수익 $G^{(i)}$의 가중치를 $\rho^{(i)}$로 표기했습니다. 이 식과 같이 에이전트는 행동 정책 b에 따라 행동하고, 거기서 얻은 샘플 데이터들에 가중치 ρ를 부여한 평균을 구합니다.

다음으로 가중치 ρ를 구하는 방법을 알아보겠습니다. 정책 b에 의해 다음과 같은 시계열 데이터를 얻는다고 해보죠.

그림 A-1 상태 $S_t = s$, 행동 $A_t = a$에서 시작하여 정책 b에 의해 얻어진 시계열 데이터의 예

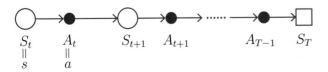

[그림 A-1]의 시계열 데이터를 trajectory (궤적)라고 합니다. 즉, trajectory는 다음 식으로 정의됩니다.

$$\text{trajectory} = S_t, A_t, S_{t+1}, A_{t+1}, \cdots, A_{T-1}, S_T$$

그러면 가중치 ρ는 다음처럼 표현할 수 있습니다.

$$\rho = \frac{\Pr(\text{trajectory} \mid \pi)}{\Pr(\text{trajectory} \mid b)}$$

여기서 $\Pr$은 확률을 뜻합니다. 그래서 $\Pr(\text{trajectory} \mid \pi)$는 정책이 π일 때 trajectory가 얻어질 확률을 뜻하고, $\Pr(\text{trajectory} \mid b)$는 정책이 b일 때 trajectory를 얻을 확률을 뜻합니다.

$\Pr(\text{trajectory} \mid b)$는 마르코프 결정 과정을 고려하면 더 간단하게 표현할 수 있습니다. 마르코프 결정 과정에서는 환경의 다음 상태와 에이전트의 행동이 한 단계 이전의 상태(와 행동)에만 의존하여 결정됩니다. 그림으로 표현하면 다음과 같습니다.

그림 A-2 상태 전이 확률 $p(s'|s, a)$와 정책 $b(a|s)$의 관계

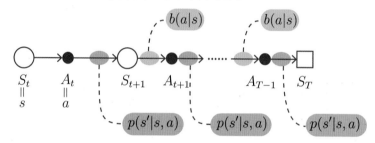

그림과 같이 상태 s와 행동 a가 주어지면, 환경의 상태 전이 확률 $p(s'|s, a)$에 의해 다음 상태가 결정됩니다. 그리고 상태 s가 주어지면 에이전트의 정책 $b(a|s)$에 의해 다음 행동 a가 결정됩니다. 따라서 $\Pr(\text{trajectory} \mid b)$는 다음 식으로 표현됩니다.

$$\Pr(\text{trajectory} \mid b) = p(S_{t+1} \mid S_t, A_t) b(A_{t+1} \mid S_{t+1}) \cdots p(S_T \mid S_{T-1}, A_{T-1}) \quad \text{[식 A.2]}$$

이 식은 정책이 b일 때 trajectory라는 샘플 데이터를 얻을 확률입니다. 이와 같은 원리로 정책 π에 대해서는 다음 식을 얻을 수 있습니다.

$$\Pr(\text{trajectory} \mid \pi) = p(S_{t+1} \mid S_t, A_t) \pi(A_{t+1} \mid S_{t+1}) \cdots p(S_T \mid S_{T-1}, A_{T-1}) \quad \text{[식 A.3]}$$

가중치 ρ는 [식 A.2]와 [식 A.3]의 비율입니다. 그런데 환경의 상태 전이 확률 $p(s'|s,a)$가 두 식 모두에 등장합니다. 각각이 분모와 분자로 쓰이니 상쇄시키면 ρ의 식을 다음처럼 표현할 수 있습니다.

$$\rho = \frac{\Pr(\text{trajectory}\,|\,\pi)}{\Pr(\text{trajectory}\,|\,b)} = \frac{\pi(A_{t+1}\,|\,S_{t+1})}{b(A_{t+1}\,|\,S_{t+1})} \cdots \frac{\pi(A_{T-1}\,|\,S_{T-1})}{b(A_{T-1}\,|\,S_{T-1})} \qquad \text{[식 A.4]}$$

[식 A.4]와 같이 가중치 ρ는 정책만의 비율로 구할 수 있습니다. 이상이 오프-정책 몬테카를로 법입니다. 알고리즘의 절차를 정리하면 다음과 같습니다.

1 행동 정책 b로 샘플링한다(시계열 데이터의 trajectory를 얻는다).
2 얻은 trajectory에서 수익 G를 계산한다.
3 [식 A.4]에 따라 가중치 ρ를 계산한다.
4 1~3을 여러 번 반복하여 ρG의 평균을 구한다.

A.2 오프-정책 몬테카를로법 구현

이제 구현으로 넘어가겠습니다. 먼저 가중치 ρ를 효율적으로 구현하는 방법을 알아보겠습니다. 방법은 5.2.3절에서 설명한 것과 같습니다. 다음 그림을 보죠.

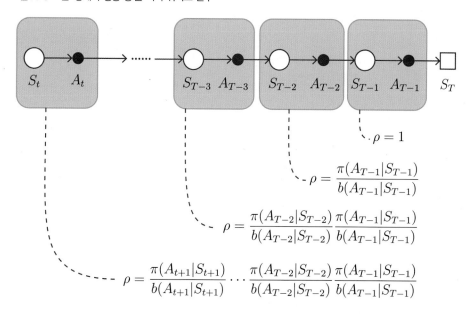

[그림 A-3]은 상태와 행동의 쌍 (S_t, A_t)를 시작 위치로 삼았을 때의 결과입니다. 이때 중간에 등장하는 상태와 행동 쌍 데이터들도 각각을 시작 위치로 해서 얻은 샘플 데이터로 간주할 수 있습니다. 따라서 가중치 ρ를 구할 때 왼쪽부터 계산하기보다는, 오른쪽 끝(목표)에서 출발하여 왼쪽으로 갱신하는 편이 효율적입니다. 좀 더 구체적으로 알아보겠습니다.

먼저 ρ의 초깃값을 1로 설정합니다. 그러면 $Q_\pi(S_{T-1}, A_{T-1})$의 가중치 ρ는 1이 됩니다. 다음으로 $Q_\pi(S_{T-2}, A_{T-2})$의 가중치 ρ를 다음과 같이 갱신합니다.

$$\rho \leftarrow \frac{\pi(A_{T-1} \mid S_{T-1})}{b(A_{T-1} \mid S_{T-1})} \times \rho$$

같은 방법으로 $Q_\pi(S_{T-3}, A_{T-3})$의 가중치는 다음과 같이 갱신합니다.

$$\rho \leftarrow \frac{\pi(A_{T-2} \mid S_{T-2})}{b(A_{T-2} \mid S_{T-2})} \times \rho$$

이처럼 목표에서 시작하여 역방향으로 가중치를 갱신하면 효율적으로 계산할 수 있습니다.

이어서 오프–정책 몬테카를로법으로 정책을 제어하는 에이전트를 코드로 구현하겠습니다.

```python
import numpy as np
from common.gridworld import GridWorld
from common.utils import greedy_probs


class McOffPolicyAgent:
    def __init__(self):
        self.gamma = 0.9
        self.epsilon = 0.1
        self.alpha = 0.2
        self.action_size = 4

        random_actions = {0: 0.25, 1: 0.25, 2: 0.25, 3: 0.25}
        self.pi = defaultdict(lambda: random_actions)
        self.b = defaultdict(lambda: random_actions)  # ❶ 행동 정책 초기화
        self.Q = defaultdict(lambda: 0)
        self.memory = []

    def get_action(self, state):
        action_probs = self.b[state]  # ❷ 행동 정책에서 행동 추출
        actions = list(action_probs.keys())
        probs = list(action_probs.values())
        return np.random.choice(actions, p=probs)

    def add(self, state, action, reward):
        data = (state, action, reward)
        self.memory.append(data)

    def reset(self):
        self.memory.clear()

    def update(self):
        G = 0
        rho = 1

        for data in reversed(self.memory):
            state, action, reward = data
            key = (state, action)

            # ❸ 샘플 데이터로 Q 함수 갱신
            G = self.gamma * rho * G + reward
            self.Q[key] += (G - self.Q[key]) * self.alpha
```

```
rho *= self.pi[state][action] / self.b[state][action]

# ❹ pi는 탐욕 정책, b는 ε-탐욕 정책으로 갱신
self.pi[state] = greedy_probs(self.Q, state, epsilon=0)
self.b[state] = greedy_probs(self.Q, state, self.epsilon)
```

이 코드는 5.4절에서 구현한 McAgent 클래스와 거의 같습니다. 따라서 다른 점을 중심으로 설명하겠습니다.

먼저 ❶에서 b라는 이름의 행동 정책을 무작위 행동으로 초기화합니다. 이어서 ❷의 get_action() 메서드에서는 정책 b에 따라 결정한 행동을 가져옵니다.

❸에서는 중요도 샘플링의 가중치 rho를 사용하여 갱신하고 있습니다. 코드가 복잡해 보일 수 있지만 5.4절의 McAgent 클래스와 비교해보면 달라진 부분은 다음과 같이 아주 적습니다.

```
# 온-정책(5.4절 코드)
G = self.gamma * G + reward
self.Q[key] += (G - self.Q[key]) * self.alpha

# 오프-정책(현재 코드)
G = self.gamma * rho * G + reward
self.Q[key] += (G - self.Q[key]) * self.alpha
rho *= self.pi[state][action] / self.b[state][action]
```

샘플 데이터로 얻은 수익은 가중치 rho로 보정해야 합니다. 따라서 이와 같이 수익 G의 갱신에 rho를 사용합니다.

마지막으로 ❹에서 정책을 개선합니다. 행동 정책 b는 ε-탐욕 정책($\varepsilon = 0.1$)으로 갱신하고, 대상 정책 pi는 ε-탐욕 정책($\varepsilon = 0$)으로 갱신합니다. 대상 정책 pi에서는 $\varepsilon = 0$이므로 완전히 탐욕화시켰습니다.

> NOTE_ 행동 정책은 '탐색'이 목적이므로 모든 행동을 균등하게 선택하는 정책(무작위 정책)도 괜찮습니다. 하지만 여기서는 수익의 분산을 줄이기 위해 행동 정책 b를 ε-탐욕 정책으로 갱신했습니다. ε-탐욕 정책으로 갱신함으로써, 행동 정책 b를 대상 정책 pi의 확률 분포에 가깝게 만들면서 탐색을 수행할 수 있습니다. 두 확률 분포를 가깝게 만들면 분산이 작아진다는 사실은 5.5.3절에서 설명했습니다.

이제 McOffPolicyAgent 클래스를 사용하여 문제를 풀어봅시다. 결과는 다음과 같습니다.

그림 A-4 오프–정책 에이전트를 사용하여 얻은 결과

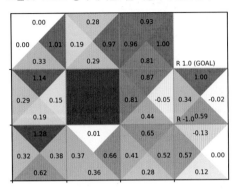

결과는 매번 달라지지만 대체로 좋은 결과를 얻을 수 있습니다. 참고로 [그림 A-4]의 정책은 최적 정책과 일치합니다.

> **CAUTION_** 이번에 살펴본 간단한 문제에서는 오프–정책 몬테카를로법이 잘 작동했습니다. 하지만 문제가 커지면 좋은 결과를 얻기가 어려워집니다. 샘플 데이터의 분산이 커지기 때문입니다. 그렇다면 분산이 커지는 이유는 무엇일까요? 문제가 커질수록 목표에 도달하기까지 더 많은 상태와 행동을 거쳐야 하기 때문입니다. 그만큼 중요도 샘플링에 의한 가중치 ρ의 분산이 커지는 것이죠. 이처럼 오프–정책 몬테카를로법은 정책 개선에 대량의 에피소드가 필요하고 계산에 시간이 오래 걸린다는 단점이 있습니다.

n단계 TD법

6장에서 설명한 TD법에서는 1단계 앞 정보만을 TD 목표로 이용했습니다. 그런데 2단계 앞, 3단계 앞 등, 더 오래전 정보까지 활용하도록 확장할 수 있습니다. 이것이 바로 'n단계 TD법'의 아이디어입니다.

다음은 가치 함수의 갱신식입니다.

$$V'_\pi(S_t) = V_\pi(S_t) + \alpha\left\{G_t^{(n)} - V_\pi(S_t)\right\}$$

여기서 TD 목표인 $G_t^{(n)}$은 n의 값에 따라 다음과 같이 값이 달라집니다.

$$n=1\text{일 때}\quad G_t^{(1)} = R_t + \gamma V_\pi(S_{t+1})$$

$$n=2\text{일 때}\quad G_t^{(2)} = R_t + \gamma R_{t+1} + \gamma^2 V_\pi(S_{t+2})$$

$$\cdots$$

$$n=\infty\text{일 때}\quad G_t^{(\infty)} = R_t + \gamma R_{t+1} + \gamma^2 R_{t+2} + \cdots$$

$n = 1$일 때는 6장에서 설명한 TD법이 됩니다. 그리고 $n = \infty$일 때는 목표에 도달했다는 뜻이며, 이는 곧 MC법에 해당합니다. 이처럼 n단계 TD법에서 $n = 1$과 $n = \infty$라는 양 극단은 각각 TD법과 MC법에 대응하며, 그 사이에 중간 단계들이 있다고 해석할 수 있습니다.

그렇다면 적절한 n값을 어떻게 선택해야 할까요? 물론 문제에 따라 최적의 n값은 달라집니다.

팁을 하나 드리자면, 최적의 n을 하나만 고르려고 하지 말고 n개의 TD 목표를 모두 사용하는 편이 좋습니다. 이렇게 하면 전체 TD 목표를 각 TD 목표의 '가중 합'으로 표현할 수 있습니다. 이를 TD(λ)라고 합니다('티 디 람다'로 발음). TD(λ)의 TD 목표는 다음 식으로 표현됩니다.

$$G_t^\lambda = (1-\lambda)G_t^{(1)} + (1-\lambda)\lambda G_t^{(2)} + \cdots + (1-\lambda)\lambda^{n-1}G_t^{(n)}$$

이 식과 같이 $G_t^{(1)}$부터 $G_t^{(n)}$까지, n개의 TD 목표를 모두 사용합니다. 그리고 n이 증가함에 따라 각 항의 가중치에 λ의 $(n-1)$ 제곱을 곱해줍니다(λ는 0에서 1 사이의 실수). 참고로 n $= \infty$일 때 이 식의 가중치들을 모두 더하면 1이 됩니다(다음 식 참고).

$$(1-\lambda) + (1-\lambda)\lambda + (1-\lambda)\lambda^2 + \cdots = (1-\lambda)(1+\lambda+\lambda^2+\cdots)$$
$$= (1-\lambda)\frac{1}{1-\lambda}$$
$$= 1$$

이상으로 n단계 TD법과 TD(λ)에 대해 알아보았습니다.

Double DQN 이해하기

8.4.1절에서 DQN의 TD 목표에 문제가 있음을 지적했습니다. 구체적으로는 TD 목표인 $R_t + \gamma \max_a Q_\theta(S_{t+1}, a)$의 $\max_a Q_\theta(S_{t+1}, a)$ 계산이 '과대적합'되는 문제입니다. 그렇다면 여기서 말하는 '과대적합'의 실체는 무엇이고, Double DQN에서는 이 문제를 어떻게 개선하는지 지금부터 알아봅시다(이번 부록의 설명은 Hatena의 블로그 글*을 참고했습니다).

C.1 DQN에서의 과대적합이란?

행동 후보가 네 개인 문제가 있고, 상태 s에서 Q 함수의 값이 모두 같다고 가정합시다. 즉, $q(s, a_0) = q(s, a_1) = q(s, a_2) = q(s, a_3) = 0$입니다. 이 경우 다음 식이 성립합니다.

$$\mathbb{E}[\max_a q(s, a)] = 0$$

이와 같이 Q 함수의 값이 모두 0이므로 기댓값 중 max 연산의 결과도 당연히 0입니다.

다음으로 '추정치'인 Q 함수를 사용하는 경우를 생각해봅시다. 추정치 Q 함수를 Q로 표기하고, 그 값에 정규분포에서 생성된 무작위 수가 노이즈로 포함되어 있다고 가정합니다. 그러면

---

* "DQNの進化史(DQN 진화의 역사) ② Double-DQN, Dueling-network, Noisy-network"
https://horomary.hatenablog.com/entry/2021/02/06/013412

다음 식이 성립합니다.

$$\mathbb{E}[\max_a Q(s,a)] > 0$$

즉, 실젯값(0)보다 크게 평가되어 버립니다. 이것이 바로 과대적합입니다.

이제 과대적합 현상을 실제 코드로 확인해봅시다.

```python
import numpy as np
import matplotlib.pyplot as plt

samples = 1000
action_size = 4
Qs = []

for _ in range(samples):
    # 정규분포에서 생성한 무작위 수를 노이즈로 추가
    Q = np.random.randn(action_size)
    Qs.append(Q.max())

# 히스토그램으로 시각화
plt.hist(Qs, bins=16)
plt.axvline(x=0, color='red')
plt.axvline(x=np.array(Qs).mean(), color='cyan')
plt.show()
```

Q 함수의 실제 기댓값은 0입니다. 그런데 지금은 추정치이기 때문에 노이즈를 추가했습니다. 노이즈는 정규분포(평균 0, 표준편차 1)에서 생성한 무작위 수(Q) 중 최댓값(Q.max())입니다. 총 1000개의 샘플을 수집하여 그 분포를 히스토그램으로 그리니 결과가 다음과 같았습니다.

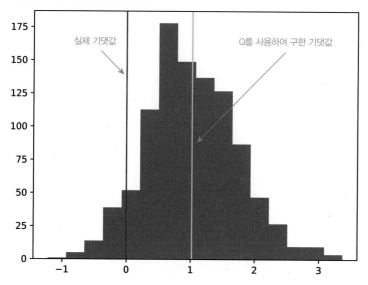
그림 C-1 Q.max()의 데이터 분포

그림과 같이 실제 기댓값 0에서 오른쪽으로 치우진, 즉 과대적합된 모습을 확인할 수 있습니다.

C.2 과대적합 해결 방법

다음으로 과대적합을 방지하는 Double DQN에 대해 알아보죠. Double이라는 단어에서 짐작할 수 있듯이 '두 개의 Q 함수'를 사용하는 게 핵심입니다. 먼저 코드를 살펴보겠습니다.

```python
import numpy as np
import matplotlib.pyplot as plt

samples = 1000
action_size = 4
Qs = []

for _ in range(samples):
    Q = np.random.randn(action_size)
    Q_prime = np.random.randn(action_size)  # 또 다른 Q 함수
    idx = np.argmax(Q)         # Q에서 최대 행동 선택
    Qs.append(Q_prime[idx])   # 선택된 행동에 대한 값을 Q_prime에서 구함
```

```
# 히스토그램으로 시각화
plt.hist(Qs, bins=16)
plt.axvline(x=0, color='red')
plt.axvline(x=np.array(Qs).mean(), color='cyan')
plt.show()
```

Q 함수를 두 개 사용한다는 점이 이전과 다릅니다(Q와 Q_prime). 두 Q 함수 모두 추정치이며 오차가 포함되어 있습니다. 그러나 오차는 서로 독립적입니다. 이 코드에서 Q 함수의 최댓값을 계산할 때 두 Q 함수를 다음과 같이 구분하여 사용했습니다.

- 최대 행동을 선택할 때는 Q를 이용
- 선택된 행동에 대한 값은 다른 Q_prime을 이용

이렇게 바꿨을 때 결과가 어떻게 달라지는지 봅시다.

그림 C-2 Double DQN 이용 시의 데이터 분포

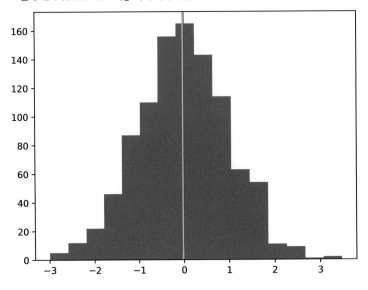

[그림 C-2]의 히스토그램은 0을 중심으로 분포하고 있습니다. 그리고 빨간 선과 하늘색 선이 겹쳐서 과대적합이 해소되었음을 알 수 있습니다. 이처럼 '행동 선택'과 '값 구하기'를 각각의 Q 함수로 구하면 과대적합을 방지할 수 있습니다.

이상으로 DQN의 과대적합 문제와 Double DQN을 통한 해법까지 알아보았습니다.

정책 경사법 증명

9장에서 소개한 수식을 증명해봅시다.

D.1 정책 경사법 도출

9.1절에서 설명했듯이 $J(\theta) = \mathbb{E}_{\tau \sim \pi_\theta}[G(\tau)]$일 경우 기울기는 [식 9.1]로 표현됩니다.

$$\nabla_\theta J(\theta) = \mathbb{E}_{\tau \sim \pi_\theta}\left[\sum_{t=0}^{T} G(\tau)\nabla_\theta \log\pi_\theta(A_t \mid S_t)\right]$$

[식 9.1]

그러면 [식 9.1]을 도출해보겠습니다.

먼저 기호를 확인합시다. 정책을 π_θ라고 했을 때 궤적 τ를 얻을 수 있는 확률을 $\Pr(\tau \mid \theta)$로 표현합시다. 그러면 $\nabla_\theta J(\theta)$를 수식으로 다음처럼 전개할 수 있습니다.

$$\nabla_\theta J(\theta) = \nabla_\theta \mathbb{E}_{\tau \sim \pi_\theta}[G(\tau)]$$

$$= \nabla_\theta \sum_\tau \Pr(\tau \mid \theta) G(\tau) \qquad \text{(기댓값 확장)}$$

$$= \sum_\tau \nabla_\theta (\Pr(\tau \mid \theta) G(\tau)) \qquad (\nabla_\theta \text{를} \sum \text{안으로 이동})$$

$$= \sum_\tau \{G(\tau) \nabla_\theta \Pr(\tau \mid \theta) + \Pr(\tau \mid \theta) \nabla_\theta G(\tau)\} \qquad \text{(곱의 미분)}$$

$$= \sum_\tau G(\tau) \nabla_\theta \Pr(\tau \mid \theta) \qquad (\nabla_\theta G(\tau) \text{는 항상 0})$$

$$= \sum_\tau G(\tau) \Pr(\tau \mid \theta) \frac{\nabla_\theta \Pr(\tau \mid \theta)}{\Pr(\tau \mid \theta)} \qquad \left(\text{곱하기} \frac{\Pr(\tau \mid \theta)}{\Pr(\tau \mid \theta)}\right)$$

$$= \sum_\tau G(\tau) \Pr(\tau \mid \theta) \nabla_\theta \log \Pr(\tau \mid \theta) \qquad \text{(로그-기울기 트릭)}$$

$$= \mathbb{E}_{\tau \sim \pi_\theta}[G(\tau) \nabla_\theta \log \Pr(\tau \mid \theta)] \qquad \text{[식 D.1]}$$

수식의 오른쪽 설명을 참고하여 하나하나 따라가봅시다. 미분을 알고 있다면 특별히 어려운 점은 없을 것입니다. 다만 '로그-기울기 트릭'은 생소할 테니 설명해보겠습니다. 이 트릭은 다음 관계를 이용합니다.

$$\nabla_\theta \log \Pr(\tau \mid \theta) = \frac{\nabla_\theta \Pr(\tau \mid \theta)}{\Pr(\tau \mid \theta)}$$

log의 기울기를 구하는 식일 뿐이지만 이 식을 통해 $\nabla_\theta \Pr(\tau \mid \theta)$와 $\Pr(\tau \mid \theta) \nabla_\theta \log \Pr(\tau \mid \theta)$를 '바꿔치기'할 수 있음을 알 수 있습니다. 이를 **로그-기울기 트릭**^{log-gradient trick} 혹은 **로그-파생 트릭**^{log-derivative trick}이라고 하며, 머신러닝에서 자주 쓰이는 식 변형입니다.

이어서 [식 D.1]을 더욱 확장하기 위해 다음 관계를 이용합니다.

$$\Pr(\tau \mid \theta) = p(S_0) \pi_\theta(A_0 \mid S_0) p(S_1 \mid S_0, A_0) \cdots \pi_\theta(A_T \mid S_T) p(S_{T+1} \mid S_T, A_T)$$

$$= p(S_0) \prod_{t=0}^{T} \pi_\theta(A_t \mid S_t) p(S_{t+1} \mid S_t, A_t)$$

$p(S_0)$은 초기 상태 S_0의 확률입니다. 이 식과 같이 궤적 τ를 얻을 확률은 초기 상태의 확률, 정책, 그리고 다음 상태의 전이 확률의 곱으로 (분해하여) 표현됩니다. 또한 $\log \Pr(\tau \mid \theta)$는

다음과 같이 나타낼 수 있습니다.

$$\log \Pr(\tau \mid \theta) = \log p(S_0) + \sum_{t=0}^{T} \log p(S_{t+1} \mid S_t, A_t) + \sum_{t=0}^{T} \log \pi_\theta(A_t \mid S_t)$$

$\log xy = \log x + \log y$ 이므로, 이 식처럼 더하기로 표현할 수 있습니다. 그리고 이 식으로부터 $\nabla_\theta \log \Pr(\tau \mid \theta)$는 다음과 같이 구할 수 있습니다.

$$\nabla_\theta \log \Pr(\tau \mid \theta) = \nabla_\theta \left\{ \log p(S_0) + \sum_{t=0}^{T} \log p(S_{t+1} \mid S_t, A_t) + \sum_{t=0}^{T} \log \pi_\theta(A_t \mid S_t) \right\}$$

$$= \nabla_\theta \sum_{t=0}^{T} \log \pi_\theta(A_t \mid S_t)$$

∇_θ는 θ에 대한 기울기입니다. θ와 관계없는 원소의 기울기인 $\nabla_\theta \log p(S_0)$과 $\nabla_\theta \sum_{t=0}^{T} \log p(S_{t+1} \mid S_t, A_t)$는 결국 0이 되니, 지금까지의 식에서 다음 식을 얻을 수 있습니다.

$$\nabla_\theta J(\theta) = \mathbb{E}_{\tau \sim \pi_\theta} [G(\tau) \nabla_\theta \log \Pr(\tau \mid \theta)] \qquad \text{[식 D.1]}$$

$$= \mathbb{E}_{\tau \sim \pi_\theta} \left[\sum_{t=0}^{T} G(\tau) \nabla_\theta \log \pi_\theta(A_t \mid S_t) \right] \qquad \text{[식 9.1]}$$

이것으로 $\nabla_\theta J(\theta)$의 도출이 모두 끝났습니다.

D.2 베이스라인 도출

9.3절에서는 다음의 식 변형을 보여주었습니다.

$$\nabla_\theta J(\theta) = \mathbb{E}_{\tau \sim \pi_\theta} \left[\sum_{t=0}^{T} G_t \nabla_\theta \log \pi_\theta(A_t \mid S_t) \right] \qquad \text{[식 9.3]}$$

$$= \mathbb{E}_{\tau \sim \pi_\theta} \left[\sum_{t=0}^{T} (G_t - b(S_t)) \nabla_\theta \log \pi_\theta(A_t \mid S_t) \right] \qquad \text{[식 9.4]}$$

[식 9.4]와 같이 G_t 대신 $G_t - b(S_t)$를 사용할 수 있습니다. 여기서 $b(S_t)$는 임의의 함수이며 '베이스라인'이라고 합니다. 이번 절에서는 [식 9.4]를 도출해보겠습니다.

먼저 다음 식이 성립함을 증명합니다.

$$\mathbb{E}_{x \sim P_\theta}[\nabla_\theta \log P_\theta(x)] = 0 \qquad \text{[식 D.2]}$$

확률 변수 x가 확률 분포 $P_\theta(x)$로부터 생성된다고 가정하죠. $P_\theta(x)$는 매개변수 θ에 따라 확률 분포의 형태가 달라집니다. 그러면 다음 식이 성립합니다.

$$\sum_x P_\theta(x) = 1$$

$P_\theta(x)$는 확률 분포이므로 모든 x의 값을 더하면 1입니다. 다음으로 이 식의 기울기를 구합니다.

$$\nabla_\theta \sum_x P_\theta(x) = \nabla_\theta 1 = 0$$

이어서 '로그-기울기 트릭'을 이용하여 식을 다음처럼 전개합니다.

$$
\begin{aligned}
0 &= \nabla_\theta \sum_x P_\theta(x) \\
&= \sum_x \nabla_\theta P_\theta(x) \\
&= \sum_x P_\theta(x) \nabla_\theta \log P_\theta(x) \\
&= \mathbb{E}_{x \sim P_\theta}[\nabla_\theta \log P_\theta(x)]
\end{aligned}
$$

이로써 [식 D.2]가 증명되었습니다.

다음으로 [식 D.2]를 우리 문제에 적용해봅시다. 구체적으로 [식 D.2]의 x 대신 행동 A_t를 사용하고, $P_\theta(\cdot)$ 대신 정책 $\pi_\theta(\cdot \mid S_t)$를 사용합니다. 그러면 다음 식을 얻을 수 있습니다.

$$\mathbb{E}_{A_t \sim \pi_\theta}[\nabla_\theta \log \pi_\theta(A_t \mid S_t)] = 0 \qquad \text{[식 D.3]}$$

[식 D.3]은 행동 A_t에 대한 기댓값입니다. 따라서 다음 식과 같이 임의의 함수 $b(S_t)$를 기댓값 안에 넣어도 등식이 성립합니다.

$$\mathbb{E}_{A_t \sim \pi_\theta}[b(S_t) \nabla_\theta \log \pi_\theta(A_t \mid S_t)] = 0 \qquad \text{[식 D.4]}$$

$b(S_t)$는 S_t를 인수로 받는 함수이며, A_t가 바뀌어도 항상 똑같은 값입니다.

> **CAUTION_** 수익 G_t는 행동 A_t에 따라 달라지므로 다음 식은 성립하지 않습니다.
>
> $$\mathbb{E}_{A_t \sim \pi_\theta}[G_t \nabla_\theta \log \pi_\theta(A_t \mid S_t)] = 0$$

[식 D.4]는 $t = 0 \sim T$ 모두에서 성립합니다. 이로부터 다음 식을 얻을 수 있습니다.

$$\mathbb{E}_{\tau \sim \pi_\theta}\left[\sum_{t=0}^{T} b(S_t) \nabla_\theta \log \pi_\theta(A_t \mid S_t)\right] = 0$$

이상으로 [식 9.4]가 성립함을 알 수 있습니다.

마치며

포스가 함께 하기를 – 영화 〈스타워즈〉 중에서

2016년에 『밑바닥부터 시작하는 딥러닝』 시리즈의 첫 책을 출간하고서 (기회가 된다면) 다음 책은 '강화 학습'을 주제로 쓰고 싶다고 생각했습니다. 당시에는 비디오 게임을 플레이하는 DQN, 바둑에서 세계 챔피언을 꺾은 알파고 등이 주목받고 있었고 저 역시 딥러닝에 매료되어 있었지요. 제가 강화 학습을 진지하게 생각한 것은 그때가 처음이었지만 곧바로 큰 가능성을 느꼈습니다. 환경과의 '상호작용'을 통해 시행착오를 겪으며 학습한다는 강화 학습의 메커니즘이 진짜 다재다능한 기술이라고 느껴졌기 때문입니다.

강화 학습을 본격적으로 공부한 지 얼마 지나지 않아 책을 쓸 수준까지 도달하기에는 시간이 더 필요함을 깨달았습니다. 그리고 이것저것 생각하다가 다음 책은 1편의 내용을 발전시켜서 시계열 데이터를 다룰 수 있도록 하는 방향으로 진행하기로 했습니다. 구체적으로는 RNN과 LSTM 그리고 당시 주목받기 시작한 Attention을 이해하는 것을 목표로 시리즈 2편을 쓰기로 했습니다. 여담이지만 2편의 주제는 원래 자연어 처리가 아니었습니다. 집필이 중반에 접어든 어느 날, 자연어 처리를 주제로 하면 책 전체를 하나의 이야기로 엮을 수 있고 중요한 기술을 일관되게 배울 수 있겠다는 생각이 들었습니다. 그날 밤 편집자에게 "다음 책은 딥러닝의 자연어 처리 편으로 가고 싶다"라고 설레는 마음으로 메일을 보낸 기억이 아직도 생생합니다.

2편 집필도 무사히 마치고 2018년이 지나갈 무렵, 다음에야말로 '강화 학습' 책을 쓰고자 준비를 시작했습니다. 하지만 인생은 계획대로 흘러가지 않는 법. 우연한 기회에 딥러닝 프레임워크인 Chainer의 개발자 도쿠이 씨를 포함하여 Preferred Networks의 멤버들과 담소를 나누고 있었는데, 다음에는 좀 더 본격적인 딥러닝 프레임워크를 만드는 것도 나쁘지 않겠다는 생각이 들었습니다. 그래서 3편은 '프레임워크 편'으로 집필하기로 했습니다. 역시 여담이지만 Chainer는 시대를 앞서가는 프로젝트였습니다. 핵심 코드가 단순하고 아름다웠고 기능도 우수했습니다. 교육적인 측면에서도, 예컨대 알고리즘과 데이터 구조, 테스트 방법 등을 배울 수 있는 좋은 소재가 되었습니다. 안타깝게도 Chainer 개발은 끝이 났지만 그 사상을 책으로 남겼다는 데서 저는 작은 자부심을 느낍니다.

강화 학습 책을 쓰려고 마음먹은 후 많은 시간이 흘렀습니다. 그때에 비해 조금은 지식도 쌓이고 제 언어로 강화 학습을 이야기할 수 있게 되었다고 생각합니다(아직 배울 게 많고 여전히 공부하는 중이라는 점은 변함없지만요). 강화 학습 분야는 이론이 난해하여 처음에는 이해할 수 없는 부분이 많았습니다. 그것들을 이해하기 위해 (지금 생각하면) 먼 길을 돌아오느라 오랜 시간이 흘렀습니다. 하지만 좋은 경험이었습니다. 무엇보다 지난 몇 년 동안 강화 학습의 재미를 몸소 체험할 수 있어서 정말 행복했습니다. 그 재미를 한 명이라도 더 많은 독자와 나눌 수 있다면 좋겠습니다.

『밑바닥부터 시작하는 딥러닝』 시리즈도 어느덧 네 번째입니다. 하나의 기술서가 시리즈로서 여기까지 온 것은 분명 많은 분의 도움이 있었기에 가능했습니다. 이 분야를 개척해온 연구자와 개발자들이 없었다면 이 책도 없었을 것입니다. 그리고 이 책을 출간하는 데 참여한 분들, 이 책을 손에 쥐어준 독자 여러분이 있었기에 이 책이 존재할 수 있었습니다.

4th(포스)에 도달할 수 있게 해주셔서 고맙습니다. 포스가 함께 하기를…

사이토 고키

참고문헌

1장 밴디트 문제

[1] Van der Maaten, Laurens, and Geoffrey Hinton. "Visualizing data using t-SNE." Journal of machine learning research 9.11 (2008).

[2] Auer, Peter, Nicolo Cesa-Bianchi, and Paul Fischer. "Finite-time analysis of the multiarmed bandit problem." Machine learning 47.2 (2002): 235-256.

[3] Williams, Ronald J. "Simple statistical gradient-following algorithms for connectionist reinforcement learning." Machine learning 8.3 (1992): 229-256.

2장 마르코프 결정 과정

[4] Csaba Szepesvari 지음, 『速習 強化学習 —基礎理論とアルゴリズム (빠르게 익히는 강화학습: 기초 이론과 알고리즘』(共立出版)

4장 동적 프로그래밍

[5] Sutton, Richard S., and Andrew G. Barto. "Reinforcement learning: An introduction." MIT press, 2018.

7장 신경망과 Q 러닝

[6] Duchi, John, Elad Hazan, and Yoram Singer. "Adaptive subgradient methods for online learning and stochastic optimization." Journal of machine learning research 12.7 (2011).

[7] Zeiler, Matthew D. "Adadelta: an adaptive learning rate method." arXiv preprint arXiv:1212.5701 (2012).

[8] Kingma, Diederik P., and Jimmy Ba. "Adam: A method for stochastic optimization." arXiv preprint arXiv:1412.6980 (2014).

8장 DQN

[9] OpenAI Gym 홈페이지(책 예제와 호환): https://www.gymlibrary.dev/
최신 버전 홈페이지: https://gymnasium.farama.org/

[10] Tesauro, Gerald. "Practical issues in temporal difference learning." Machine learning 8.3 (1992): 257-277.

[11] Mnih, Volodymyr, et al. "Playing atari with deep reinforcement learning." arXiv preprint arXiv:1312.5602 (2013).

[12] Mnih, Volodymyr, et al. "Human-level control through deep reinforcement learning." nature 518.7540 (2015): 529-533.

[13] Van Hasselt, Hado, Arthur Guez, and David Silver. "Deep reinforcement learning with double q-learning." Proceedings of the AAAI conference on artificial intelligence. Vol. 30. No. 1. 2016.

[14] Schaul, Tom, et al. "Prioritized experience replay." arXiv preprint arXiv:1511.05952 (2015).

[15] Wang, Ziyu, et al. "Dueling network architectures for deep reinforcement learning." International conference on machine learning. PMLR, 2016.

9장 정책 경사법

[16] Williams, Ronald J. "Simple statistical gradient-following algorithms for connectionist reinforcement learning." Machine learning 8.3 (1992): 229-256.

[17] OpenAI Spining Up "Part 3: Intro to Policy Optimization" https://spinningup.openai.com/en/latest/spinningup/rl_intro3.html

[18] OpenAI Spining Up "Extra Material: Proof for Don't Let the Past Distract You" https://spinningup.openai.com/en/latest/spinningup/extra_pg_proof1.html

[19] OpenAI Spining Up "Extra Material: Proof for Using Q-Function in Policy Gradient Formula" https://spinningup.openai.com/en/latest/spinningup/extra_pg_proof2.html

10장 한 걸음 더

[20] OpenAI Spining Up "Part 2: Kinds of RL Algorithms" https://spinningup.openai.com/en/latest/spinningup/rl_intro2.html

[21] Ha, David, and Jürgen Schmidhuber. "World models." arXiv preprint arXiv:1803.10122 (2018).

[22] Feinberg, Vladimir, et al. "Model-based value estimation for efficient model-free reinforcement learning." arXiv preprint arXiv:1803.00101 (2018).

[23] Mnih, Volodymyr, et al. "Asynchronous methods for deep reinforcement learning." International conference on machine learning. PMLR, 2016.

[24] Lillicrap, Timothy P., et al. "Continuous control with deep reinforcement learning." arXiv preprint arXiv:1509.02971 (2015).

[25] Schulman, John, et al. "Trust region policy optimization." International conference on machine learning. PMLR, 2015.

[26] Schulman, John, et al. "Proximal policy optimization algorithms." arXiv preprint arXiv:1707.06347 (2017).

[27] Bellemare, Marc G., Will Dabney, and Rémi Munos. "A distributional perspective on reinforcement learning." International Conference on Machine Learning. PMLR, 2017.

[28] Fortunato, Meire, et al. "Noisy networks for exploration." arXiv preprint arXiv:1706.10295 (2017).

[29] Hessel, Matteo, et al. "Rainbow: Combining improvements in deep reinforcement learning." Thirty-second AAAI conference on artificial intelligence. 2018.

[30] Horgan, Dan, et al. "Distributed prioritized experience replay." arXiv preprint arXiv:1803.00933 (2018).

[31] Kapturowski, Steven, et al. "Recurrent experience replay in distributed reinforcement learning." International conference on learning representations. 2018.

[32] Badia, Adrià Puigdomènech, et al. "Never give up: Learning directed exploration strategies." arXiv preprint arXiv:2002.06038 (2020).

[33] Badia, Adrià Puigdomènech, et al. "Agent57: Outperforming the atari human benchmark." International Conference on Machine Learning. PMLR, 2020.

[34] Coulom, Rémi. "Efficient selectivity and backup operators in Monte-Carlo tree search." International conference on computers and games. Springer, Berlin, Heidelberg, 2006.

[35] Silver, David, et al. "Mastering the game of Go with deep neural networks and tree search." nature 529.7587 (2016): 484-489.

[36] Silver, David, et al. "Mastering the game of go without human knowledge." nature 550.7676 (2017): 354-359.

[37] Silver, David, et al. "Mastering chess and shogi by self-play with a general reinforcement learning algorithm." arXiv preprint arXiv:1712.01815 (2017).

[38] Kalashnikov, Dmitry, et al. "Qt-Opt: Scalable deep reinforcement learning for vision-based robotic manipulation." arXiv preprint arXiv:1806.10293 (2018).

[39] Elsken, Thomas, Jan Hendrik Metzen, and Frank Hutter. "Neural architecture search: A survey." The Journal of Machine Learning Research 20.1 (2019): 1997-2017.

[40] Zoph, Barret, and Quoc V. Le. "Neural architecture search with reinforcement learning." arXiv preprint arXiv:1611.01578 (2016).

[41] Kiran, B. Ravi, et al. "Deep reinforcement learning for autonomous driving: A survey." IEEE Transactions on Intelligent Transportation Systems (2021).

[42] AWS DeepRacer 홈페이지: https://aws.amazon.com/deepracer/

[43] Xu, Xu, et al. "A multi-agent reinforcement learning-based data-driven method for home energy management." IEEE Transactions on Smart Grid 11.4 (2020): 3201-3211.

[44] Wei, Tianshu, Yanzhi Wang, and Qi Zhu. "Deep reinforcement learning for building HVAC control." Proceedings of the 54th annual design automation conference 2017. 2017.

[45] DeepMind 블로그: "DeepMind AI Reduces Google Data Centre Cooling Bill by 40%" https://deepmind.com/blog/article/deepmind-ai-reduces-google-data-centre-cooling-bill-40

[46] Mirhoseini, Azalia, et al. "Chip placement with deep reinforcement learning." arXiv preprint arXiv:2004.10746 (2020).

[47] Akkaya, Ilge, et al. "Solving rubik's cube with a robot hand." arXiv preprint arXiv:1910.07113 (2019).

[48] Levine, Sergey, et al. "Offline reinforcement learning: Tutorial, review, and perspectives on open problems." arXiv preprint arXiv:2005.01643 (2020).

[49] Hester, Todd, et al. "Deep q-learning from demonstrations." Proceedings of the AAAI Conference on Artificial Intelligence. Vol. 32. No. 1. 2018.

[50] Silver, David, et al. "Reward is enough." Artificial Intelligence 299 (2021): 103535.

INDEX

INDEX

INDEX

INDEX